浙江省哲学社会科学规划重大项目

浙江省哲学社会科学重点研究基地
浙江师范大学"江南文化研究中心" | 重点课题

国家社科基金
后期资助项目
GUOJIA SHEKE JIJIN HOUQI ZIZHU XIANGMU

江南城镇通史

先秦秦汉卷

A History of Cities and Towns at
Jiangnan Area China

陈国灿　主编　黄爱梅　著

上海人民出版社

国家社科基金后期资助项目
出版说明

    后期资助项目是国家社科基金项目主要类别之一，旨在鼓励广大人文社会科学工作者潜心治学，扎实研究，多出优秀成果，进一步发挥国家社科基金在繁荣发展哲学社会科学中的示范引导作用。后期资助项目主要资助已基本完成且尚未出版的人文社会科学基础研究的优秀学术成果，以资助学术专著为主，也资助少量学术价值较高的资料汇编和学术含量较高的工具书。为扩大后期资助项目的学术影响，促进成果转化，全国哲学社会科学规划办公室按照"统一设计、统一标识、统一版式、形成系列"的总体要求，组织出版国家社科基金后期资助项目成果。

全国哲学社会科学规划办公室

2014 年 7 月

总　论

　　城镇既是社会发展的产物，又反过来对社会产生广泛而深远的影响。因此，城镇史的研究不仅在于弄清城镇自身的产生、发展和演变，也要借此透视社会的演进轨迹与特点。江南素为我国城镇发达区域，在中国城镇发展史上有着举足轻重的地位。全面考察江南城镇发展的历史进程，系统梳理其历史轨迹，深入分析其形态演变，多层揭示其运作机制，在此基础上，总结其区域特色，探讨其社会影响，显然有着十分重要的学术价值和现实意义。

一

　　研究江南城镇史，首先要弄清"江南"的具体所指。
　　从历史上看，"江南"由最初的自然区域指称，到后来的多重文化符号，其标识的地理空间和人文意蕴是因时而异、不断变化的。在先秦时期，江南首先是作为一个自然地理概念出现的。《左传》宣公十二年（前597）载，楚军围郑，郑伯肉袒牵牛请降，谓楚君曰："孤不天，不能事君，使君怀怒以及敝邑，孤之罪也，敢不唯命是听！其俘诸江南，以实海滨，亦唯命。"这里郑伯所说的"江南"，是指楚国南部地区。当时楚国控制的区域，兼跨长江中游南北，江以南即泛称"江南"。清代学者高士奇考证说："自荆州以南，皆楚所谓江南也。"[①]到战国时期，随着楚国势力的东扩，"江南"所指的地域范围也不断扩大，进而用来泛称今长江中下游以南的广大区域。这一笼统的地域

---

　　① 高士奇：《春秋地名考略》卷八《楚上》，文渊阁《四库全书》本。

概念，在秦汉时期为人们所沿用。司马迁《史记》和班固《汉书》有不少这方面的例证。如《史记》卷一《五帝本纪》："（舜）践帝位三十九年，南巡狩，崩于苍梧之野，葬于江南九疑，是为零陵。"卷二《夏本纪》："禹会诸侯江南，计功而崩，因葬焉，命曰会稽。"卷六《秦始皇本纪》："王翦遂定荆江南地，降越君，置会稽郡。"在卷一二九《货殖列传》中，司马迁进而将位于长江中下游的先秦"楚越之地"列为有着自身特征的经济和文化区域：

> 楚越之地，地广人希，饭稻羹鱼，或火耕而水耨，果隋蠃蛤，不待贾而足，地势饶食，无饥馑之患，以故呰窳偷生，无积聚而多贫。是故江淮以南，无冻饿之人，亦无千金之家。

班固承司马迁之说而直接将"楚越之地"称为江南。《汉书·地理志》云：

> 江南地广，或火耕水耨。民食鱼稻，以渔猎山伐为业，果蓏蠃蛤，食物常足。故呰窳偷生，而亡积聚，饮食还给，不忧冻饿，亦亡千金之家。

汉末以降，北方持续大乱，南方地区相对较为安定，由此引发大规模的"北人南徙"浪潮。特别是长江下游地区，大量人口的涌入，加上六朝历代政权的积极开发，经济和文化获得长足的发展。于是，人们更多地用"江南"来指称这一区域，并与"江东"、"江左"等称呼一起混用。如《三国志》卷一三《华歆传》注引华峤《谱叙》载，汉魏之际，"四方贤士大夫避地江南者甚众"；同书卷一《武帝纪》载："孙策受袁术使渡江，数年间遂有江东。"《晋书》卷六五《王导传》载："洛京倾覆，中州士女避乱江左者十六七。""江东"、"江左"之类的称呼的出现，实与长江下游河道走向的变化有关。由于长江在今江西九江至江苏南京段呈西南—东北流向，长江下游地区位于此段河道的东边，故称"江东"；从中原角度看，长江下游又位于该段河道的左边，故称"江左"。

进入唐代，"江南"开始成为一定意义上的行政区划单元。唐王朝建立后，为了加强对各地的监察，于贞观元年（627）将全国划分为十个区域，称为"道"，其中就有江南道。虽然道属于监察区，但已具有行政区域的某些特征。不过，唐初的江南道地域广阔，包括了西起今贵州东北部、东至大海的广大区域，其范围类似《史记》、《汉书》所说的江南地区。到盛唐时期，考虑到江南道各地经济和社会发展的内在差异，遂于开元二十一年（733）将其一分为三，分为江南东道、西道和黔中道。其中，江南东道包括今浙江、福建全部和江苏南部以及安徽南部的部分地区，江南西道包括今江西、湖南全部和湖北南部以及安徽南部的部分地区。中唐时期，又将江南东道划分为浙西、浙东、宣歙、福建四个观察使辖区。

宋朝在唐代道制的基础上推行路制，使之正式成为地方一级行政区划。宋太宗至道三年（997），在全国划定十五路，其中位于长江下游的有江南东路和西路、两浙路。江南东路包括今江西东北部、安徽南部和江苏南京地区，江南西路包括今江西大部，两浙路包括今浙江、上海和江苏镇江及以南地区。宋室南渡后，又分两浙路为两浙东路和西路，两者以钱塘江为界。由于行政区划的变动，这一时期人们所说的"江南"，在地域范围上显得模糊和多样化，有时指江南东路和西路，有时指两浙地区，有时泛指江南和两浙诸路，统称"江浙"。如生活于两宋之际的庄绰在谈到南宋初北人南迁的情况时说："建炎之后，江浙、湖湘、闽广，西北流寓之人遍满。"①南宋中期人虞俦谈到两淮地区的粮食生产情况时说："大率淮田百亩，不及江浙十亩。"②其中所说的"江浙"，皆泛指江南和两浙诸路。

元朝在地方设置行省，其中江浙行省所辖包括今浙江、上海全部，安徽南部和江苏南部，以及江西部分地区，一度还包括福建大部。明朝改行省为承宣布政使司，在元代江浙行省辖域分置浙江等处承宣布政使司和南直隶等。清朝改各地布政使司为省，以浙江等处陈友定布政使司为浙江省，南直隶初改为江南省，顺治十八年（1661）又在江南省的基础上分设江苏省和安徽省。但这一时期，江南的地域概念与行政区划越来越趋于分离。事实上，到明清时期，人们所说的江南，其范围大者，主要是基于自然地理方位，泛指长江中下游及其以南的广大区域。如明代地理学家王士性在所著《广志绎》卷四《江南诸省》中，将浙江、江西、湖广、广东等省均归入江南范围。其范围小者，主要是从经济和文化发展水平与区域特征的角度，限指今长江三角洲一

---

① 庄绰：《鸡肋编》卷上《各地食货习性》，中华书局 1997 年版，第 36 页。
② 虞俦：《白尊堂集》卷八《使北回上展札子》，文渊阁《四库全书》本。

带的"八府一州"，即南京（江宁）、镇江、常州、苏州、松江、嘉兴、湖州、杭州等府和由苏州府分置的太仓州。近代以降，更是缩小到环太湖地区的镇江、常州、苏州、上海、嘉兴、湖州。

由于"江南"所指在不同历史时期和不同语境下有着很大的不同，故当代学者对江南地域空间的诠释也是多种多样。大致说来，目前学术界在探讨有关问题时所说的江南，有三个地域空间层次：一是所谓的"大江南"，泛指长江中下游地区，有时甚至包括长江上游部分地区[1]；二是所谓的"中江南"，主要指长江下游地区[2]；三是所谓的"小江南"，主要指以太湖流域为核心的长江三角洲及周边地区[3]。基于中外学界的认识，考虑到城市和社会发展的地域特性，本通史所说的"江南"，以"小江南"为核心区域，以"中江南"为补充，在对不同历史时期的具体讨论中，根据实际情况而有所调整。整体而言，宋元以前，因城镇发展的地域特征相对不够明显，故讨论时涉及的地域范围较大；明清以降，长三角及周边地区不仅是全国经济和文化最为发达的区域，而且城镇区域体系相当完整和成熟，故讨论时一般集中于核心区域。

二

研究江南城镇史，还要弄清什么是城镇。

对于城镇，古今中外有着不同的解释。在西方各国，城镇往往是指在大中城市周边和乡村地区兴起的各种工业中心、商业和服务业中心、文化教育

---

① 如黄今言《秦汉江南经济述略》（江西人民出版社 1999 年版）所说的江南，包括长江以南和岭南以北的广大区域，还涉及今四川、重庆的部分地区。

② 如〔日〕中村圭尔《六朝江南地域史研究》（东京汲古书院 2006 年版）、张剑光《唐代江南工商业布局研究》（江苏古籍出版社 2003 年版）、〔日〕斯波义信《宋代江南经济史研究》（江苏人民出版社 2001 年版）、陈国灿《宋代江南城市研究》（中华书局 2002 年版）、从翰香《论明代江南地区的人口密集及其对经济发展的影响》（《中国史研究》1984 年第 3 期）等均采此义。

③ 如范金民《明清江南商业的发展》（南京大学出版社 1998 年版）、刘石吉《明清时期江南市镇研究》（中国社会科学出版社 1987 年版）等均以明清时期的南京（江宁）、镇江、常州、苏州、松江、嘉兴、湖州、杭州等八府和太仓州来界定江南地区；樊树志《明清江南市镇探微》（复旦大学出版社 1990 年版）、徐茂民《江南士绅与江南社会（1368—1911 年）》（商务印书馆 2004 年版）等缩小到环太湖地区的苏州、松江、常州、杭州、嘉兴、湖州、太仓六府一州之地；吴仁安《明清江南望族与社会经济文化》（上海人民出版社 2001 年版）、包伟民主编《江南市镇及其近代命运（1840—1949）》（知识出版社 1998 年版）等则扩大到周边的浙东宁绍等地。

中心，以及自成一体的综合性居民生活区，实际上是小型城市或城区的代名词。如美国于 1968 年通过《新城镇开发法》后，第一批建成的 63 个新城镇，人口规模大多在 2 万人左右。20 世纪 80 年代，意大利全国有 8 000 多个城镇，平均每个城镇约 7 000 人。①

在我国，城镇一直是个十分模糊的概念，其具体所指在不同领域和不同环境下并不相同。古代所谓的城镇，一般是对城和镇的统称。其中，城最初是指具有一定政治、军事和宗教职能的人口聚居地。《墨子·七患》云："城者，所以自守也。"《说文解字》云："城，以盛民也。"随着社会的不断发展，城的社会结构日趋复杂多样，经济和文化日趋活跃，逐渐向城市形态转变。镇最初是以基层军事据点的形式出现的。"镇戍置将起于后魏，唐高祖尝为金门镇将是也"②。进入宋代，镇逐渐嬗变为乡村商业居民集聚地。

近代以来，城镇更多地与行政体系结合于一体，成为不同等级的行政单元。清光绪三十四年（1908）颁布的《城镇乡地方自治章程》规定，凡县治所在地为"城"，县以下人口满 5 万人的乡为"镇"。1928 年 7 月，南京国民政府颁布《特别市组织法》和《市组织法》，将设市城市从一般地方行政序列中独立出来，实行单独的行政编制。1955 年 11 月，国务院颁布《关于城乡划分标准的规定》，将城镇划分为城市和集镇两种形式，前者指中央直辖市和省辖市的市区，以及常住人口在 2 万人以上的县级以上人民委员会所在地和工商业区域；后者指县级人民委员会所在地和其他常住人口在 2 000 人以上且居民 50% 以上为非农业人口的区域。从 20 世纪 80 年代初开始的新一轮行政体制改革，全国各地陆续开展地市合并、撤县设市、并乡建镇的调整工作，市成为省、地、县三级行政单位，其管辖范围包括城市和广大农村地区；镇成为县以下的基层行政单元，包括镇区和辖区内的农村。2006 年，国家统计局根据国务院的有关决定，制订和颁布了《关于统计上划分城乡的暂行规定》，将城镇界定为城区和镇区两部分。其中，城区是指在市辖区和不设区的市中划定的区域，包括街道办事处所辖的居民委员会地域，城市公共设施、居住设施等连接到的其他居民委员会地域和村民委员会地域；镇区是指在城区以外的镇和其他区域中划定的区域，包括镇所辖的居民委员会地域，镇的

---

① 冯华：《国外的乡村城市化》，《村镇建设》1989 年第 3 期。
② 谈钥：《嘉泰吴兴志》卷一〇《管镇》，《宋元方志丛刊》本，中华书局 1990 年版，第 4730 页。

公共设施、居住设施等连接到的村民委员会地域，常住人口在 3 000 人以上的独立的工矿区、开发区、科研单位、大专院校、农场、林场等特殊区域。

那么，到底该如何对城镇进行适当界定呢？从社会学的角度讲，"城镇"作为与"乡村"相对应的社会概念，是对人口构成、社会结构、经济形态、文化观念、生活方式等方面与乡村有所区别的各种社会实体的统称。在具体形式上，城镇是多种多样的，并没有统一的固定模式。从我国的实际情况来看，城镇主要有城市和市镇两种基本形式。其中，城市一般具有较完整的社会结构和活动特征，市镇则属于城乡之间的过渡形态，兼具城乡社会的部分特征。本通史所说的"城镇"，就是指由城市和市镇构成的社会体系。这里有三点需要说明：

其一，我国传统城市大多是以各级行政中心和统治据点为依托发展起来的，尽管部分政治中心地——主要是发展规模和水平相对有限的县城——严格地说并不具备完整的城市形态，特别是在古代前期，这种现象更为常见，但考虑到传统城市的特性，人们习惯上还是将这些政治中心地归入城市体系之中。因此，本通史所说的城市，包括县级及以上的政治中心地。

其二，传统市镇作为农村工商业聚集地，在活动形式上又有市与镇的区分。大体说来，这种区分主要表现在四个方面：一是规模上的差异，如清康熙《嘉定县志》卷一所说："贸易之所曰市，市之至大者曰镇"；二是工商业发展水平上的差异，如民国《嘉定县续志》卷一所说："市与镇之别，前者无标准，大抵沿用早时之习惯、名称，以商况较盛者为镇，次者为市"；三是社会职能上的差异，如清康熙《青浦县志》卷二所说："市者事也，民各事其事；镇者，民之望也"；四是管理体制上的差异，如清光绪《震泽县志》卷四所说："凡民人所屯聚者谓之村，有商贾贸易者谓之市，设官将防遏者谓之镇。"但另一方面，市与镇的区分是相对的。事实上，早在市镇开始兴起的两宋时期，市（当时一般称草市）和镇就不是绝对固定的，草市发展到一定程度便会上升为镇，镇如果工商业走向衰落则会降为市。同时，部分草市虽没有升置为镇，但其规模和影响却并不逊色于镇，有的超过了那些所谓的大镇、巨镇。如南宋后期，临安府浙江市的年商税额高达 8 万多贯[1]，其商品交易和流通规模甚至超过了同期一般的府州城市。宋宁宗嘉定十年（1217），平江

---

① 潜说友：《咸淳临安志》卷五九《贡赋·商税》，《宋元方志丛刊》本，中华书局 1990 年版，第 3886 页。

府练祁市直接升格为嘉定县城。到明清时期，市与镇的区别进一步趋于模糊，人们在日常生活中已常常将两者视为一体。正如明弘治《湖州府志》卷四所指出的："商贾聚集之处，今皆称为市镇。"

其三，近代以降，随着城镇设置的进一步行政化，我国实际上存在着两种既有所区别又互相联系的城镇体系：一种是基于社会发展而形成的以非农业人口为主体、以工商业经济为主导的城市和市镇（集镇）；另一种是基于行政管理需要而划定的城区和镇区。就前者而言，由于城市化进程的不断加速，城镇与乡村的界线日趋模糊，越来越多的乡村被纳入城镇经济、社会和文化生活的活动体系之中；就后者而言，虽然城乡之间在行政区划上仍有着明确的界线，但城镇的多层次扩张以及在社会发展中主导地位的逐渐确立，促使城区和镇区的管理范围呈不断扩大之势。各种建制市和建制镇的设置，表明城区已不再局限于传统意义上的工商业区和居民区，而是包括日趋城市化的广大农村；镇区也不再只是镇级行政辖域内孤立的街区，而是与周边农村形成了多层次的密切联系。因此，本通史在探讨近现代江南城镇发展时，对上述两种城镇体系都应予足够的关注，将两者结合起来进行分析。

三

中国是世界上最早产生城市的国家之一。从先秦时期城市的源起和形成，到宋代市镇的广泛兴起和发展，再到近代以降的曲折波动和艰难转型，中国城镇经历了漫长的历史演进过程，从中表现出鲜明的阶段特性。大致说来，在新中国成立之前，城镇的发展演变可分为秦代以前、汉唐时期、宋元时期、明至清前期、晚清至民国时期五个阶段。

秦代以前：城市的源起和产生。

我国城市的起源，最早可以追溯到原始社会末期出现的具有一定政治、军事和宗教职能的原始城池和城堡。《汉书·郊祀志》云："黄帝为五城十二楼。"《博物志》云："处士东里槐责禹乱天下事，禹退作三城，强者攻，弱者守，敌者战。城廓盖自禹始也。"这些记载虽带有浓厚的神话色彩，但其中也包含了一定的历史事实。20世纪以来，有关考古发现为我们提供了具体的实证。如在黄河中下游发现的诸多龙山文化晚期遗址中，有不少是原始古城的遗存。其中，山东临淄境内的教场铺古城规模宏大，总面积达40万平方米；

章丘境内的城子崖古城，其城墙南北长约 450 米，东西长约 390 米，总面积超过 17 万平方米；河南淮阳境内的平粮台古城由土墙围圈，呈正方形，总面积 4.3 万多平方米①。在长江流域，发现于湖北天门的石家河古城属于屈家岭文化遗存，其规模更为宏大，仅部分整理出来的遗址面积就达 100 万平方米②。在此基础上，进入三代，出现了更具城市雏形的都城和城邑。河南二里头文化遗址中发现的夏朝都城，空间结构复杂，建筑规模宏大；在河南安阳发现的商朝都城遗址殷墟，面积有 3 平方公里，已有较为明确的功能区域布局；西周初修筑的洛阳王城周围有 15 里，其整体结构和格局已接近后世都城。至于城邑，主要是由一般居民区发展形成的。清代学者金锷在《求古录·礼说·邑考》中说："邑为民居所聚，民居有多少，故邑有大小。"这些城邑虽规模上不能与都城相比，空间结构与布局也不如都城完整，但却是后来诸多中小城市兴起的基础。

到春秋战国时期，随着"王天下"局面的崩溃，诸侯纷争，社会动荡。各诸侯国统治者出于政治和军事的需要，纷纷扩大旧城和建筑新城，城邑的数量急剧增加。有学者考证，春秋时期，仅现在尚有史可考的大小城邑就有 600 多个，分布于 35 个诸侯国，估计实际总数应在 1 000 个以上③。与此同时，由于生产力水平的不断提高，特别是铁制工具的广泛使用以及由此引起的农业和手工业的发展，商业贸易的日趋活跃，许多城邑的社会内涵开始发生重大变化，逐渐向城市形态演进。如齐国的陶商业十分活跃，史称："陶为天下之中，诸侯四通，货物所交易。"④战国时期齐国都城临淄更为繁华。《史记·齐悼惠王世家》记载，临淄居民一度达到 10 万户，每日"市租千金"。《战国策·齐策》描述："临淄甚富而实，其民无不吹竽鼓瑟、击筑弹琴、斗鸡走犬、六博蹋鞠者。临淄之途，车毂击，人肩摩，连衽成帷，举袂成幕，挥汗成雨；家敦而富，志高而扬。"

当然，从中国古代城市发展的整个过程来看，春秋战国时期只是起步阶

---

① 参见张学海：《鲁西南两级龙山文化城址的发现及对几个古史问题的思考》，《华夏考古》1995 年第 4 期；国民政府中央研究院历史语言研究所编：《城子崖》，1934 年刊印；河南文物研究所、周口地区文化局文物科：《河南淮阳平粮台龙山文化城址试掘简报》，《文物》1983 年第 3 期。

② 刘彬徽：《长江中游地区文明起源的思考》，《南方文物》1996 年第 2 期。

③ 张鸿雁：《春秋战国城市经济发展史》，辽宁大学出版社 1988 年版，第 121 页。

④ 《史记》卷一二九《货殖列传》，中华书局 1982 年版，第 3257 页。

段，其所谓的繁荣是相对而言的。事实上，此时期的城市不仅空间分布极不平衡，而且社会影响也十分有限。这一方面固然是由于当时生产力水平的限制，另一方面也与各诸侯国之间的彼此割据和混战密切相关。连绵不断的战争既造成了社会的长期动荡和市场的区域分割，也导致许多新兴城市毁于一旦。

汉唐时期：郡县城市体系的确立与发展。

秦灭六国后，在全国范围推行郡县制，先后设置了 40 余郡和近千个县。从此，郡县政治中心成为古代城市的主要载体和基本形式。西汉初，汉高祖刘邦下令"天下县邑城"，规定"县之与邑，皆令筑城"①，由此进一步确立起由都城、郡城、县城所构成的全国性城市等级体系，正式结束了商周以来以血缘政治为主体、王朝依靠宗法制度间接控制各地区的社会格局，形成了以地缘政治为主体、中央集权政府依靠一元化的郡县城市网络直接统治全国的社会新格局。许多城市规模不断扩大，人口持续增加，商业日显活跃。如西汉都城长安商贾云集，市场众多，贸易繁荣。"市有九，各方二百六十六步。六市在道西，三市在道东，凡四里为一市"②。东汉都城洛阳较长安并不逊色，城内有大市（又称金市）、南市、马市等多个大型市场③。邯郸、蓟、临淄、定陶、睢阳、江陵、寿春、陈、彭城、吴、番禺、宛、成都、广陵等城市的商业也十分活跃，司马迁在《史记·货殖列传》中赞叹："江陵故郢都，西通巫、巴，东有云梦之饶"；"寿春，亦一都会也"；"陈，在楚、夏之交，通鱼盐之饶，其民多贾"。

汉末以降，全国陷入长期分裂割据状态。特别是北方地区，干戈不息，战乱频仍，许多城市在兵燹之余成为废墟。《后汉书·仲长统传》描述："名都空而不居，百里绝而无民者，不可胜数。"与此同时，南方地区由于社会相对较为稳定，吸引了大批北方人南迁，加上孙吴、东晋、南朝诸政权比较重视社会开发，经济获得长足进步，城市发展也颇为显著。据不完全统计，此时期全国新增的 200 多个郡县城，大部分分布于南方地区④。尤其是长江下游的江东地区，既是北方移民的集聚区域，又是六朝的统治腹地，社会开发

① 《汉书》卷一下《高帝纪》及颜师古注，中华书局 1975 年版，第 59 页。
② 佚名：《三辅黄图》卷二《长安九市》，文渊阁《四库全书》本。
③ 李昉等：《太平御览》卷一九一《居处部十九·市》，中华书局 1998 年影印本，第 925 页。
④ 吴锡标、陈国灿：《古代江南城镇发展与社会演变研究》，西泠印社出版社 2005 年版，第 4 页。

高潮迭起，城市数量大幅度增加。在今江苏南部和浙江一带，孙吴后期已有各级郡县城 47 个，西晋初增至 58 个，南朝刘宋中期又增至 65 个[1]。特别是作为六朝都城的建康，更是发展成为全国首屈一指的大都市。据《太平寰宇记》卷九〇《江南东道二·昇州》引《金陵记》载，到南朝萧梁时，建康在籍人口一度多达 28 万余户。若以户均 5 人计，其居民已超过百万人。城内商贾云集，"小人率多商贩，君子资于官禄，市廛列肆埒于二京，人杂五方"[2]；市场林立，有大市、北市、南市等多处综合性大型市场和牛马市、谷市、蚬市、纱市、盐市等各种专业市场，"皆边淮列肆，裨贩焉"。[3]

进入隋唐五代，城市发展又掀起一个高潮。在北方，以长安、洛阳为代表，各级城市空前兴盛。盛唐时，西京长安中外商人云集，工商业极为发达，城区东市和西市店肆林立，行业繁多。其中东市居两坊之地，市内"货财二百二十行，四面立邸，四方珍奇，皆所积集"。东都洛阳为天下水陆交通要冲，其南市"内一百二十行，三千余肆，四壁有四百余店，货贿山积"[4]。南方城市也发展到一个新的水平。杭州在隋时重新筑城，规模宏大。大运河开通后，迅速崛起，至唐中后期已成为著名的商贸大都市。"水牵卉服，陆控山夷，骈樯二十里，开肆三万室"[5]；"户十万，税钱五十万"[6]。迨至五代，作为吴越都城，杭州城的规模更是扩大到周回 70 里，"东眄巨浸，辚闽粤之舟樯；北倚郭邑，通商旅之宝货"，"钱塘富庶，盛于东南"[7]。扬州在隋时与杭州、淮安（今属江苏）、苏州并称东南"四大都市"，唐时更为兴盛，"当南北大冲，百货所集……列置邸肆"[8]。广州是重要的海外贸易口岸城市，"与蛮杂处，地征薄，多牟利于市"[9]。苏州在隋开皇九年（589）重修城郭，周回扩大到 37 里；入唐后，逐渐成为具有全国影响的商贸都市。白居易赞叹：

---

① 陈国灿：《江南农村城市化历史研究》，中国社会科学出版社 2004 年版，第 23 页。

② 《隋书》卷三一《地理志下》，中华书局 1987 年版，第 887 页。

③ 周应合：《景定建康志》卷一六引《宫苑记》，《宋元方志丛刊》本，中华书局 1990 年版，第 1529 页。

④ 徐松：《唐两京城坊考》卷三《西京》，卷五《东京》，中华书局 1985 年版。

⑤ 《全唐文》卷三一六，李华《杭州刺史厅壁记》，中华书局 2000 年版，第 3206 页。

⑥ 《全唐文》卷七五三，杜牧《上宰相求杭州启》，第 7806 页。

⑦ 《全唐文》卷八九五，罗隐《杭州罗城记》，第 9346 页；《资治通鉴》卷二六七，后梁开平四年，中华书局 1986 年版，第 8726 页。

⑧ 王溥：《唐会要》卷八六《市》，上海古籍出版社 1991 年版，第 1874 页。

⑨ 《新唐书》卷一七〇《王锷传》，中华书局 1975 年版，第 5619 页。

"浙右列城，吴郡为大，地广人庶"；"当今国用，多出江南。江南诸州，苏为最大，兵数不少，税额至多"。①

值得指出的是，从晚唐时期起，城市发展逐渐出现一些引人注目的新趋向：一方面，工商行业增多，经济结构日益复杂。除传统的手工业和商业之外，在不少城市，诸如邸店、柜坊、飞钱、车坊、质库、寄铺、运输等工商辅助行业和餐饮、娱乐、衣铺等生活服务行业也相当活跃。另一方面，政府对城市活动实行严格控制的传统坊市分离制开始走向瓦解。随着工商业的繁荣，市场活动开始突破原本规定的"市"区域，逐渐向城市各街衢坊巷扩散。这预示着传统城市正在进入一个重要的调整和转型期。

此外，汉唐时期，草市和镇也开始出现。所谓草市，是指农村地区自发形成的较为稳定的集市，因有别于受政府控制的城中之市，故以"草"名之。从有关文献的记载来看，草市在汉代就已存在，进入唐五代渐显活跃。史称，唐玄宗开元年间，"东至宋、汴，西至岐州，夹路列店肆待客，酒馔丰溢。每店皆有驴赁客乘，倏忽数十里，谓之驿驴。南诣荆、襄，北至太原、范阳，西至蜀川、凉府，皆有店肆，以供商旅"②。镇的出现晚于草市，且主要充当军事据点的角色。北魏太武帝拓跋焘（423—452 年在位）时，在长城沿线设立武川、抚冥、怀朔、怀荒、柔玄、御夷六镇，以防御北方游牧民族柔然的入侵，是为镇戍制度的开始。到唐代，镇戍体制更趋系统和完备。有学者统计，唐代全国共有镇、戍 587 个，其中上镇 20 个，中镇 90 个，下镇 135 个，上戍 11 个，中戍 86 个，下戍 245 个③。从唐代中后期起，随着社会经济的发展，部分军镇逐渐发生一些变化，主要表现为工商业的兴起和经济色彩的增强，从而为随后北宋时期的嬗变奠定了基础。

宋元时期：城市形态的调整和市镇的广泛兴起，以及在此基础上城镇体系的形成。

承袭晚唐以来的演变趋势，入宋以后，城市发展呈现出一系列引人注目的变化，其突出表现是：

第一，城市发展的地域空间格局发生重大变化。早期郡县城市的发展重

---

① 《全唐文》卷六六一，白居易《张正甫苏州刺史制词》，第 6719 页；卷六八，白居易《苏州刺史谢上表》，第 6774 页。

② 杜佑：《通典》卷七《食货七·历代盛衰户口》，清武英殿刻本。

③ 傅宗文：《宋代草市镇研究》，福建人民出版社 1989 年版，第 19 页。

心主要集中在以黄河流域为中心的北方地区，虽然魏晋以后南方城市发展显著，但在总体水平上仍与北方有一定的差距。到北宋时期，形成了黄河流域和长江流域城市平衡发展的格局。按照有的学者的看法，此时期形成了四个相对独立的地域城市群体，即以汴京开封为中心的北方黄河中下游地区城市群，以杭州、苏州为中心的东南地区城市群，以成都、梓州、利州为中心的西南地区城市群和以永兴军、太原、秦州为中心的西北地区城市群①。到南宋时期，随着政治重心的南移和南方社会经济的全面高涨，南北方之间城市发展的平衡格局被打破，南方地区尤其是江南地区城市的发展水平超过了北方地区。从此，全国城市发展的重心转向南方。

第二，城市经济空前兴盛。早期郡县城市在性质上主要属于不同层次的政治和军事中心，工商业处于附属形态。进入宋代以后，随着社会经济的迅猛发展和商品流通的空前活跃，城市商业全面繁荣，手工业十分发达，各种服务业蓬勃发展，市场活跃，产业体系趋于完整，由此推动城市经济和社会功能不断增强，许多城市成为本地区乃至跨地区的商业和市场中心。于是，"凡州县皆置务，关镇亦或有之"②。城市工商税收尤其是商税越来越成为政府赋税收入的重要来源。宋神宗熙宁十年（1077），全国各地城镇商税场务有2 000多处，年税额高达850多万贯。其中，税额在万贯以上的城市有150多个③。南宋时，城市商税又有大幅度的增长。

第三，城市形态的转变。早期郡县城市在管理上实行单一的坊市制，每个城市被划分为政治区、居民区和商业区三部分，居民生活和市场活动都受到严格的控制。高高的城墙将城市封闭起来，城乡界线十分明确。入宋以后，坊市全面解体，工商业活动扩散到城市的各个角落，市场活动的时间和空间限制不复存在。同时，城市活动越出城墙，向郊区扩张，出现了城郊都市化现象。城市的社会生活丰富多彩，文化和教育兴盛，娱乐业活跃，不少城市出现了各具特色的娱乐区。市民阶层发展壮大，各种市民组织大量涌现。城市的管理也发生巨大变化，由原来的坊市分离制转变为厢坊两级制和相应的治安管理，许多城市进而形成了较为系统的物资调运与储备、防火救灾、抚恤赈济、街衢整治、环境卫生、居民生活设施建设等体系。在此基础上，城

---

① 戴均良主编：《中国城市发展史》，黑龙江人民出版社1992年版，第217页。
② 《宋史》卷一八六《食货下八》，第4541页。
③ 郭正忠：《两宋城乡商品货币经济考略》，经济管理出版社1997年版，第209—210页。

市发展形态日趋多样化，形成了综合性城市、工商型城市、港口型城市、政治型城市等多种类型。

与此同时，市镇全面兴起，并呈现出快速发展的势头。宋王朝建立后，有鉴于唐末五代将领势大、拥兵割据的历史教训，大力收回地方兵权，众多军事性质的镇戍被罢撤，只有部分居民较多、有一定工商业基础的镇得以保留。另一方面，宋朝政府又通过县城降置，农村集市升格，部分税务、坊场、驿站改置等途径，设置了许多非军事性的镇。由此，镇的名称被保留下来，而其性质却发生根本性的变化，即由军事戍守单元蜕变为农村新兴工商业中心地。时人高承说："地要不成州而当津会者，则为军，以县兼军使；民聚不成县而有税课者，则为镇，或以官监之。"①据《元丰九域志》载，到宋神宗元丰（1078—1085）初年，开封等四京及诸路共有成建制的镇 1 871 个。草市虽在唐五代时逐渐增多，但宋代以前，绝大部分草市仍只是邻近几个村落之间互通有无的交易点，具有很大的封闭性。入宋以后，各种草市大量兴起，规模和影响不断扩大，并与镇市结合，构成了密集的市镇网络体系。据有关学者的不完全统计，有宋一代，至今尚能见于史载的市镇有 3 600 多个②，而实际数量显然还要多。宋室南渡后，市镇的发展呈现类型多样化和形态都市化的趋向，并在元代开始了新一轮的调整和完善。

市镇的广泛兴起和发展，不仅使城市活动由州县政治中心深入广大农村腹地，促进了城乡市场的结合，引发了经济和社会领域的一系列变革，而且开始了都市文明由州县城市体系向城乡结合的城镇体系的转变。

明至清前期：传统城市的成熟和市镇的兴盛。

从明代中后期起，州县城市又有进一步发展，其突出表现，一是工商业城市数量的不断增加。到明中后叶，全国以工商业发达而著称的大中城市有50 多个，进入清代又增至 100 个以上；二是商品经济的发展和城市社会关系的变化。早在宋元时期，随着城市形态的演变和市民阶层的发展壮大，城市工商领域的雇佣关系就已显得较为活跃。意大利旅行家马可·波罗曾对元代前期杭州城的手工业作坊有过一番描述，称当时杭州城内有 12 种主要的手工行业，每个行业"都有成千个铺子，每个铺子雇用十个、十五个或二十五个

---

① 高承：《事物纪原》卷七《州郡方域部·镇》，明弘治十八年魏氏仁宝堂重刻正统本。
② 傅宗文：《宋代草市镇研究》下卷《宋代草市镇名录》，第 369—550 页。

工人工作"，少数大的铺子"能容纳四十个工人"，他们"由各自的老板支
配"，通过劳作获取工钱。①进入明清时期，在部分城市，这种雇佣关系获得
进一步发展。如在苏州城，纺织、造纸、冶铁等行业劳动雇佣关系十分活跃，
以出卖劳动力为生的雇工数量众多。以丝织业为例，城内大小作坊有数千家，
每家雇佣工匠少则数十人，多则上百人。《明神宗实录》卷三六一提到，万历
二十九年（1601），苏州全城仅染工就有上千人。

　　不过，总体而言，此时期城市的发展只是宋元时代形成的城市地域格局
和个体形态基础上的进一步完善，而且由于封建专制统治的日趋僵化，对城
市的控制和压榨也达到无以复加的地步，加上居民贫富分化的加剧和社会矛
盾的激化，引发了多种形式的市民抗税斗争和雇工反雇主斗争，使城市的发
展受到越来越大的阻碍。事实上，在经过长期的发展之后，到清代，传统城
市的固有局限全面显露，已没有进一步跃升的空间，面临着又一个新的重大
转折。

　　与此同时，分布于广大农村的市镇由于以乡村经济为依托，所受的政治
控制相对较为宽松，依然保持相当的活力，呈现出空前的兴盛。按照美国学
者罗兹曼在《清代中国和德川时代日本的城市网》一书中的统计，到清嘉庆
二十五年（1820）前后，全国各地居民不满 2 000 人的小市镇有 2.8 万个。根
据另一位美国学者施坚雅主编的《中华帝国晚期的城市》一书统计，到清末
光绪年间，全国共有各类大小城镇 3.9 万余个，其中除了约 1 500 个县城及县
级以上的城市外，其他 3.7 万多个都是非行政中心的市镇。特别是在江南地
区，有相当数量的市镇，人口繁多，工商业发达，商品经济活跃，专业分工
系统和完整，实际上已发展成为颇具规模的经济都市。如苏州府的盛泽、震
泽、罗店和松江府的朱泾、法华等镇，鼎盛时居民都超过了万户；嘉兴府的
丝业大镇濮院，"行商麇集，终岁贸易不下数十万金"②；松江府的棉业大镇
朱泾，"富商巨贾操重资而来市者，白银动以数万计，多或数十万两，少亦以
万计"。③

　　但市镇的发展同样面临越来越大的困境。由于市镇商品经济是以小农生

---

① 〔意〕马可·波罗著，陈开俊等译：《马可·波罗游记》，福建科学技术出版社 1981 年版，第
178—179 页。
② 雍正《浙江通志》卷一〇二《物产》，文渊阁《四库全书》本。
③ 叶梦珠：《阅世编》卷七《食货五》，上海古籍出版社 1981 年影印本。

产和个体经营为基础的，从而极大地限制了其进一步发展和飞跃的空间。一方面，个体家庭财力有限，生产规模小，适应能力低，极易受到原料供应和产品销售市场波动的影响，持续再生产能力低；另一方面，个体化经营限制了生产技术的革新和进步，使商品生产尤其不具有生产效率优势。事实上，小农家庭的商品生产往往是与传统农业生产结合在一起的，并不具有完全意义上的产业独立性。换言之，小农商品生产并没有与自然经济完全分离，更谈不上取代自然经济而成为农村经济的主体，从本质上讲，不过是作为自然经济的一种延伸和补充。通过有限的商品化生产和一定的市场活动，小农家庭在一个更大的空间范围内重新实现了自给自足。

晚清至民国时期：城镇的曲折发展和近代转型。

晚清以降，中国城镇发展逐渐走上曲折的近代化道路。就城市而言，上海、广州、汉口、天津等通商口岸相继崛起，率先实现由传统城市向近代城市的转型。尤其是上海，由原来的地区性城市一跃成为全国首屈一指的近代贸易、工业和金融业中心及著名的综合性国际大都市。到1936年，其居民超过300万人，对外贸易规模占了全国外贸总额的50%以上。同时，近代工业的兴起，推动一大批各具特色的工业城市的形成。如青岛、福州、九江、无锡、南通、宁波、温州等城市以近代加工工业为特色；长沙、安庆、济南、石家庄、宝鸡等城市纺织业发达；唐山、井陉、焦作、萍乡、抚顺、本溪、大冶、鞍山、阜新、淄博、枣庄等是典型的工矿业城市；杭州、苏州等则是轻工业城市。此外，近代交通的引进和发展，也促进了众多新型交通枢纽城市的兴起和部分传统城市的转型。如长江沿岸的南通、镇江、扬州、南京、芜湖、安庆、九江、黄石、鄂州、武汉、沙市、宜昌、万县、涪陵、重庆、泸州、宜宾等城市，成为不同规模的近代内河轮船航运中心；郑州、石家庄、蚌埠、株洲、徐州、南昌、衡阳、柳州、沈阳、长春、哈尔滨等城市，成为铁路运输中心；宝鸡、双石铺、天水、广元、腾冲等城市，成为区域性公路交通中心；广州、大连、秦皇岛、青岛、宁波等港口城市，则以近代海洋航运为依托，对外贸易活跃。

不过，城市的近代转型有着很大的局限性：一是地域上的不平衡性。传统城市的近代转型主要集中于东部地区，广大内地的大部分城市实际上没有发生明显的变革，不少城市甚至走向衰落。二是产业结构上的畸形性。城市经济普遍呈现商业强、工业弱的特点，迟迟没有完成由商业化向工业化的转变。据不完全统计，商业资本在城市工商业资本总额中所占的比重，汉口到1929年为72.6%，南京和上海到1933年分别为62.4%和66.8%，北京到1935年更高达93.4%①。三是转型的有限性。除了上海等少数城市，大部分城市的近代转型并未真正完成，而是呈现出传统与近代形态并存的二元结构。四是转型的被动性。近代城市的转型是在外力作用下展开的，许多城市带有明显的殖民地色彩。如上海、天津等城市的租界和旧城区形成强烈反差，哈尔滨、青岛、广州、大连等更可以说是典型的殖民地城市。

与城市一样，传统市镇的近代转型也是曲折而有限。在19世纪中后期，随着商埠的开辟，外来工业品输入和对外产品输出呈快速增长之势，导致各地市镇的原有市场体系开始松动并走向解体，市镇经济陷入动荡之中。如苏州盛泽镇以出产丝绸著称，19世纪末，该镇四乡25里范围内有织机约8 000台，年产丝绸90万匹。镇上绸商在上海建立分庄，称为"申庄"，专事与洋行交易②。上海县法华镇由棉织业转向桑蚕丝业，"兴蚕桑之利，以济棉布之穷"，"鲜茧出售，动以数万计"③。太仓州的棉业大镇黄渡在外来洋布的冲击下走向衰落，到清末，镇上已是布机之声"阒然无闻"④。进入20世纪前期，随着近代工商业进一步向内地扩散，市镇的经济结构和产业形态变革进一步展开。在部分市镇，近代的机器工业、金融业和服务业逐渐兴起，开始由传统乡村商贸中心向近代工商业城镇转变。如上海宝山县江湾镇先后有缫丝厂、染织厂、棉织厂等，民国初期较具规模的棉纺织工厂就有7家，有织机近700台⑤。江苏吴江县震泽镇有多家机器缫丝厂，其中的震丰缫丝厂一度有丝车460台，雇佣工人1 300人⑥。然而，市镇的近代转型远没有完成。即便是在近代化进程相对领先的东部沿海地区，大多数市镇在逐渐形成近代工商业城镇部分特征的同时，各种传统因素仍大量存在，并在很大程度上仍起着主导作用。事实上，从20世纪30年代起，随着社会的进一步动荡，农村经济的日趋萧条，国际市场竞争的加剧，各地市镇普遍呈现出走向衰落之势，近

---

① 陈真编：《中国近代工业史资料》（第4辑），三联书店1958年版，第83页。
② 彭泽益编：《中国近代手工业史资料》（第2卷），三联书店1957年版，第72页。
③ 民国《江湾里志》卷五《实业志》，《中国地方志集成》（乡镇志专辑）。
④ 宣统《黄渡续志》卷二《物产》，《中国地方志集成》（乡镇志专辑）。
⑤ 民国《江湾里志》卷五《实业志》。
⑥ 国民政府建设委员经济调查所编：《中国经济志》附录《江苏省吴江县震泽镇经济概况》，杭州正则书局1935年版。

代转型的进程也随之趋于停滞。

四

在中国城镇发展史上，江南地区无疑有特殊的地位。这不仅因为江南是我国最早产生城市的地区之一，更重要的是，江南的城镇发展水平长期走在全国各地前列，在呈现典型性和代表性的同时，又有着鲜明的地域个性。

江南城镇的发展过程，很大程度上展示了中国城镇演变的历史轨迹，体现了不同时期我国城镇发展的基本特点。

江南地区城市的源起，也可以追溯到距今 5 000—4 000 年的良渚文化时期。按照部分学者的观点，"在良渚文化中晚期，应已形成共同的地域，共同的语言，共同的文化，共同的信仰和习俗，共同的经济基础"，"可能已进入'部落王国'时代，是'原始的国家'或'形成中国家'"[①]。有学者进一步断定："良渚文化时的礼制和大型礼仪性建筑及城市都已产生。"[②]尽管将良渚文化时代的中心聚落视为城市似模糊了原始古城与城市之间的内在差异，但良渚古城从某种意义上折射出古代城市文明的曙光。正是基于这种深厚的历史基础，春秋中期以降，随着吴、越两国的崛起，江南地区经历了历史上第一次社会开发热潮，经济和文化获得显著发展，以吴国都城姑苏和越国都城山阴为代表的城市由此产生。姑苏包括小城、大城和外郭三重，其大城"周四十七里二百一十步二尺"，居民繁多，商业活跃，市场发达。为了加强市场管理，吴国政府还设置了专门负责市场活动管理的"市吏"。山阴分小城和大城两重，小城"周二里二百二十三步"，大城"周二十里七十二步"[③]。两个城市均颇具规模。

秦汉时期，虽然江南地区的社会开发一度相对低落，城市发展较为滞缓，但在大一统的体制下，仍初步确立起区域性的郡县城市体系，部分城市还呈现出一定程度的活跃。如在先秦姑苏基础上发展起来的吴，被时人视为一大都会。司马迁在《史记·货殖列传》中以赞叹的口吻说："夫吴，自阖庐、春申、王濞三人招致天下之喜游子弟，东有海盐之饶，章山之铜，三江五湖之

---

①　车广锦：《良渚文化玉琮纹饰探析》，《东南文化》1987 年第 3 期。
②　林华东：《良渚文化研究》，浙江教育出版社 1998 年版，第 489 页。
③　佚名：《越绝书》卷二《外传记吴地传》，文渊阁《四库全书》本。

利，亦江东一都会也。"

六朝至唐五代，伴随持续大规模的地域社会开发，江南城市走上快速发展的道路。一方面，城市数量不断增加，南朝刘宋时，仅环太湖及周边地区就分布着 30 多个郡县城市；到五代十国时，在今江苏南部和浙江地区，共设有 17 个州，89 个县，由此全面确立起州县城市的区域分布格局；另一方面，区域中心城市的形成与发展，反映出区域城市体系的不断成长和完善。如果说，六朝时期以都城建康为中心的区域城市体系主要仍依靠政治向心力的组合，那么，唐五代以杭州和苏州为南北中心的地域城市体系，则越来越多地表现出城市发展的内在自主性。

正是在六朝以来长期发展的基础上，入宋以后，江南社会实现全面飞跃，不仅跻身全国城镇发达区域行列，而且引领了城镇形态演变的潮流。州县城市普遍突破了原有政治、军事性质所构成的限制，经济和社会功能显著增强。尤其是以杭州、苏州、建康为代表的城市，市场发达，商品流通活跃，形成了多类型、多层次的城市市场体系，市场活动不再只是满足城市自身的需要，更多地承担起地区内部和跨地区商品流通的职能；产业形式趋于多样化，经济结构日益完整，除了传统工商业外，服务业、文化业、娱乐业、旅游业、城郊经济作物种植业等也相当活跃，成为城市经济的重要组成部分；都市文化发达，市民文艺活跃，推动整个社会文化走向大众化、世俗化。这种发展形态的调整，标志着州县城市在继续充当不同等级政治中心的同时，开始向不同层次的、开放性的经济中心和社会中心转变。市镇在江南各地的兴起和发展同样十分引人注目。据不完全统计，到南宋中期，两浙 15 个州（府、军）的市镇数量已在 650 处以上[1]。这众多的市镇虽最初都是以农村商业中心或贸易点的形式出现的，但其广泛兴起和发展的意义却并不只限于商业领域。密集的市镇网络，在推动农村市场快速发育和成长的同时，也引发农村教育、文化娱乐、宗教、生活方式、社会风气等方面的一系列变化。

明清时期，以苏州为代表的江南城市依然保持着在全国的领先地位，但其发展的外来阻力和固有局限也越来越突出，由此引发不同规模和形式的市民反抗斗争。如明代后期，杭州市民先后发动了声势浩大的反苛役和反宦官

---

① 参见陈国灿：《江南农村城市化历史研究》，表 2-6，中国社会科学出版社 2004 年版，第 79—82 页。

斗争；台州、绍兴、宁波市民与当地驻军联合开展反贪官斗争；嘉兴等城市发生了饥民抢粮风潮。与此同时，市镇的发展空前活跃，在全国的领先地位进一步凸显。更值得关注的，是市镇形态的跃升和多层次的扩张。就前者而言，主要表现为城市特征的日趋完备，空间规模的不断扩大，居民数量的大幅度增加，市民社会组织的大量出现，街区和镇郊格局的普遍形成，产业结构的系统化和专业化特征的发展，这些都是市镇向经济都市跃升的反映。就后者而言，主要表现为空间上的扩张，类似城郊的市镇郊区的形成和扩大，使越来越多的周边乡村成为市镇的组成部分；经济上的扩张，以市镇为核心，包括周边乡村的商品经济圈的形成和扩展；社会活动上的扩张，市镇活动向周边乡村扩散，使许多乡村在文化、生活和社会风气等方面与市镇趋于一致。

进入近现代，西方列强的入侵和近代因素的冲击，江南地区首当其冲。上海的快速崛起和发展既改变了江南城市既有的区域格局，导致城市发展区域重心的全面东移，更开创了一条由传统城市向现代大都市飞跃的道路。同时，以上海为代表的江南沿海通商城市又是此时期中国城市在西方势力推动下被动地向近现代转变的典型，表现出鲜明的殖民色彩。同样，江南市镇的近代转型也是在外部因素的冲击下被动发生的，因而普遍呈现出经济上的"半截子"近代化和社会形态上的"二元结构"特征。

江南地区浓缩了中国城镇发展的多种形态，反映了不同类型城镇发展的历史道路和特点。

中国城镇的发展历来是统一性与多样化并存。一方面，长期的统一局面和根深蒂固的大一统观念，使我国各地的城镇在一些基本特征上呈现出高度的一致性；另一方面，多元化的社会结构和文化传统，又使得城镇发展具有多种形态。

江南地区的城市在经历了秦汉时期的缓慢起步后，从六朝时期起，便呈现出多样化的发展趋势。到南宋时期，进一步展示了传统城市的多种发展类型。其中，杭州和绍兴是综合型大中城市的典型代表，它们既是重要的政治中心，又有着发达的工商业和都市文化，政治、经济、社会和文化功能都十分突出。杭州（临安）作为都城，自然是南宋的政治中心，同时也是全国最为繁华的工商业中心和文化中心。建康是长江下游的政治和军事中心，城内驻有众多政府机构和大批军队，其工商业和市场商品流通也极为活跃。绍兴是浙东地区政治中心，城市经济十分活跃，城内外分布着不同形式的市场 10 多处。苏州（平江）、镇江、湖州、嘉兴等是较为典型的工商业城市，由于工商业发达，经济影响在某种程度上已超过了政治影响。庆元、温州等是著名的沿海港口城市，特别是庆元，成为南宋最重要的对外贸易港口之一。"风帆海舶，夷商越贾，利原椒化，纷至逻来"①；"有司资回税之利，居民有贸易之饶"②。严州、处州等则呈现传统政治城市的基本形态，它们的工商业虽有一定程度的发展，但并没有真正成为所在地区的商业和市场活动中心。

近代以降，江南城市仍延续了这种多样化的发展格局。如上海、宁波等反映了通商口岸城市的演变形态，苏州反映了江南内地传统城市的演变形态，绍兴、湖州等反映了沿海传统城市的演变形态，南京则反映了近现代都城的演变形态。

发展形态的多样化在江南市镇中同样得到充分体现。从全国范围来看，传统市镇类型的分化始于南宋时期，主要表现为市镇经济逐渐呈现不同的发展趋向和特色。就江南地区而言，具有代表性的有六种基本类型：一是环城市镇，主要分布于大中城市的郊区，尤其是繁华都市的周边地带，如杭州城郊的江涨桥镇和浙江市、龙山市等，其特点是经济结构相对完整，商业、服务业和手工业都比较发达，市场兴旺，商品交易活跃；二是农业市镇，主要分布于粮食生产或经济作物种植业、林业、渔业等农副产业较为发达的地区，如嘉兴府华亭县的魏塘镇、平江府常熟县的直塘市和吴县的横金市、建康府溧水县的孔镇、温州永嘉县的白沙镇、庆元府奉化县的鲒埼镇等，它们以所在地区农副产业为基础，承担着相关产品外销和流通的职能；三是手工业市镇，主要是随着农村手工业发展及其商品化程度的提高而兴起的，如嘉兴府的濮院市、湖州的南浔镇、常州宜兴县的丁蜀镇等，一般以一种或几种手工行业为特色，具有生产专业化的特点；四是商品转运市镇，主要分布于各地水陆交通沿线，如平江府的木渎镇、平望镇，常州的洛社镇、奔牛镇，镇江府的吕城镇，兼跨嘉兴、湖州的乌青镇，湖州的四安镇，绍兴府的西兴镇、渔浦镇、钱清镇、曹娥镇等，它们充当着各地货物转运和商品流通中心的角色；五是港口市镇，主要分布于沿海地区，如嘉兴府有澉浦镇、青龙镇、上海镇，台湾的章安镇等，它们是随着海上贸易的发展而兴起的，海外贸易成

---

① 张津：《乾道明州图经》卷九，李璜《重建州学记》，《宋元方志丛刊》本，第4930页。
② 罗濬、方万里：《宝庆四明志》卷六《市舶》，《宋元方志丛刊》本，第5054页。

为市镇经济的基础；六是消费型市镇，主要是由于大量外来人口的涌入和消费性商业的发展而兴起的，如平江府常熟县的许浦镇和福山镇等，其消费性商业和服务业尤为活跃。

到明清时期，江南市镇总体上可分为手工业型、农林副业型、商品集散型、综合型等四大类，每一类市镇，基于经济专业化分工的类型分化更为精细和成熟。如在手工业市镇中，有丝织业市镇、棉织业市镇、盐业市镇、窑业市镇、冶铸造业市镇、文具制造业市镇、玩具制造业市镇、造船和刻书业市镇、铜锡器业和漆器业市镇、榨油业市镇、竹器编织业市镇等。在丝织业市镇中，又分为丝业市镇、织业市镇、染业市镇等。

从不同类型城镇的历史演进过程来看，无论是综合性的大都市还是一般中小城市，沿海港口城市还是内陆城市，政治型城市还是经济都市，繁华市镇还是小型集镇，几乎都可以在浙江地区找到典型的发展个案。如杭州从秦汉时期的小型县城，到隋唐时期的地区中心城市，再到宋以后的繁华大都市，完整展现了一个综合性大都市的成长、发展过程；上海由南宋时期兴起的海隅小镇，到元明时期的普通县城和清前期的地方中心城市，再到清末至民国的现代大都市，完整体现了传统城镇的产生、发展和近代转型与飞跃的基本历程；宁波由两汉时的海边小邑，到唐中后期的港口城市，再到宋以后的著名外贸口岸，完整展现了一个港口城市的形成、发展过程；南京的几度兴衰，完整体现了由传统到近代一个都城的曲折历程；湖州的南浔镇，由南宋前期的农村集市，到明清时期著名的丝业大镇，再到 20 世纪 30 年代的日趋衰落，反映了一个古镇的历史演进过程。凡此种种，不一而足。

五

中外学界有关江南城镇史的研究始于 20 世纪前期。尤其是近二三十年来，对不同时期江南城镇发展演变的讨论更是日趋活跃，成果迭出。概括起来，主要有三方面：

一是长时段研究。如〔日〕岸俊南编《中国江南的都城遗址》（京都同朋舍，1985 年），陈国灿《中国古代江南城市化研究》（人民出版社，2010 年）、《江南农村城市化历史研究》（中国社会科学出版社，2004 年）、《浙江城镇发展史》（杭州出版社，2008 年），吴锡标、陈国灿《古代江南城镇发展与社会演变研究》（西泠印社出版社，2005 年），陈国灿、奚建华《浙江古代城镇史》（安徽大学出版社，2003 年），龙登高《江南市场史》（清华大学出版社，2003 年），傅崇兰《中国运河城市发展史》（四川人民出版社，1985 年）等。

二是断代研究。具体涉及先秦、汉唐、宋元、明清、近代以降等几个时段。先秦时期，如曲英杰《长江古城址》（湖北教育出版社，2004 年），张驰《长江中下游地区史前聚落研究》（文物出版社，2003 年），方杰主编《越国文化》（上海社会科学院出版社，1998 年）等。汉唐时期，如刘淑芬《六朝的城市与社会》（台湾学生书局，1992 年），卢海鸣《六朝都城》（南京出版社，2002 年），贺云翱《六朝瓦当与六朝都城》（文物出版社，2005 年），张剑光《唐五代江南工商业布局研究》（江苏古籍出版社，2003 年）等。宋元时期，如陈国灿《宋代江南城市研究》（中华书局，2002 年）、《南宋城镇史》（人民出版社，2009 年），梁庚尧《南宋的市镇》（《汉学研究》第 3 卷第 2 期，1985 年 12 月），龙登高《宋代东南市场研究》（云南大学出版社，1994 年），〔日〕斯波义信《宋代江南经济史研究》（江苏人民出版社，2000 年）等。明清时期，如〔美〕林达·约翰逊主编《帝国晚期的江南城市》（上海人民出版社，2005 年），刘天振《明清时期江南城市商业出版与文化传播》（中国社会科学出版社，2011 年），刘石吉《明清时代江南市镇研究》（中国社会科学出版社，1987 年），樊树志《江南市镇：传统的变革》（复旦大学出版社，2005 年），陈学文《明清时期杭嘉湖市镇史研究》（群言出版社，1993 年），〔日〕川勝守《明清江南市镇社會史研究——空間と社會形成の歴史學》（日本东京汲古书院，1999 年），〔日〕森正夫《江南市镇研究——历史学与地理学的结合》（日本名古屋大学出版会，1992 年），安涛《中心与边缘：明清以来江南市镇经济社会转型研究》（上海人民出版社，2010 年），陈江《明代中后期的江南社会与社会生活》（上海社会科学院出版社，2006 年），冯贤亮《太湖平原的环境刻画与城乡变迁（1368—1912）》（上海人民出版社，2008 年），傅衣凌《明代江南市民经济试探》（上海人民出版社，1957 年），李伯重《江南的早期工业化（1550—1850 年）》（社会科学文献出版社，2000 年），范金民《明清江南商业的发展》（南京大学出版社，1998 年），张海英《明清江南商品流通与市场体系》（华东师范大学出版社，2002 年）等。近代以降，如茅家琦等《横看成岭侧成峰：长江下游城市近代化的轨迹》（江苏人民出版社，1993 年），张仲礼主编《东南沿海城市与中国近代化》（上海人民出版社，1996年），包伟民主编《江南市镇及其近代命运（1840—1949）》（知识出版社，1998年），李学功《南浔现象——晚清民国江南市镇变迁研究》（中国社会科学出版社，2010年），李国祁《中国现代化的区域研究：闽浙台地区，1860—1916》（"中央研究院"近代史研究所，1982年），朱小田《江南乡镇社会的近代转型》（中国商业出版社，1997年）等。

三是个案研究。这方面，针对南京、杭州、苏州、上海等江南地区代表性重要城市的讨论较为活跃。有关南京的研究，有南京市地方志编纂委员会《南京通史》（南京出版社，2009—2013年），吕华清主编《南京港史》（人民交通出版社，1989年），蒋赞初《南京史话》（江苏人民出版社，1995年），茅家琦主编《南京经济史》（中国农业科技出版社，1996年），郭黎安《六朝建康》（香港天马图书有限公司，2002年），薛政超《五代金陵史研究》（中央编译出版社，2011年），朱偰《金陵古迹图考》（中华书局，2006年），〔美〕牟复礼《明初南京城的变迁（1350—1400）》（台湾《明史研究专刊》第7辑，1984年），杨国庆《明代南京城墙》（南京出版社，2002年），王云骏《民国南京城市社会管理》（江苏古籍出版社，2001年）等。有关杭州的研究，有周峰主编《南北朝前古杭州》（浙江人民出版社，1992年）、《隋唐名郡杭州》（浙江人民出版社，1997年）、《南宋京城杭州》（浙江人民出版社，1997年）、《元明清名城杭州》（浙江人民出版社，1997年），吴振华主编《杭州港史》（人民交通出版社，1989年），全汉昇《南宋杭州的消费与外地商品之输入》（《中央研究院历史语言研究所集刊》第7本第1分，1936年），林正秋《南宋都城临安》（西泠印社，1986年），何王芳《民国时期杭州城市社会生活研究》（浙江大学博士学位论文，2006年）等。有关苏州的研究，有王卫平《明清时期江南城市史研究：以苏州为中心》（人民出版社，1999年），罗仑主编《苏州地区社会经济史（明清卷）》（南京大学出版社，1993年），张海林《苏州早期城市现代化研究》（南京大学出版社，1999年）等。有关上海的研究，有熊月之主编《上海通史》（上海人民出版社，1999年），唐振常主编《上海史》（上海人民出版社，1989年），罗苏文《近代上海都市社会与生活》（中华书局，2006年），丁日初《上海近代经济史》（上海人民出版社，1994年），张仲礼主编《近代上海城市研究（1840—1949）》（上海人民出版社，1990年），戴鞍钢《港口·城市·腹地——上海与长江流域经济关系的历史考察（1843—1913）》（复旦大学出版社，1998年）等。

总的看来，中外学界围绕江南城镇史的研究，呈现出五个特点：一是以宋代以降为主，宋代以前研究较为薄弱；二是市镇研究较为深入，城市研究相对不够系统；三是城市个案研究活跃，区域研究相对单薄；四是现象描述性研究较多，理论分析相对较少；五是重视历史学的考察与分析，多学科的综合分析有所忽视。

正是基于学界研究的现状，经过长时间的讨论和征求意见，我们决定合作撰写一部较为系统的《江南城镇通史》。考虑到江南城镇历史发展的基本轨迹和阶段特征，在统一思路的基础上，分为先秦秦汉、六朝隋唐五代、宋元、明代、清前期、晚清和民国7卷，由各卷承担者分别撰写，主编负责统一修改、调整和定稿。撰写工作历经数年的时间，现已基本完成。其间，曾多次举行小型研讨会，就撰写过程中发现的问题彼此交流，共同讨论，并积极征求有关专家学者的意见，以求能呈献一部高质量的通史。但囿于研究基础和水平，书中难免仍会存在不少缺憾和不足。若有未能臻于读者要求之处，敬请专家学者批评指正。

浙江师范大学江南文化研究中心

陈国灿

目 录
Contents

目 录

绪 言

　　江南是中国区域地理中极为特别和重要的一个地区，其在唐宋以降的繁荣发达有目共睹。至于古代早期的江南地区，人们往往视其为原始落后的"荒蛮之地"。其实，深入考察江南历史，便不难发现，这种认识并不准确。

　　早在新石器时代，江南地区的先民们就已创造了灿烂的史前文明，而且其发展水平较之同期的黄河流域并不逊色。夏商以降，江南虽是中原文明的边缘区域，但地域文明一直在持续不断地向前演进和发展。春秋战国之际吴、越两国在江南地区相继崛起并北上参与中原争霸活动，便反映了江南社会已发展到相当高的水平。至秦汉时期，江南地区又经历了从政治到文化的重新建构过程，从而为汉末以后的持续发展和兴盛奠定了坚实的历史基础。因此，我们探讨江南地区的城镇史，需要从其地域文明的源起入手。

一、学术史的回顾和总结

　　近二三十年来，中国城镇史逐渐成为学术界研究的一个热点，取得了丰硕的成果。江南作为历史上中国城镇的发达区域，其城镇发展演变史更是获得各方学者的格外重视。尤其是围绕明清时期江南城镇史的研究，显得极为活跃。相对而言，有关江南城市的起源和早期发展，受制于资料，许多问题一直模糊不清。不过，近几年这种情况已有较大改观。特别是在史前领域，相关研究取得了明显的进展。

　　由于区域考古的不断进展，考古资料越来越丰富。其中许多新的考古发现，不断深化我们对江南地区史前考古学各区系类型的认识和梳理。如发现于今浙江浦江县境内的"上山文化"，使我们进一步了解江南地区距今 10 000

年左右新石器时代文化的形态；发现于浙江杭州市萧山区境内的"跨湖桥文化"，为我们揭示了与"河姆渡文化"几乎同时存在于钱塘江南岸地区的另一支江南水乡原始稻作文化；距今 4 500 年左右的"广富林文化"，则展示了一支中原龙山文化王油坊类型南下迁徙的历史细节。诸如此类，不一而举。

广大考古工作者以"聚落考古学"理论为指导，发掘了许多史前聚落遗址，并重视对这些遗址整体信息及其复杂内涵的整理分析，相关研究资料不断积累充实。例如，长江下游地区新石器时代晚期的"良渚文化"，已发掘的聚落遗址多达 110 多处，人们对其中各个重要史前遗址——如崧泽、瑶山、反山等——进行了发掘资料的系统整理工作，包括遗址群的自然和人文背景资料、遗址概况、考古资料及历年出土文物情况、早期研究成果等①，使得学界不但能够观察江南地区部分史前城址的规划布局，也能进一步考察聚落之间、聚落与城址、城址与城址的联系，并由此进一步思考江南地区早期城邑起源和发展的独特道路，以及早期城邑与城市产生、国家起源之间内在历史联系等重大问题。在此基础上，考古学界和历史学界围绕"早期城市与文明起源、国家起源关系"等问题进行深入讨论，对长江下游史前聚落形态的专题研究取得一系列成果，其研究的对象更加细化，分类更加科学，方法也更为精细。如张驰的《长江中下游地区史前聚落研究》（文物出版社，2003年）、高蒙河的《长江下游考古地理》（复旦大学出版社，2005 年）等著作，系统讨论了长江中下游史前文化的聚落分布、发展形态、空间规模、内在等级、建筑结构等问题，资料详实，分析细致。高著还采取了量化手段，进行过程分析，并应用包括 DNA 测定等科技考古学的方法提取更多信息，提出了许多学术创见。马世之的《中国史前古城》（湖北教育出版社，2003 年）对包括长江中下游地区在内的全国各地史前古城做了较详细的介绍，对各地史前古城的历史文化、特征和地位、在文明起源过程中所起的作用等进行深入分析。2008 年，浙江摄影出版社出版"良渚文化丛书"五种，其中赵晔的《湮灭的古国故都——良渚遗址概论》、王宁远的《遥远的村居——良渚文化的聚落和居住形态》等，不但披露了许多较新的考古发现，而且从不同侧面对良渚文化从高等级到普通聚落遗址进行了非常具体细致的研究。

---

① 这方面，近年来整理汇编的主要有：上海文物保护管理委员会编的《崧泽》，文物出版社1987 年版；浙江文物考古研究所编的《瑶山》（文物出版社 2003 年版）、《反山》（文物出版社 2006 年版）、《良渚遗址群考古报告》（文物出版社 2005 年版）等。

绪　言

　　除了史前聚落，围绕夏商至春秋战国时期长江下游地区聚落形态和城市的
研究，也获得了一些成果。许宏的《先秦城市考古学研究》（北京燕山出版社，
2000 年）被称为"目前所见关于先秦城市考古学第一本最为完备的学术著作"，
其史前聚落部分对长江下游地区有专门讨论，第四章《春秋战国时期城市的转
型与发展》对发现于今江苏常州武进县的古淹城遗址有专门的分析。曲英杰的
《先秦都城复原研究》（黑龙江人民出版社，1991 年）、《长江古城址》（《长江文
化研究文库》，湖北教育出版社，2004 年）等综合性研究著作，也专门提到春
秋战国时期吴、越两国的城市发展情况。其他还有陈国灿的《浙江城镇发展
史》（杭州出版社，2008 年），高介华、刘玉堂的《楚国的城市与建筑》（湖
北人民出版社，1988 年），笪浩波的《通衢大道——楚国的城市建筑与交通》
（湖北教育出版社，2001 年），毛颖、张敏的《长江下游的徐舒和吴越》（湖
北教育出版社，2005 年）等，都涉及先秦江南城市的产生与发展问题。

　　在秦汉时期江南城市研究方面，如陈国灿、奚建华的《浙江古代城镇史》
（安徽大学出版社，2003 年）用了一节的内容，描述了浙江城市"秦汉时期
的缓慢发展"；臧知非、沈华、高婷婷的《周秦汉魏吴地社会发展研究》（群
言出版社，2007 年），对秦汉时期吴地经济结构导致社会结构和文化的变化
有所探索，其中提到该地区聚落和城市的历史发展。几部关于汉代城市史研
究的专著，如周长山的《汉代城市研究》（人民出版社，2001 年）、张继海的
《汉代城市社会》（社会科学文献出版社，2006 年）、肖爱玲的《西汉城市地
理》（陕西师范大学博士论文，2006 年）等，都有一定的章节篇幅论及汉代
江南地区城市的发展情况。葛剑雄的《西汉人口地理》（人民出版社，1986
年）、周振鹤的《西汉政区地理》（人民出版社，1987 年）、李晓杰的《东汉
政区地理》（山东教育出版社，1999 年）等，从政区地理、人口地理的角度
谈到汉代江南地区的城市。至于研究论文，则更多地集中于秦汉江南经济史、
人口史等领域的讨论。①直接以秦汉时期江南城市为主题的论文不多，如陈晓
鸣的《秦汉江南城市问题述略》（《江西广播电视大学学报》1999 年第 3 期）
和《汉代江南城市与商业问题述论》（《中国社会经济史研究》2005 年第 4
期）等。此外，张南、张宏明的《安徽汉代城市的分布与建设》（《学术界》

---

　　①　参见黄今言主编：《秦汉江南经济述略》，江西人民出版社 1999 年版；王福昌：《近年来秦汉
江南社会经济史研究综述》，《中国史研究动态》1999 年第 6 期。

1991 年第 6 期)、《安徽汉代城市功能初探》(《安徽史学》1991 年第 1 期)等，亦属于秦汉江南城市史研究的相关成果。

综上所述，围绕上古至秦汉时期江南城市的起源与发展，虽然已经取得不少成果，但整体而言还较为薄弱。在研究方法上，史前聚落研究已开始逐步采用定量分析，对聚落内部的布局、形态、建筑结构以及聚落之间的联系和分布模式，进行较为细致的分析，而三代至秦汉时期的研究基本上还依靠文献，考古资料运用明显不足，因而无法达到相应的研究深度。诸如江南城市起源发展与自然环境的关系、史前聚落与后世城邑和城市之间的内在历史联系、江南与其他地区早期城邑和城市发展的特点比较等问题的研究，还有许多工作有待进一步开展。

二、相关概念的讨论

探讨江南地区城市的起源与早期发展，有一些概念需要加以专门讨论，以厘清其中的歧义和模糊认识。

(一) 古文献中的"城"、"邑"、"城邑"和"城市"

研究中国城市史，涉及不同时期的历史文献围绕城市而形成的一些有针对性的名称和概念，包括"城"、"邑"、"城邑"和"城市"等。

所谓"城"，《说文解字·土部》释云："城，以盛民也。"《春秋穀梁传》"隐公七年"传曰："城，为保民为之也。"可见，古代汉语中的"城"，强调的是设有防卫设施——诸如城墙之类——的一种聚落形态，与该聚落的规模大小、人口多少、是否有市场等因素没有直接关系。

何谓"邑"？《管子·小匡》云："六轨为邑。"《说文解字·丘部》"虚"字下释："古者九夫为井，四井为邑，四邑为丘。丘谓之虚。"这些解释都倾向于强调邑与一定数量居民（如六轨或四井）的关系，即邑是人们聚居之地，与我们今天所说的"聚落"意思相近。《说文解字·门部》"门"字条又谓："邑外谓之郊，郊外谓之野。"也就是说，每个邑有一定的地域范围。同书《邑部》云："邑，国也。"《周礼·士师》"三日国禁"条注："国，城中也。"《诗经》郑笺："城郭之域曰都。"①这意味着，有的邑具有城（郭）的形制，

---

① 《诗经·小雅·都人士》"彼都人士"条下，《十三经注疏·毛诗正义》，北京大学出版社 1999 年版，第 913 页。

"都"即如此。不同的邑还有功能上的差异，如《左传》云："凡邑，有宗庙先君之主曰都，无曰邑。"①另外，《说文解字·行部》云："术，邑中道也。"《水部》云："渎……一曰邑中沟。"《土部》云："坊，邑里之名。"这些解释，都说明邑中还有着不同的功能分区。《说文解字·伙部》"聚"下释："邑落云聚。"清儒段玉裁注："邑落，邑中村落。"聚—邑—都，反映了古代早期聚落间的等级关系。

古文献中"城邑"一词，较早见于《国语·楚语上》，其云："且夫制城邑若体性焉，有首领股肱，至于手拇毛脉，大能掉小，故变而不勤。"这是范无宇劝谏楚灵王，希望他不要"城陈、蔡、不羹"三座大城。《战国策·中山》载，武安君白起引兵深入楚地，"多倍城邑"。这些"城邑"相当于邑，且强调其拥有"城垣"的特殊形制。同书《赵策》记载，赵王因割济东三城令庐、高唐、平原所属"城市邑五十七"与齐。这里"城市邑"的说法，清楚表明"城"、"市"对"邑"的联合修饰关系：有城之邑＋有市之邑＝有城又有市的邑，而且是处于济东三大城管辖之下的下一层级聚落单位，数量极多。虽然后代"城邑"成为城市、城镇的泛称，但在先秦时期，城邑就是有城之邑，其规模可大可小，是筑有城墙（垣），且较村落高一级的聚落形态。

古文献中也早有"城市"的表述。如《战国策·赵策一》云："今有城市之邑十七。"所谓"城市之邑"，即上文所说的"城市邑"。《韩非子·爱臣》云："是故大臣之禄虽大，不得藉威城市。"这里着重强调的是某类聚落有城、有市的特点。很显然，这与现代意义上的"城市"概念，并不是一回事。

（二）关于城市的定义标准

与传统的认识有所不同，现代的"城市"概念，是对某一类聚落的性质认定：它是以非农业产业和非农业人口集聚形成的较大规模的聚落形态，人口密集，工商业发达，通常是周围地区政治、经济、文化的中心。

不过，在不同的学科领域，由于对城市的关注点不同，对"城市"也有着相异的具体界定：经济学重视城市是市场中心，强调城市具有经济活动高度集中的特点，能够形成规模经济；人口学认为城市是人口高度聚集地区，有较大的人口规模和较高的人口密度；地理学强调建筑物与基础设施的密集，

---

① 《左传》庄公二十八年，《十三经注疏·春秋左传正义》，北京大学出版社 1999 年版，第291 页。

重视城市的选址，包括自然环境和所处的便利交通环境等；社会学则强调城市是一种社会组织形式，人口较多，且包含有非农人口及专业人员，城市居民彼此之间存在超越家庭或家族以上的规则，比如法律等等，同时创造出一种新的"城市化"的生活。①

那么，定义中国古代城市的标准是什么？城市与"城"、"邑"的关系究竟如何？对此，学术界的看法可谓众说纷纭，至今未有一致的认识。研究现代市的学者提出，可从城市的人口规模、人口密度、非农业人口比例（从业构成）等计量指标上进行规定。部分历史学者也持此观点。如赵冈认为，凡常住人口在 2 000 人以上，且其中非农业人口占 50% 以上的聚落可视为城市。②不过，由于明清以前的相关史料严重不足，很难准确计算城市人口数据。要测算此种定义城市的重要计量指标，在古代城市研究中有不小的难度。因此，更多的历史学者主张从城市的行政特征上予以把握。如陈桥驿指出："凡是历史上曾经作为县一级政府驻地的聚落，就作为历史城市。"③傅筑夫也认为，中国古代城市是政治性的，因此战国以后只有县城以上的聚落才是城市。

问题是，战国以前的城市又该如何界定？对此，有学者主张以"经济性特征"作为定义城市的标准。如张鸿雁认为，中国原始社会末期出现的城堡，只是政治、军事堡垒，其中不存在从事非农业生产的城市居民，不构成城市生活方式，没有独立的私人手工业和商业，故春秋之前都只是"城市的萌芽阶段"，"完全意义上的城市"直到春秋初期才开始兴起，战国时期得到发展。他指出，真正的城市应该具备这样一些特征：其一，"手工业和商业的分离"；其二，"农业和手工业的分离的完成"；其三，"独立商人和独立手工业者阶层的存在"；其四，"市场是城市生活不可缺少的"；其五，"居住形式和密度乃至人口构成。"④有学者主张以"城墙"为标志，再加上"政治性特征"来予以区分。如傅筑夫提出："战国以前的城市，实际上都是些有围墙的农村，其主要作用是在政治和军事方面，而不在经济方面，亦即不是工商业发展和人

---

① 参见宋俊岭：《城市的定义和本质》，《北京社会科学》1994 年第 4 期；尤建新：《城市定义的发展》，《上海管理科学》2006 年第 3 期；李孝聪：《历史城市地理》第一章《导论》，山东教育出版社 2007 年版，第 1—11 页。

② 赵冈：《从宏观角度看中国的城市史》，《历史研究》1993 年第 1 期。

③ 马正林：《中国城市历史地理》，陈桥驿：《序》，山东教育出版社 1998 年版，第 1 页。

④ 张鸿雁：《春秋战国城市经济发展史论》第一章《春秋以前城市的萌芽及理论探讨》，辽宁大学出版社 1988 年版，第 29、73、76 页。

口聚集的结果。"①日本学者宫崎市定提出"中国古代"（即先秦两汉时期）"都市国家论"，认为当时的中国社会是由无数微小的周围有围墙的农业都市构成，这些城郭都市的周围是耕地，农民每天到耕地上劳作。②李孝聪也认为："商、周时期是中国早期城市形成的时代，夯筑城墙是城市可识别的外部形态。"③侯外庐虽然认为"城市和农村的分裂，名目不同。城市有城墉、邦封、国、域、都、邑、宅等等，农村有鄙、野等等"④，但他把所列"城墉、邦封、国、域、都、邑、宅"等皆作为城市，也就是将"城邑"等同于城市。持类似观点的还有日本学者江村治树，他认为"城市"是殷周至春秋国家的主要部分。⑤

　　随着一系列考古新发现，学术界的相关争论更趋激烈。考古工作者现已发现诸多距今 6 000—4 500 年间的史前城址，其分布相对集中在黄河中下游、内蒙古中南部、长江中下游地区。如何认定这些史前古城的性质？能否将这些原始古城称为史前城市，或者仅仅是史前的城堡？学术界这种围绕史前城市与城堡的认识分歧，并非只是对史前聚落规模大小方面的认识差异，更是关系到是否能够判定这些聚落的性质已发生重大变革，或者说当时的社会组织结构是否已经产生了重大变化，即发生如柴尔德所说的"城市革命"。

　　一些研究者提出，这些建筑于龙山时代的城址，应是区域的政治、经济、文化和军事中心，因而已是"原始城市"、"早期雏形城市"，或者城市的萌芽和雏形阶段。⑥也有学者认为大多史前城址只能算是"军事城堡"，不

---

　　① 傅筑夫：《中国古代城市在国民经济中的地位和作用》，《中国经济史论丛》（上），三联书店1980 年版，第 321—386 页。

　　② 〔日〕宫崎市定：《关于中国聚落形体的变迁》，刘俊文主编：《日本学者研究中国史论著选译》第 3 卷，中华书局 1993 年版，第 1—29 页。

　　③ 李孝聪：《历史城市地理》第二章《中国城市的起源及先秦城市的选址与形态》，山东教育出版社 2007 年版，第 88 页。

　　④ 侯外庐：《中国古代社会史论》，人民出版社 1955 年版，第 178 页。

　　⑤ 〔日〕江村治树：《古代都市社会》，〔日〕佐竹靖彦主编：《殷周秦汉史学的基本问题》，中华书局 2008 年版，第 20—30 页。

　　⑥ 参见马世之：《关于史前文化城址的规模和人口问题》，《河南文物考古论集》，河南人民出版社 1996 年版，第 170—174 页；严文明：《文明的曙光——长江流域最古的城市》，《农业发生与文明起源》，科学出版社 2000 年版，第 99—106 页；张之恒：《黄河中下游几座龙山文化城址的性质——兼论古代文明的起源和形成》，《纪念城子崖遗址发掘六十周年国际学术讨论会文集》，齐鲁书社 1993年版，第 90—98 页；高松凡、杨纯渊：《关于我国早期城市起源的初步探讨》，《文物季刊》1993 年第3 期。

赞成它们都已经成为中心聚落。①许宏认为，这些出现于史前铜石并用时期龙山时代的诸多城址，是"中国城市的起源及其初期形态"。他提出："城市不是城与市的简单组合，在春秋以前的中国古代城市发展的早期阶段，城市是一种以政治军事职能为主的、作为邦国权力中心的聚落形态。中国的初期城市既可以无城，也不必一定有市。"在此认识基础上，他进一步归纳了中国早期城市所具有的一些特征：（1）邦国的权力中心，具有一定地域内的政治、经济和文化中心的职能，其中能够发现象征王权的表现，主要为大型夯土建筑工程遗迹（包括宫庙基址、祭坛等礼仪性建筑和城垣、壕）的存在。（2）居民构成复杂化，有非农业生产的活动，但商业贸易欠发达，主要表现为"社会物质财富的聚敛中心和消费中心"。（3）人口相对集中，但城乡分化并不鲜明。②

综上所述，学界对于如何判定中国古代城市、尤其是先秦秦汉时期的城市，存在着很大的争论。笔者认为，学界上述种种观点的分歧，关键在于对中国古代"城市"性质的理解差异，即以经济性（主要指市场性或商业性）为主，还是以政治性为主？其实，如果从历史的角度来看，在很长一段时期内，工商业和市场为国家、官府所垄断，政治性、权力性要素在人口集中、高等级聚落建设和规划等方面起到核心作用。不仅史前某些大型城址和商周春秋时期的都邑具有这方面的特征，就是战国至明清的郡（州、府）县城市也完全是政治制度设计的结果。因此，相对于"城邑"仅仅关注居民定居点"城"的形制，"城市"的定义应该更多地体现一种聚落形态所达到的高度"社会复杂化"的水平。"城"作为一种古代聚落常常采用的防御设施，古代"城市"也多有采用，但这只是其外部的形态特征之一。实际上，根据建造城市的不同自然环境和社会环境，城市可以有城墙，也可以无城墙，这并不是其唯一的特点。换言之，城邑先于城市产生，在很长的历史时期里，还是一种比较普遍的聚落形态；城市则是在城邑之上，体现更高程度的社会复杂性，成为地区性的政治、文化或军事、经济的中心。

---

① 杜在忠：《边线王龙山文化城堡试析——兼述我国早期国家的诞生、文化融合等有关问题》，《中原文物》1995 年第 2 期；曹兵武：《龙山时代的城与史前中国文化》，《中国史研究》1997 年第 3 期。

② 许宏：《先秦城市考古学研究》第一章《绪论》，燕山出版社 2000 年版，第 9—10 页。

三、本书研究的基本思路

围绕"江南"所指的地域范围，人们有着不同的具体界定。明清以来，人们一般用"江南"来指长江下游南岸的太湖及其周边地区，包括明清时期的苏州、松江、常州、嘉兴、湖州五府与太仓直隶州的全部，以及镇江府的大部和杭州府的部分。①显然，这与古代早期所指的"江南"不同。②学界对秦汉以前的"江南"区域界定，也是众说纷纭。③本书作为《江南城镇通史》的一部分，所说的"江南"与其他各卷大体一致，即以今长江三角洲为核心，包括部分周边地区。具体讲，可以分为三个次级地域单元：一是宁（南京）镇（江）—皖南地区；二是环太湖流域，包括今苏南、浙北的大部分地区；三是今浙东宁绍地区。这些地域单元的文化传统在"江南"的大环境下"同中有微别，别中渐趋同"：它们在史前拥有不同的考古学文化渊源，分属不同的考古学文化发展序列，但也是从史前时代开始，它们就彼此交流，相互影响，进而先后接受中原商周王朝的政治影响，最终成为秦汉帝国的郡县，不仅受到来自淮河流域、岭南、两湖及江西等地方文化的影响，更受到中原地区政治文化的不断改造。由此，各地域单元文化之间显示出越来越强的趋同倾向，面貌也越发复杂。

本书所涵括的时间跨度非常大。距今 10 000 年左右，位于今浦阳江上游的上山遗址已具备聚落的特征。距今 5 000 年左右的良渚文化，以高台祭坛、权贵墓地和精致玉器为特色，其中的莫角山古城是否为良渚文化的中心虽然还存在争论，但其作为地域文化中心，学术界已有共识。良渚文化以降至秦

①　参见冯贤亮：《明清江南地区的环境变动与社会控制》绪论，上海人民出版社 2002 年版，第 2—10 页。

②　黄爱梅、于凯：《先秦秦汉时期"江南"概念的考察》，《史林》2013 年第 3 期。

③　学者对秦汉以前"江南"地域范围的界定，小自仅指楚郢都对岸的东南段，大至包括四川盆地、岭南在内的整个中国南部。在具体时段上，对于"江南"范围的界定也有很大分歧。参见徐茂明：《江南的历史内涵与区域变迁》，《史林》2002 年第 3 期；黄今言：《秦汉江南经济述略》，江西人民出版社 1999 年版；张燕飞：《汉代江南农业的发展》，《中国农史》1994 年第 4 期；杨剑虹：《秦汉江南的手工业生产》，《江西师范大学学报》1988 年第 3 期；王福昌：《秦汉江南稻作农业的几个问题》，《古今农业》1999 年第 1 期；肖华忠：《秦汉时期江南地区的交通工具与交通道路管理》，《江西师范大学学报》1999 年第 4 期；范志军：《东汉江南经济发展探讨》，郑州大学硕士论文，2002 年；李孝聪：《中国区域历史地理》，北京大学出版社 2004 年版；陈国灿：《"火耕水耨"新探——兼谈六朝以前江南地区的水稻耕作技术》，《中国农史》1999 年第 1 期；王子今：《试论秦汉气候对江南经济文化发展的意义》，《学术月刊》1994 年第 9 期。

汉时期，江南地区的聚落从村落到城邑，再发展为城市，每一时期都具有各自的时代特点。

本书的研究目标，即是通过对江南地区上古至秦汉时期城邑和城市发展历史的考察，理清该地区聚落—城邑—城市的基本演进轨迹，把握各阶段聚落城邑发展的主要特征，思考江南地区城市源起和发展的动力，从而深化江南地区古代城镇发展历史的研究，并对中国古代城镇史研究有所推动。

在研究理论方面，本书主要借鉴和运用学界有关聚落的研究理论，包括史学界的历史时期城市研究理论和考古学界的"聚落考古"理论。

历史时期城市研究理论认为，城市的研究应该包括对城市本身发展和城市内涵发展两方面的考察。其中，城市本身的发展，首先是城市内部结构的发展，包括城市本身的规模、规划和空间布局等；其次是城市外在形态的发展，包括城市的选址、功能、类型、城乡关系、城市区域形态等。城市内涵的发展，则涵括了城市人口构成、城市生活、管理、交通、商业、生产活动、社会关系以及城市的性质、发展动力等内容。

"聚落考古"理论是考古学界发掘、整理和分析史前文化遗址的指导。美国考古学家欧文·劳斯（I. Rouse）将聚落形态（settlement pattern）定义为："人们的文化活动和社会结构在地面上的分布的方式。这种方式包含了文化、社会和生态三种系统，并提供了它们之间相互关系的记录。"特里格（B. G. Trigger）认为，"聚落考古"理论是"运用考古材料来研究社会关系"，其研究有三个层次：一是个别建筑；二是社区布局，其规模受制于生态环境，布局则受家庭和亲属制度的影响很大；三是聚落区域形态，在复杂社会中，聚落的区域布局更取决于经济和政治因素而非生态因素，聚落大小因为其重要程度而表现出明显的等级差别。①我国考古学家王巍也指出，聚落考古是为了了解过去人们的社会关系而对考古发掘获得的文化遗存及居住形态进行研究，其目的是要通过聚落形态探讨当时人们的社会组织结构和人地关系，而聚落形态演变的背景和原因可以为我们了解社会演变提供重要线索。他认为，聚落形态研究有四个层次：一是聚落位置的选择，分析人类与自然环境的关系，以及不同聚落之间社会、经济等活动之间的关系；二是聚落内部的布局，

---

① 参见陈淳：《文明与早期国家探源——中外理论、方法与研究之比较》，上海世纪出版集团2007年版，第185—186页。

了解各种建筑的功能以及相互关系，这是一种微观的社会关系分析；三是聚落之间的关系，分析同时期临近不同聚落之间的互动和依存；四是聚落群之间的关系，也是区域社会形态的宏观分析。①

显然，考古学的聚落研究理论与史学界的历史时期城市研究理论，在目的上有重合之处，两者的根本目的均在于研究人类如何与自然环境、自然资源相结合，研究历史上人类社会的组织结构、相互关系、运作模式。在研究内容方面，两者也有许多共同点。本书研究所涉及的时段和对象，正需要兼顾史前聚落与历史时期城市；而城市产生之后，其与同时的城邑及聚落的关系，也是重要的考察内容之一。

因此，本书在研究方法上，试图结合聚落研究和城市研究，兼顾个体聚落/城邑（市）、聚落/城邑（市）群内部关系、聚落/城邑（市）群之间关系等多个层次，探索这一时期江南地区聚落/城邑（市）的发展历史和发展动力，进而揭示不同历史阶段中人与地理环境的关系、人群内部的社会关系以及区域的社会形态。

基于上述思路，本书把秦汉及以前江南地区城邑和城市的起源、产生、发展划分为几个不同的发展阶段：

一是史前聚落的产生与演进时期，主要是考察和分析距今 10 000 年至 4 200 年左右原始聚落的产生演进及其与自然环境的关系、聚落本身的形态和彼此间的联系等。

二是城邑的产生和发展时期，重点放在对史前良渚城址和西周至战国时期城邑的分析，除了基本形制的介绍，也讨论史前古城的性质、西周至战国时期城邑的功能类型划分和特征等问题。

三是城市的产生时期，主要围绕春秋战国时期吴、越两国都城的分析，包括历史背景分析、都城形制与特点剖析等。

四是郡县城市体系初步形成时期，主要是对秦汉帝国时期江南郡县城市的研究，包括郡县城市的设置沿革、等级规模、功能分区、空间形制、类型分化、发展特征等。

① 陈淳：《文明与早期国家探源——中外理论、方法与研究之比较》，第191页。

第一章 江南地区的史前文化
与原始聚落的演进

聚落，是人类集中居住、生活和生产的场所。《汉书·沟洫志》云："或久无害，稍筑室宅，遂成聚落。"作为有形的社会单元的物化表现，聚落形态的演进反映出人类社会关系、文化生活的发展进程。它的产生，是新石器时代史前人类定居生活的产物，期间伴随着生产力的发展和对自然环境的不断适应与资源利用。

第一节 史前农业的发展与社会复杂化进程

史前农业的产生与发展是一场生产方式的变革，人类从掠食者、采集者转变成为生产者，人们的经济生活从攫食性经济过渡到生产性经济。这种生产方式的转变是自然环境与人口压力共同作用的结果。旧石器时代向新石器时代的转变过程，正值冰期后期，气候巨变，海平面上升，人类活动范围减少，人类数量缓慢增长，在一些人口密度较高的地区，土地的载能很可能已经达到了自然资源所能承受的饱和点。在采取包括分族、迁徙和寻找新的食源等种种方式的同时，人们开始慢慢寻求和改造直至获得一种稳定的食物来源，即以强化劳动投入到动植物的驯养中，以弥补野生资源匮乏造成的生存威胁。这种生产方式的变革，不仅带来了较稳定的食物来源、较固定的居住方式，也带来较多的剩余产品、进一步的社会分工，由此社会组织结构和形式都发生一系列变化，从而逐渐开启人类社会文明的序幕。

第一章 江南地区的史前文化与原始聚落的演进

一、江南地区早期自然环境的变迁

每个地区的文明起源与社会发展，必然受到自然环境的多方面影响和制约。

按照《长江下游考古地理》第四章《水陆环境》中的研究结论，距今6000年前，长江由今镇江、扬州一带入海，江南海岸线沿今镇江—江阴—张家港—常熟—太仓—上海外冈—沙冈一线分布。[①]太湖接纳茅山、天目山诸溪，东由吴淞江、娄江、东江在今苏州东南一带分流入海。吴淞江、娄江大体与今日水道流经线路一致，东江则穿过今澄湖、白蚬湖及淀泖地区，在今浙江省平湖县东南入海。由于当时三江宣泄能力强，入海顺畅，太湖虽积聚西部山区的来水，但面积远小于今日。现在太湖范围以及太湖东部、北部的许多湖荡，是在三江系统淤塞埋废的过程中逐渐形成的。[②]

进一步来看，先秦秦汉时期江南地区的水陆形势，伴随着河口海岸的变迁以及太湖的形成过程。

全新世最大的一次海侵（卷转虫海侵）始于距今15000年前后。距今12000年以降，海平面持续缓慢而又不匀速地上升了四五米，其过程延续了约5000年。关于这次海平面上升达到最大值的时间，有学者认为在距今7000年前，也有学者提出在距今7000—6500年之间，或距今6000年前后。[③]海侵最盛时，江南南部今浙北杭嘉湖平原和浙东宁绍平原成为互相连接的浅海，西界是今天目山和钱塘江中游各山脉，南界是今会稽山和四明山。江南北部平原的今常州、无锡、常熟、昆山一带，属于基岩山地，基本未受海侵影响。

根据有关学者研究，在距今7500年前后，长江、钱塘江携带的泥沙在河口有规律地堆积，开始了全新世长江三角洲的发育。郑祥民指出，全新世早期，太湖之北和太湖东南存在两个大的丘状台地：一个以今无锡、苏州、

[①] 《中国自然地理、历史自然地理》中言"沿今丹徒、江阴、外岗、曹径、五盘山一线分布"，与高说不同。

[②] 《中国自然地理·历史自然地理》第四章《历史时期的水系变迁》，科学出版社1992年版，第145—150页。

[③] 陈桥驿认为距今7000—6000年海侵达到最高峰（《越族的发展与流散》，《东南文化》1989年第6期）；孙国平提出距今6000年说（《宁绍地区史前文化遗址地理环境特征及相关问题探索》，《东南文化》2002年第3期）；朱诚认为距今7000年以来上海马桥沙冈以西地区并没有发现海相地层，推断全新世高海面出现在距今7000年之前（《对长江流域新石器时代以来环境考古研究问题的思考》，《自然科学进展》第15卷，2005年第2期）。

江阴、常熟为中心，另一个以今杭嘉湖平原东缘的嘉兴和桐乡为中心。在太湖和杭嘉湖平原的西面，全新世早期在从杭州湾至太湖的西区存在着一条规模较大的低洼带，呈现为沟谷地貌，这也是全新世最早的海侵进入太湖流域的主要通道之一。①

全新世中期，"由于太湖周围地形在径流、波潮流和风暴潮的堆积作用下不断加高"，使平原地区逐渐脱离海水的影响。②距今 6 500 年前，东太湖基本形成。距今 5 600 年前，西太湖由咸水湖变成淡水湖，太湖区封闭成为现代湖泊，碟形洼地基本形成。③

海侵之后发生海退，海平面下降。距今 4 500—4 300 年之间，海平面比现在低 5 米左右。太湖东部地区、杭嘉湖地区、宁绍地区逐渐被淤塞充填，由低洼谷地变成泻湖环境。随着海平面和地下水位的进一步下降，河流复又下切，东太湖及其以东的许多湖泊当时成为一些小型洼地沼泽。④杭嘉湖地区和宁绍地区的低地渐渐显露，湖沼纵横分布，水网密布。杭嘉湖平原由长江、钱塘江的泥沙和海潮回淤泥砂堆积而成，宁绍地区则由原先的浅海自南向北沉积而成。直到春秋时期，宁绍地区的海岸还未远离山麓，平原面积狭小，且湖沼密布，于越部族的活动中心始终停留在平原南部的山区。⑤

今杭嘉湖平原是浙江省最大的堆积平原，面积约 7 620（一说 6 450）平方公里。该平原位于今浙江省北部，太湖以南，浙西丘陵以东，钱塘江口—杭州湾以北，是长江三角洲的组成部分。这一地区地势平坦，海拔多在 10 米以下，地面形成东、南高起而向西、北降低的以太湖为中心的浅碟形洼地。太湖沿岸最低平，海拔仅 2—3 米。东部钱塘江口、杭州湾沿岸的地势略高，海拔 5—6 米。平原上水网稠密，现今的平均河网密度为 12.7 千米/平方公

---

① 参见郑祥民：《长江三角洲及海域风尘沉积与环境》，华东师范大学出版社 1999 年版，第 157—160 页；严钦尚、许世远：《长江三角洲现代沉积研究》，华东师范大学出版社 1987 年版，第 143—157 页。

② 陈中原、洪雪晴等：《太湖地区环境考古》，《地理学报》1997 年第 2 期。

③ William Y.B.Chang、刘金陵：《11 000 年以来太湖的形成与演变》，《古生物学报》1996 年第 2 期；王建等：《太湖 16 000 年来沉积环境的演变》，《古生物学报》1996 年第 2 期。

④ 王富葆、曹琼英等：《太湖流域良渚文化时期的自然环境》，《东方文明之光》，海南国际新闻出版中心 1996 年版；申洪源、朱诚等：《太湖流域地貌与环境变迁对新石器文化传承的影响》，《地理科学》2004 年第 5 期。

⑤ 陈桥驿等：《浙江地理简志》，浙江人民出版社 1985 年版，第 21 页；臧威霆、毛必林：《论历史时期宁绍平原的湖泊演变》，《地理研究》1984 年第 3 期。

里，为全国之冠。平原表层沉积物以细颗粒泥沙（细粉沙、粘土）为主，属河流湖泊堆积物，其南缘属潮滩相沉积物，土质粗而疏松，地面缺少湖泊，水系变稀，地形相对高亢。

今宁绍地区倚山枕海，南高北低，由南向北则呈山地—平原—海洋台阶式格局：东临东海，并正好处于全国大陆海岸线中段；南接浙东丘陵，更往南融入广袤的江南丘陵中；西靠浙西南丘陵山地；北隔杭州湾与杭嘉湖平原相望。从地形地貌看，主要有低山丘陵和低海拔平原两大类，总体地势南高北低，自南向北由低山丘陵向山麓冲积平原和沿海滩涂逐渐过渡，且大致呈横向条带状分布。由于浙江大地构造骨架基本呈东北—西南方向，因此，位于低山丘陵北缘和杭州湾之间的宁绍平原非常狭窄，较窄处仅 10 公里左右，总体不规整，甚至地形破碎，不仅被一些低山余脉和入海溪流斜向分隔成相对独立的几小块，如余慈平原、宁波三江平原、萧绍平原、三北平原等，而且平原上还有不少低矮的孤丘分散坐落。东部舟山群岛紧靠陆地，岛屿数量众多，面积狭小，属东列山脉向大陆架的自然延伸部分，地形以丘陵为主，近海岸处往往呈环状分布小块平地和低缓台地。①

江南地区地形地势形成的过程，同时伴随着气候的变迁。大体说来，秦汉以前江南地区的气候变迁经历了温暖湿润与凉爽干燥的多次波动。在由暖变冷或由冷变暖的过程中，发生过几次极端气候事件，导致这一地区洪水泛滥的灾害多次发生。

距今 7 000—6 000 年之际，也就是史前河姆渡文化和马家浜文化时期，江南气候环境是湿热的中亚热带气候，年平均温度较现在高 2—3℃，"生态环境以芦苇丛生、水草茂盛、水网发达的河湖沼泽地平原环境为特点，气候温暖湿润"，开始种植水稻。②直到崧泽文化晚期和良渚文化早期，江南气候还比较温暖湿润，降水量大，非常适宜水稻的生长。例如距今 5 460±110 年（C[14]断代）的上海崧泽、亭林和唯亭遗址，主要生长着以青岗栎、栲为主的常绿阔叶和阔叶-落叶的混交林，杂生桑、榆、漆树，还有如眼子等水生草本植物，表明当时的气候温暖湿润。

从良渚文化中晚期起，江南地区的气候已经明显转向温凉略干。此时的

① 陈桥驿等：《浙江地理简志》。
② 郑建明、陈淳：《马家浜文化研究的回顾与展望——纪念马家浜遗址发现 45 周年》，《东南文化》2005 年第 4 期。

年平均气温较现在低 2.2—2.7 ℃，年平均降水量比现在少 140—300 毫米。这一时期发生全球变冷的极端气候事件，导致了一次范围较广的洪泛期，对于良渚文化的衰落可能有直接关系。上海广富林遗址的环境分析结果反映出，在良渚文化末期晚段之后，气候有明显的降温现象。这种相对冷干的气候条件，对当时水、热要求较高的稻作农业的生产有着怎样的影响，以及它对良渚文化的衰落和距今 4 000 年左右的文化更迭有着怎样的互动关系，是值得深思的问题。①

距今 4 000 年左右，也就是马桥文化时期，江南地区的气候曾变得较为适宜。但马桥文化后期，江南地区气候又趋于恶化，发生了数次洪水。以上海地区为例，马桥时期该区域水域明显扩大，森林草原覆盖面积大大增加，稻作农业所占比例较前后期都低。

西周时期，江南气候变冷。古本《竹书纪年》载："孝王七年，冬，大雨雹，牛马死，江、汉俱冻。"至春秋战国时期，江南气候又趋于暖和湿润，且持续数百年。之后，江南气候又再次变得干燥。西汉时寒冷空气不断侵袭，江南气候又渐渐再次趋于寒凉。②

江南地区聚落—城邑—城市的产生、形成、演变及发展，就是在这样的自然环境变化背景下逐步推进的。无论是选址、形制、布局、功能类型，还是彼此交通、空间分布或历史沿革，都离不开对自然环境的适应、利用和改造。可以说，江南地区上古至秦汉时期聚落、城邑、城市的发展历程，无不带着自然环境深深的烙印。

二、江南史前考古学文化的区域分布和发展序列

江南地区新石器时代文化出现很早。位于钱塘江支流浦阳江上游河谷盆地的上山文化，其年代约距今 11 000—8 600 年，是今浙江省境内发现的年代最早的新石器时代遗址，也是长江下游及附近地区发现的年代最早的新石器

---

① 陈杰、陈中原、李春海：《上海松江区广富林遗址的环境分析》，《考古》2007 年第 7 期。

② 《中国自然地理·历史自然地理》第二章《历史时期的气候变迁》，第 7—17 页；宋建：《上海考古的世纪回顾与展望》，《考古》2002 年第 10 期；丁金龙、萧家仪：《绰墩遗址新石器时代自然环境与人类活动》，《绰墩山——绰墩遗址论文集》，《东南文化》2003 年增刊；张强、朱诚等：《长江三角洲 7 000 年来的环境变迁》，《地理学报》2004 年第 4 期；高蒙河：《长江下游文明化初期的人地关系——多学科交叉的实践与探索》，《复旦学报（社科版）》2005 年第 2 期；陈杰、陈中原、李春海：《上海松江地区广富林遗址的环境分析》。

时代遗存。上山文化分布在浙江西部山区向东部平原过渡的丘陵、河谷地带，在永康庙山遗址、嵊州小黄山遗址中都有发现，金华和武义等地也有相关线索。①此后，江南地区史前考古学文化的发展序列，可以分成环太湖流域和皖南—宁镇地区两个亚区域进行分别叙述。

（一）环太湖流域

环太湖流域的新石器时代文化发展序列较为清楚。距今 7 000 年左右，以今钱塘江为界，南部的钱塘江下游地区出现跨湖桥文化，宁绍平原出现河姆渡文化；北部太湖流域出现马家浜文化。距今 6 000 年前后，马家浜文化已经越过钱塘江，在今曹娥江以西的绍兴一带发展。②随后，经过崧泽文化时期，到距今 5 500 年前后，良渚文化在这一地区达到鼎盛。其文化因素渗透的地域则北至鲁南地区，西至鄱阳湖流域、宁镇地区和鄂西地区，粤北的珠江（北江）流域是其影响的南界。③

位于今浙江杭州市萧山区湘湖村的跨湖桥遗址，C¹⁴测定年代为距今8 000—7 000 年。该遗址出土骨、木、石、陶器 500 余件。陶器的基本组合为釜、豆、罐、钵、甑，以黑陶为主，多为夹砂陶，部分夹有炭化的植物细末，运用泥条盘筑和贴塑法制陶。器形有圜底器、平底器、圈足器，不见三足器。石器有斧、锛、凿、杵、磨盘等；骨器有耜、梭、叉、三孔和二孔哨等；木器则包括各种规格的石锛柄、独木梯和大量小型器具。部分彩陶和木器、骨器上有刻划装饰。遗址中出土了一条基本完整的马尾松制独木舟，是我国迄今发现最早的独木舟，周边遗迹还显示该处是一个"与独木舟制作、修理相关的加工现场"。此外，"还发现了中国迄今发现的最早的漆器（弓）、'中药罐'、经黏合剂修补的陶器残片、复杂的篾编等"。④

河姆渡文化距今 7 000—5 300 年，主要分布在今宁绍平原、姚江两岸至舟山群岛一带。在河姆渡遗址所发现的第一期文化遗存中，出土了 1 100 多

---

① 蒋乐平：《浦江上山遗址——浙江早期新石器时代考古的重大突破》，浙江省文物考古研究所编：《浙江考古新纪元》，科学出版社 2009 年版，第 14—16 页。

② 王海明：《绍兴杨汛桥寺前山新石器时代遗址——马家浜文化时期石砌围沟的发现》，浙江省文物考古研究所编：《浙江考古新纪元》，科学出版社 2009 年版，第 37 页。

③ 张之恒：《长江下游新石器时代文化》，湖北教育出版社 2004 年版，第 134—136 页。

④ 浙江省文物考古研究所：《萧山跨湖桥新石器时代遗址》，《浙江省文物考古研究所学刊》，长征出版社 1997 年版，第 20 页。蒋乐平：《萧山跨湖桥新石器时代遗址——突破河姆渡文化的考古新发现》，浙江省文物考古研究所编：《浙江考古新纪元》，科学出版社 2009 年版，第 20—21 页。

件石、骨、木器。其中石、骨、木质的"蝶形器"尤有特点，或称翼形器，安装在镖枪杆或箭杆末端以起定向和平衡作用，提高对目标的命中率。[①]陶器以夹碳黑陶数量最多，泥条盘筑，多釜、罐、钵、盘。在第三期文化遗存中，发现一座木构水井。河姆渡文化早期的房屋，为栽桩架板的"干栏式"房屋建筑，木构件已经普遍使用榫卯结构，木结构技术达到很高水平。[②]

马家浜文化、崧泽文化、良渚文化是先后承袭的三支考古学文化，以太湖流域为其中心分布区域。马家浜文化距今 7 000—6 000 年，陶器以夹砂和泥质红陶为主，多圈足器和圜底器，主要代表器类有腰檐圜底釜、牛鼻形耳的陶罐、圆锥形足鼎、喇叭形圈足豆等。石器主要是斧和铲，有孔石斧（钺）出现。在嘉兴马家浜遗址中，还发现了最早的纺织物残片。[③]

崧泽文化距今约 5 900—5 200 年，其陶器都用慢轮修整，以夹砂红褐陶和泥质灰陶为主，有少量泥质黑皮陶。造型流行圈足器和三足器，平底器也不少，主要器类有盆、釜及壶等形态的鼎类、竹节状或喇叭形圈足折腹盘豆、罐、折肩或折腹壶、花瓣形矮圈足或平底杯等。石器制作精良，种类增多，玉器制造技术较为发达。其文化因素的传播范围超出马家浜文化，北到江淮东部，南及杭州湾以南地区，西北至皖西。[④]

良渚文化距今 5 200—4 000 年，其泥质黑陶和玉石器制作精美，品类丰富，数量众多。陶器以鱼鳍足和"T"字形足鼎、贯耳壶等最具特色，晚期出现器壁极薄的蛋壳黑陶。石器通体磨光，穿孔技术发达，制作精良，有各种生产、生活用具。玉器中的礼器，包括琮、璧、钺、瑗、圭、柱形器等，集礼仪、宗教、身份内涵为一身，与大量的玉质装饰品一道，成为贵族墓葬的随葬品。出土丝线、丝带、绢片、麻布等丝织品，证明远古江南地区已经具备养蚕丝织的技术。此外，大型建筑基址、高祭台、高规格墓葬、与祭坛一体的墓葬形式，以及层级分化的聚落群等等，无不彰显良渚文化史前文明的发达程度。良渚文化的文化因素影响范围极广，北达苏北、鲁南，西至宁

---

① 王仁湘等：《河姆渡文化"蝶形器"的用途和名称》，《考古与文物》1984 年第 5 期。

② 张之恒：《长江下游新石器时代文化》第五章《宁绍地区的河姆渡文化》，湖北教育出版社 2004 年版，第 223—246 页。

③ 张之恒：《长江下游新石器时代文化》第三章《太湖流域的马家浜文化和崧泽文化》，第 103—114 页。郑建明、陈淳：《马家浜文化研究的回顾与展望——纪念马家浜遗址发现 45 周年》，《东南文化》2005 年第 4 期。

④ 张江凯、魏峻：《新石器时代考古》，文物出版社 2004 年版，第 165 页。

镇、皖南和鄂西，南抵赣北、粤北。①

（二）皖南—宁镇地区

宁镇地区处于长江两岸，是北阴阳营文化的主要分布区，其时代相当于太湖流域的马家浜文化晚期至良渚文化时期。该文化墓葬用石器随葬，第一期陶片中多见腰檐釜；第二期陶器中有彩陶，器皿中多錾、把手、耳等附件；第三期陶器以夹砂红陶为主，其次为泥质灰黑陶，器类有鼎、罐、盆、豆、壶、杯、器座等；第四期最具特色的陶器是贯耳壶（双鼻壶）、长颈袋足鬶、圜底缸、深腹盆等，受到南部良渚文化和北方大汶口文化的双重影响。②

除北阴阳营文化外，宁镇地区的新石器时代文化还有独具特色的高淳县薛城文化遗存、金坛市三星村文化遗存、丹徒县大港镇磨盘墩文化遗存等，体现出多元文化的面貌。例如高淳县朝墩头遗存，既受到太湖地区良渚文化的影响，又受到来自河南龙山文化影响。③薛城遗址，很可能代表苏浙皖交汇地带新的考古学文化类型。④金坛市西岗镇三星村遗址位于太湖地区和宁镇地区的交界地带，640 平方米内发掘出 1 000 余座墓葬，时代跨度达 1 000 年（距今 6 500—5 500 年），其文化内涵带有北阴阳营文化和南部马家浜—崧泽文化的特征。⑤

皖南地区的繁昌缪墩遗址是当地所知最早的原始文化遗存，坐落在峨溪河床中。遗址发现成片的木桩，估计为干栏式建筑遗迹。陶器与河姆渡三、四层文化和马家浜下层文化风格比较接近，年代相当，距今 7 000 年左右，其文化性质应归入长江下游原始文化系统。⑥皖南地区晚于缪墩的遗存，文化内涵与宁镇地区相近，但相互之间缺环较大。新安江上游地区的遗址原始文化含有崧泽、良渚文化的因素，时代与之大体相当，地方特色也比较明显。黄山地区的一些遗址发现了与江西山背文化相似的双肩石刀、马鞍形石刀，说明其与长江中游地区的原始文化有一定联系。⑦

---

① 张之恒：《长江下游新石器时代文化》第四章《太湖流域的良渚文化》，第 131—222 页。

② 张之恒：《长江下游新石器时代文化》第二章《宁镇地区的新石器时代文化》，第 65—80 页。

③ 《高淳县朝墩头新石器时代至周代遗址》，《中国考古学年鉴 1990》，文物出版社 1991 年版。

④ 《南京薛城新石器时代遗址发掘获重大成果》，《中国文物报》，1998 年 1 月 28 日。

⑤ 《金坛三星村遗址考古喜获重大成果》，《中国文物报》，1998 年 9 月 13 日；张之恒：《长江下游新石器时代文化》，第 88—92 页。

⑥ 徐繁：《繁昌县缪墩遗址调查简报》，《文物研究》第七辑，黄山书社 1991 年版；《五十年来的安徽省文物考古工作》，《新中国考古五十年》，文物出版社 1999 年版，第 185 页。

⑦ 《五十年来的安徽省文物考古工作》，《新中国考古五十年》，第 185 页。

三、原始农业的产生与发展

考古证明，长江下游地区是中国最早的稻作农业起源地之一，栽培水稻的历史非常悠久。在距今 10 000 年前的浦阳江上山遗址中发现少量稻米残粒，所出土的夹碳陶的釜和料中还有不少稻谷遗存，其中稻壳的比例不小，说明当时人们已经会脱壳利用古稻。残剩的稻谷小穗轴，既有与现代野生稻相似的野生稻类型，也有与现代栽培稻相似的栽培类型，反映出早期栽培稻的原始性特征。这些证据表明，这一地区栽培水稻在距今 10 000 年前就已经开始。①在上山遗址中，还出土了磨石、磨棒、研磨器，说明野生坚果类、块茎类植物仍是比较重要的加工食物，稻作农业尚处于较初级的阶段。

在晚于上山文化的史前遗址中，距今 8 000—7 000 年的跨湖桥遗址发现了 1 000 多粒稻谷、稻米和谷壳，距今 7 000—5 300 年的余姚河姆渡遗址文化层出土了 20—50 厘米厚的稻谷、稻壳和稻茎叶。近年发掘的余姚田螺山遗址也是河姆渡文化类型的新石器时代遗址，在发现炭化稻米之外，早期地层中还发现了以稻谷壳为主的堆积地层。而钱塘江以北、环太湖流域的马家浜文化，在草鞋山、崧泽、罗家角、绰墩等遗址也都发现了人工栽培稻遗存，其中罗家角遗址出土稻谷米近 500 粒，绰墩一块水稻田遗址内出土碳化米粒 1 000 多粒。经研究，跨湖桥遗址出土稻谷的野生类型小穗轴比例比田螺山、罗家角遗址高，粳稻类型小穗轴比例则低于后两个遗址。这表明跨湖桥遗址出土的稻谷更具原始性，表现出尚未完全分化的原始栽培稻特征，而田螺山、罗家角遗址出土的稻谷大体处在同一驯化阶段。绰墩炭化米"粒型大小与野生稻相差无几，粒型的变异比野生稻大得多。可推测此时的稻被人类栽培的时间不长，属原始栽培的稻，尚处在由野生稻向栽培稻进化的过渡阶段"。②

考古钻探表明，田螺山河姆渡文化遗址村落外围有一定面积的水稻田，一般沿湿地或湖相沉积分布。③江苏吴县草鞋山遗址出土了马家浜文化时期的

① 蒋乐平：《浦江上山遗址——浙江早期新石器时代考古的重大突破》，浙江省文物考古研究所编：《浙江考古新纪元》，科学出版社 2009 年版，第 15 页。
② 郑云飞、孙国平、陈旭高：《7 000 年前考古遗址出土稻谷的小穗轴特征》，《科学通报》2007 年第 9 期；汤陵华：《绰墩遗址的原始稻作遗存》，《绰墩山——绰墩遗址论文集》，《东南文化》2003 年增刊 1 期。
③ 孙国平：《余姚田螺山新石器时代遗址——聚落考古、科技考古、现场保护性展示的典范》，浙江省文物考古研究所编：《浙江考古新纪元》，科学出版社 2009 年版，第 27—30 页。

44 块水稻田，用于排水、蓄水和灌溉的 6 条水沟，及 10 口水井、2 个水塘。这是我国首次发现水稻田遗迹和水稻种植灌溉系统。此后，2003—2004 年，在该文化绰墩山遗址中发现水稻田 64 块；2008 年在草鞋山又发现马家浜文化时期水田遗迹 30 块。① 这些田块形状不一，呈圆角长方形或不规则形状，面积很小，一般在 1—10 平方米之间，绰墩遗址中最小的为 0.32 平方米，最大的为 16.1 平方米。对绰墩遗址土壤学和孢粉的分析研究表明，当时还没有能力在稍高一点的地形部位上开挖水稻田。②

河姆渡文化遗址中出土了大量的骨耜，仅第四文化层就出土了 170 多件。骨耜是用大型哺乳动物的肩胛骨加工而成，长 20 厘米左右，在肩臼处横凿方孔或磨成半月形，骨板正面中部琢磨出浅平竖槽，再于槽下两侧各凿一孔。骨耜一般安有木柄，竖贴着骨板线槽安装，从方孔中穿缠藤条绑缚，柄端为丁字形或雕出捉手孔。"由于长期使用，骨耜刃部边缘常有磨蚀过甚的痕迹。"此外还出土了不少木耜、木锄等工具。学者多认为，这说明当时的稻作农业已经进入比较成熟的"耜耕—熟地耕种阶段"③。也有学者持不同意见，认为这些工具可能是建造干栏式建筑所用的挖土工具。④ 马家浜文化有磨光穿孔的石铲，在草鞋山下层还发现了加工粮食的陶杵。陶罐和陶盆在绰墩遗址水稻田中出土，应该是灌溉用具。

在农耕技术方面，对河姆渡文化河姆渡遗址和田螺山遗址的孢粉测定显示，人类栖居时期，禾本科和炭屑浓度都大幅度增长，表明农耕很可能与烧荒活动密切联系。⑤ 而在对马家浜文化绰墩遗址孢粉分析的研究中表明，在植硅体浓度较高的土壤中，禾本科花粉比例较高，其他水生植物花粉比例较小，与现代水田土相似，推测当时水田耕作方式中已经包括除草的行为。⑥ 尽管如此，这一时期总体仍处于渔猎采集向农耕经济过渡的阶段。有学者推测，这

① 丁金龙：《马家浜文化时期水田与稻作农业》，《嘉兴学院学报》2010 年第 5 期。
② 曹志洪、杨林章、林先贵、胡正义等：《绰墩遗址新石器石器水稻田、古水稻土剖面、植硅体和炭化稻形态特征的研究》，《土壤学报》2007 年第 5 期。
③ 范毓周：《江南地区的史前农业》，《中国农史》1995 年第 2 期。
④ 蔡保全：《河姆渡文化"耜耕农业"说质疑》，《厦门大学学报（哲社版）》2006 年第 1 期。
⑤ 潘艳：《长江三角洲与钱塘江流域距今 10 000—6 000 年的资源生产——植物考古与人类生态学》，复旦大学博士论文，2011 年，第 108 页。
⑥ 李久海、章钢娅、杨林章等：《绰墩遗址古水稻土孢粉学特征初步研究》，《土壤学报》2006 年第 3 期。

一时期栽培水稻的主要目的不在于果腹，很可能是用于酿酒，"酒类在富裕社会的宗教仪式和劳力调遣中发挥着重要的作用"。①

从距今 5 900—5 200 年的崧泽文化时期开始，稻作农业获得长足发展，逐渐在社会经济中占据主要地位。

崧泽文化稻作农业的遗存，包括在上海青浦崧泽遗址发现的炭化籼稻和粳稻稻谷，以及江苏海安青墩遗址出土的炭化稻谷。从稻谷的形态看，崧泽文化晚期与良渚文化早期，水稻的颗粒就开始增大，形态趋于稳定，表明在选种、驯化和栽培方面的人力干预不断增强。②此外，在苏州澄湖遗址发现的崧泽文化晚期水稻田，较之马家浜文化的水稻田有所改进：一是有高田、低田之分。低田位于池塘的西端，田底高出池塘水面 0.5—0.7 米左右，高田分布在池塘西、北岸边，田底高出低田约 0.6—0.7 米左右。池塘北部发现两个与高田田埂高差 0.35 米左右的两个水埠，其作用即是为高田提水灌溉。二是水田面积增大，稻田的最大面积达到 100 平方米以上。③这一时期的石器种类繁多，如宽面穿孔石铲、长方形穿孔石斧、扁平石锛、石凿等，在邱城遗址中发现一件小型的三角形犁形器。④有学者据此认为，犁耕农业肇始于崧泽文化晚期。⑤

至良渚文化时期，江南地区的原始稻作农业已十分发达，水稻栽培面积和产量都远超前时。古环境的研究表明，良渚文化早期，虽然木本植物、草本植物数量和种类减少，尤其是水生草本植物比前期大量减少，表明气候开始变凉，森林覆盖率降低，河湖面积缩小，但是稻作的面积却仍在不断增加。例如上海广富林地区禾本科花粉由生土的 7.3%上升到最高时的 54%，一般也在 50%以上。⑥福泉山遗址孢粉组合的分析也显示，良渚早期文化层中，栽培的禾本科花粉比前文化层更高。这说明，这一时期耕种的面积"有增无减"。⑦

良渚文化时期出现了用于犁耕、中耕和收割等不同用途的成套农具，不

①② 陈淳、郑建明：《稻作起源的考古学探索》，《复旦学报》2005 年第 4 期。
③ 丁金龙：《长江下游新石器时代水稻田与稻作农业的起源》，《东南文化》2004 年第 2 期。
④ 《浙江吴兴邱城遗址发掘简介》，《考古》1959 年第 9 期。
⑤ 林华东：《良渚文化研究》，浙江教育出版社 1998 年版。
⑥ 张玉兰、宋建、占炳全：《广富林遗址考古新发现及先人生活环境探析》，《同济大学学报》2002 年第 12 期；陈杰、陈中原、李春海：《上海松江地区广富林遗址的环境分析》，《考古》2007 年第 7 期。
⑦ 封卫青：《福泉山考古遗址孢粉组合与先人活动环境分析》，《上海地质》1994 年第 1 期。

仅数量多，品类全，而且制作十分精良。如三角形犁状器，有等腰三角形和不等边三角形两种形制。前者两侧磨刃，中部穿一圆孔，后端有两三个凹口，长约 20 厘米以上；后者长边居下为刃，后部上角有一矩形缺口，中开长槽或三角形缺口，最长者有 40 厘米。从安柄方式看，应该是"水田耕种中破土或松泥的农具"。浙江平湖庄桥坟良渚文化墓地出土一件目前发现年代最早的、带木质犁底的组合式分体石犁，通长 106 厘米，犁头由尖端和两翼组成，有使用的痕迹。发掘者推测，"像这样 1 米多长的大石犁，只有用牛等大型牲畜才能牵引，后面应有掌辕的人。这件石犁使用时所占用的前后间距有 3—4 米，据此我们可以大体估算良渚时期的水田面积"。[①]此外，又有扁薄穿孔石铲、耘田器、石镰、石刀等生产工具。如此多样化、专门化的农具大量使用，表明土地利用趋于精细，生产效率也得到提高，"充分说明当时江南史前农业在耕作、收割技术上较前有了较大飞跃，为农业生产的迅速发展创造了重要条件"。[②]

从家畜的豢养来看，良渚文化遗址中猪等家养动物的比例是最高的。之前，跨湖桥遗址动物群总量统计中，猪等家养动物占 12%，野生动物为88%；河姆渡遗址利用最多的是各种鹿类，马家浜文化圩墩遗址中猪等家养动物占 15%，野生动物占 85%；崧泽文化崧泽遗址这一比例分别为 26% 和74%。到了崧泽文化晚期和良渚文化早期，苏州龙南遗址中猪等家养动物和野生动物在动物群中的比例分别达到了 70% 和30%。[③]家养动物规模的大量提升，也是与农业发展能够提供更多的食物分不开的。

江南地区史前农业的产生和发展，为这一地区社会复杂化进程提供了动力和基础。农业的产生是一种生产方式的变革，意味着史前先民从狩猎采集为主的掠夺型经济逐步转变为生产型经济，不但由此获得了比较稳定且可增长的食物来源，可以维持更多和更集中的人口，还开始有了剩余产品，推动专业化生产和社会分工的出现。社会规模也由此扩大，组织结构逐渐复杂，更高层次的组织手段和权力机制得以催生。反之，逐步复杂化的社会对农业也提出更高要求。良渚文化时期水稻耕作面积增大，生产劳动趋于强化，技术趋于专业，都是基于更复杂的社会对于剩余产品更大的需求。

---

①　浙江省文物考古研究所、平湖市博物馆：《浙江平湖市庄桥坟良渚文化遗址及墓地》，《考古》2005 年第 7 期。

②　范毓周：《江南地区的史前农业》，《中国农史》1995 年第 2 期。

③　陈淳、郑建明：《稻作起源的考古学探索》，《复旦学报》2005 年第 4 期。

四、史前社会的复杂化进程

社会复杂化进程，即社会由简单结构向复杂体制发展演变的过程。美国学者弗里德将人类社会的演进分成几个阶段：平等社会、等级社会、阶层社会和国家社会。在平等社会中，除了性别差异外，其他的差别都是短暂的，互惠经济模式作为一种有力的均衡机制，有效地防止有能力成员之间出现较大的差距。而当生态变化、人口增加导致原来的群体分裂，原有的互惠主导的经济向再分配经济转变，等级社会应运而生。在等级社会里，出现了首领权力，他们的权力仅仅来自家庭意义上延伸的权力或是群体祭祀中行使的"神的权力"，这些分配者从"不平等互惠中的积累"获得了地位，进而赋予威望和政治地位。阶层社会的形成，关键原因在于此时社会形成了两种获取战略资源的不同途径：有特权和不受限制的，以及受到侵害的途径，即少数特定的个人或集团把持和操纵了所有获取资源的途径。随着人口、资源、分配关系、血缘关系和社会成员地位之间互动变化，很有可能导致阶层社会缓慢演变成为早期国家。国家，是政治上更加专门化、机构更强、内部控制更为有力的社会体制。塞维斯提出了"游群—部落—酋邦—国家"的社会进化模式。游群是最简单层次的社会结构，相当于弗里德的"平等社会"；部落是由许多血缘群聚合形成的较大型的社会，仍然是一种平等社会，缺乏政治控制和经济专门化；酋邦是由好几个部落群体组成的不平等社会，伴随着权力和义务的等级差异，存在协调经济、社会和宗教活动的中心；国家则具有行使强制性制裁的合法权力，政治阶级也发生分化。①

在距今 5 800 年左右，江南地区史前社会开始步入不平等社会。江苏张家港东山村崧泽文化大型墓葬的出土，说明在崧泽文化时期，社会已经出现层级分化。在东山村崧泽遗址中，大型墓集中分布在发掘区的Ⅲ区，位于居住区的西偏北方向，与集中埋葬小型墓、位于居住区东南方的Ⅰ区，分隔开来。这种高等级大墓与小墓分区埋葬的形式，"在同时期的长江下游或者全国范围内均是首次发现"。（图：江苏张家港市东山村新石器时代遗址发掘探方位置图）此外，东山村遗址大型墓与小型墓在规模、随葬品等方面都存在巨大

---

① 转引自陈淳：《文明与早期国家探源——中外理论、方法与研究之比较》，上海世纪出版集团2007年版，第82—87、89—99页。

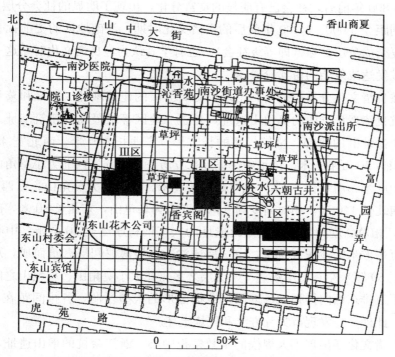

江苏张家港市东山村新石器时代遗址发掘探方位置图

（南京博物院、张家港市文广局、张家港博物馆：《江苏张家港市东山村新石器时代遗址》图二，《考古》2010 年第 8 期。）

的差别。小墓的长宽基本近似，长约 2.2 米，宽约 0.8 米。随葬品一般在 10 件以上，个别的有 30 件，较少的仅两三件。现发掘的 27 座小型墓，共出土陶器、石器、玉器等 140 多件。在大型墓区中，现发现并清理了 9 座墓葬，大多长 3 米，宽 1.7 米左右，个别墓葬有葬具。这一规模超过了以往所见崧泽文化的墓葬。大墓内的随葬品多在 30 件以上，以往最多仅为 34 件。其中 M90 出土了 67 件随葬品，是迄今发现崧泽文化墓葬中最多的一座，包括大型石钺 5 件，大型石锛 2 件，玉器 19 件，陶器 38 件等。9 座大墓随葬品总数为 385 件，大多随葬大型石钺、长条形石锛、陶制大口缸。随葬的玉器数量共 100 件，是目前崧泽文化墓葬中出土玉器数量最多的，器形除常见的璜、瑗、钺、镯、玦、环、珠、坠、凿等之外，还有一些新的造型，如环锥形玉饰、鱼钩形玉饰、带柄玉钺形器等。东山村遗址这些墓葬资料可以证明，"至少在距今 5 800 年前后，社会已有明显的贫富分化，出现了明显的社会分层"。[①]

到距今 5 000—4 200 年前后的良渚文化时期，江南地区的史前社会已经进入复杂的分层社会（即等级社会）。也有学者认为，良渚文化时期这一地区属于较发达或复杂的酋邦阶段。[②]

在良渚文化分布范围内，出现了更高等级的建筑基址、祭坛和墓葬。浙江余杭良渚遗址群中的莫角山遗址，是这一地区等级最高的建筑基址。它位于整个遗址群的西部，呈较规整的长方形，东西长 670 米，南北宽 450 米，总面积达 30 万平方米。遗址中部偏北仁立着三个土丘：西北为小莫角山，东西长 100 米，南北长 60 米，相对高度约 5 米。东北为大莫角山，东西长 180 米，南北长 110 米，相对高度约 6 米。西南为乌龟山，东西长 80 米，南北长 60 米，相对高度约 8 米。莫角山遗址的人工堆积厚度达 10 余米，中心部位有 3 万平方米的沙泥夯筑层，由一层薄沙、一层薄泥间层夯筑而成，总厚度达到了 50 厘米左右，层数达 9—13 层之多。在大小莫角山、乌龟山之间，又发现了三排东西向排列的、近圆形或椭圆形的大型柱洞，各排间距在 1.5 米左右。此外，还发现有大片夯土和红烧土坯。[③]

良渚文化还出现了大规模的宗教祭祀中心。浙江余杭的瑶山遗址，就是其中最宏大的一个祭坛遗址。它位于余杭莫角山的北偏东方向，包括有 1 座祭坛和 12 座良渚文化墓葬，总面积超过 3 000 平方米。祭坛海拔 34.8 米，平面呈"回"字形，由里外三重组成：最里面一重偏于东部，是一座略显方形的红土台；第二重为纯净灰土，围绕着红土台，形成红、灰土色的强烈反差；在第二重灰土围沟的西、北、南三面，是黄褐色斑土筑成的土台，原先都曾用砾石铺面，现在在砾石台的西、北边缘还残留着石砌的石坎。很显然，这是一项"经过精心设计、认真施工、具有特殊用途的建筑"，布局规整，位置特殊。此外，还有 12 座良渚文化墓葬，集中在遗迹的南半部，东西向排列，分为南北两行。其中墓坑较大、随葬品较丰富的几座墓葬，则建造在红土台和灰土沟之间。这一切似乎都在表明，墓葬与祭坛的重叠是出于一种有意的安排。12 座墓葬除

---

① 南京博物院、张家港市文广局、张家港博物馆：《江苏张家港市东山村新石器时代遗址》，《考古》2010 年第 8 期。

② 王书敏：《史前太湖流域社会复杂化进程初步研究》，《东南文化》2006 年第 3 期；陈淳：《早期国家之黎明——兼谈良渚文化社会政治演化水平》，《东南文化》1999 年第 6 期。

③ 浙江省文物考古研究所：《余杭莫角山遗址 1992—1993 年的发掘》，《文物》2001 年第 12 期。

1 座曾经遭到盗掘外，其余 11 座墓共出土随葬品 707 件（组），其中玉器 635 件（组），收集到的玉器（应属遭盗掘的那一座墓葬）达 344 件。[①]

余杭的另一座良渚文化大型祭坛位于汇观山。它在莫角山遗址的北偏西方向，瑶山的西南。这里的祭坛面积更大，达 1 600 平方米。也是三重结构，由挖沟填筑的灰色土框将祭坛在土色上分割成内外三层。它同样成为大墓的所在地，4 座大墓集中于祭坛的西南部，随葬品有 1 700 多件（套）。其中第 4 号大墓埋在祭坛的第一、二重之间，墓坑长 4.75 米，南宽 2.6 米，北宽 2.3 米，棺椁齐备，随葬玉器有琮、璧、钺、三叉形饰、冠状饰等，石钺有 48 件，是该处墓葬规格最高的一座。[②]

反山墓地是目前公认的良渚文化中随葬品最丰厚，等级、规格和地位最高的"王陵"。它居于莫角山西北方向，在莫角山和汇观山之间，高 4 米，东西长 90 米，南北宽 30 米，方圆近 3 000 平方米，土方量达 2 万余立方米，完全由人工堆筑而成，称得上是一座"土筑金字塔"。1986 年发掘了反山西部的 660 平方米范围，共发现 11 座良渚文化墓葬，其中 M12、M14—M18、M20、M22、M23 共 9 座墓埋在第一阶段（良渚文化中期）的土台上，M19、M21 等 2 座墓埋在第二阶段（良渚文化晚期）的土台上，11 座墓分别呈南北两列分布。墓穴多为长方形土坑，一般长约 3 米、宽约 2 米，多数墓深 1.5 米。有迹象表明，墓穴内"原有棺木作葬具"，且可能还有椁室。在这些墓葬中，一共清理出随葬品 1 200 余件套，玉器占 90%。其中 20 号墓仅随葬玉器就达 511 单件，170 件（组）。22 号墓的随葬玉器也有 193 单件，60 件（组）。反山出土的玉器达 20 多种，制作工艺高，雕琢精致，纹饰繁细，至今未有他处的良渚玉器可以匹敌。[③]

除了良渚地区以外，良渚文化分布的环太湖流域各地墓葬都呈现出等级差别的特征。良渚晚期的江苏武进寺墩遗址，其中心也有高 20 米、直径 100 多米的祭坛，周围的高台墓地中埋葬着随葬礼仪性玉器的墓葬，其中的 M5 随葬玉琮、玉钺和玉璧组合。[④]寺墩地区因此被认为是良渚文化晚期的中心。

　　① 浙江文物考古研究所：《良渚遗址群考古报告之一——瑶山》，文物出版社 2005 年版，第 7—8 页。

　　② 刘斌、蒋卫东、费国平：《浙江余杭汇观山良渚文化祭坛与墓地发掘简报》，《文物》1997 年第 7 期。

　　③ 浙江文物考古研究所：《良渚遗址群考古报告之二——反山》，文物出版社 2006 年版。

　　④ 南京博物院：《江苏武进寺墩遗址的发掘》，《考古》1981 年第 3 期；南京博物院：《1982 年江苏常州武进寺墩遗址的发掘》，《考古》1984 年第 2 期；江苏省寺墩考古队：《江苏武进寺墩遗址第四、第五次发掘》，《东方文明之光》，海南国际新闻出版中心 1996 年版。

日本学者今井晃树将良渚文化墓葬分成三大类：Ⅰ类，随葬礼仪性玉器的墓葬；Ⅱ类，随葬装饰性玉器的墓葬；Ⅲ类，仅随葬陶器、石器工具的墓葬。Ⅰ类墓葬的随葬品数量最多，最少的也有 50 多件，包括礼用玉器、装饰性玉器、穿孔石斧、石制工具、陶器。其墓葬皆葬于山丘顶部，与Ⅱ、Ⅲ类不在同一墓地。Ⅱ类墓葬随葬装饰性玉器、少量穿孔石斧、石制工具和陶器，数量比Ⅲ类多，但同样没有坟丘。Ⅲ类墓葬仅随葬石制工具和陶器，随葬品总数不超过 10 件，没有坟丘。这三类墓葬在随葬品数量和组合、墓地形态和相互关系，都反映出墓葬之间存在等级差别，这实际也正是社会存在等级差别的一种表现。今井晃树把良渚文化分布区分为五个区域，即余杭地区、海宁地区、嘉兴地区、苏州—上海地区和常州地区，他认为，这些地区"都存在着四个阶层，具有大概相同的阶级结构，是一个由随葬钺、琮、璧属Ⅰa类支配阶层统治的社会。"[1]

第二节　史前聚落的产生与演进

《汉书·沟洫志》曰："或久无害，稍筑室宅，遂成聚落。"尽管在国外考古学的理解中，"聚落"（settlement）也包括旧石器时代狩猎采集群根据水源、食物资源和安全舒适因素所建立的季节性、临时的旷野居址，但是我国考古学界对其定义的时间范围，一般都将其局限在"人类社会发展到一定历史阶段"，也就是将"聚落"作为人类定居之后栖居形态复杂化的表现，是新石器时代的产物。[2]

一、新石器时代的聚落遗址和农业村落

（一）距今 9 000—6 000 年间的聚落遗址

江南地区迄今发现的时代最早、也是长江中下游地区新石器时代早中期规模最大的聚落遗址，是属于上山文化的浙江嵊州小黄山遗址，其早期年代距今 9 000 年左右，晚期年代距今 7 500 年上下。该遗址位于嵊州市甘霖镇上杜山村，面积实测 10 万多平方米，考古发掘揭露面积 3 000 多平方米，发现

---

① 〔日〕今井晃树著，姜宝莲、赵强译：《良渚文化的地域间关系》，《文博》2002 年第 1 期。

② 严文明：《聚落考古与史前社会研究》，《文物》1997 年第 6 期；陈淳：《聚落·居址与围墙·城址》，《考古学的理论与研究》，学林出版社 2003 年版，第 554—559 页。

了壕沟、房基、灰坑、墓葬等一大批遗迹，出土陶器、石器 2 000 多件。发掘揭示："连片的建筑遗迹，挖坑立柱建房，柱坑密集，柱坑深大，多有斜坡式坑道或二层台，直径和深度均在 1 米上下，部分柱坑深达 1.8 米，木柱痕直径 30—40 厘米，部分柱坑底部用残磨盘、块石做柱础。从柱坑分布情况判断，住房坐北朝南，小黄山遗址柱网最为明确的建筑单元为东西 3 排，南北 3 个柱坑构成的坐北朝南的 2 间房，面宽 5.5 米，进深 4.8 米。"而且，遗址中发现多条壕沟互相打破，壕沟状遗迹内有宽窄不一、深浅不同的槽状遗迹，为其他遗址所未见。有关考古学者认为，这些深浅不同、宽窄不一的槽形结构，是为储藏采集食物而特意挖建的。[1]"这种具有固定居住条件、规模较大的聚落址，尤其是带有防护屏障的聚落址的出现，无疑是以原始农业兴起为依托的，而这种聚落址的出现也促进了原始农业的发展。"[2]

距今 7 000—6 000 年期间，江南地区已经普遍出现人类居住的聚落。根据有关学者的统计，环太湖地区和宁镇地区所发现的遗址，在这一阶段有较快的发展，尤其是距今 6 600 年以后，人类活动地点"开始成倍增长"，而且这一时期环太湖地区的遗址数量是宁镇地区的 3 倍还多，"可称之为人类活动的高密度地区"。[3]

这一时期广泛分布在环太湖地区的即是马家浜文化遗址，其范围遍布浙北、苏南和上海，重要遗址包括浙江嘉兴马家浜、吴家浜、吴兴邱城、桐乡罗家角、余杭吴家埠、江苏常州圩墩、武进潘家塘、吴江袁家埭、广福村、吴县草鞋山、苏州越城、张家港东山村、许庄、上海青浦崧泽、福泉山等。[4]其中，在嘉兴吴家浜遗址，发现有灰坑、墓葬和 3 座房址。[5]绍兴杨汛桥寺前山遗址，有成排的柱坑建筑遗迹，柱坑外围有堆砌的块石护坡石磡，石磡外

①　王海明：《嵊州小黄山新石器时代遗址——盘活了浙江新石器时代文化的分布格局》，浙江省文物考古研究所编：《浙江考古新纪元》，科学出版社 2009 年版，第 19 页。
②　朱乃诚：《中国史前稻作农业概论》，《农业考古》2005 年第 1 期。
③　高蒙河：《长江下游考古地理》第二章《遗址分布》，复旦大学出版社 2005 年版，第 42、47 页。高氏所做统计中，马家浜时期环太湖地区的遗址不包括钱塘江以南地区，所收遗址信息到 2003 年为止，比较对象中还包括苏北里下河地区和皖中地区。这里仅取其环太湖地区和宁镇地区的比较部分。
④　郑建明、陈淳：《马家浜文化研究的回顾与展望——纪念马家浜遗址发现 45 周年》，《东南文化》2005 年第 4 期。
⑤　浙江省文物考古研究所、嘉兴市博物馆：《浙江嘉兴吴家浜遗址发掘简报》，《文物》2005 年第 3 期。

侧2—3米还有块石垒砌的石墙，形成宽2—3米的"围沟"。①

同一时期分布在钱塘江上游与浦阳江交汇处的跨湖桥文化，现仅发现跨湖桥遗址和下孙遗址，两地相距2公里。其中跨湖桥聚落遗址位于浙江萧山城厢镇湘湖村，西南7公里即为钱塘江与其支流浦阳江交汇处。遗址南北都是低矮的山丘，其北越过山岭可见钱塘江，其南为会稽山余脉。该遗址面积30 000平方米有余，考古发现了建筑遗迹、房屋遗迹、井字形木架的橡子坑等。除了陶、石、骨、木器等器物外，还有迄今发现的我国最早的独木舟。②

宁绍平原的河姆渡文化遗址现已发现30多处，主要分布在杭州湾南岸、四明山和慈溪南部山地之间狭长的姚江河谷平原上，是丘陵和平原的过渡地带，晚期少量扩散到奉化江流域和东部沿海岛屿。其中河姆渡遗址面积约50 000平方米，位于今浙江余姚市境内，遗址西面、南面紧靠姚江，江南是四明山麓，地势略高，东、北面为平原，地势略低。该遗址各文化层中，都发现有与干栏式建筑遗迹有关的圆桩、方桩、板桩、梁、柱、木板等木构件。在第4层发现一座干栏式长屋，以陶釜、陶罐为葬具的婴儿瓮棺葬2座；在早期偏晚发现一座立柱式的地面建筑，第2层发现一眼木构浅水井遗迹；第1—3层，发现20多座墓葬。③

河姆渡文化鲻山遗址也位于姚江谷地，距离河姆渡遗址不到10公里，与聚落有关的遗迹包括墓葬、灰坑、水井和连片干栏式木构建筑遗存。④田螺山古聚落，位于今浙江余姚三七市镇相岙村村口，西南距河姆渡遗址7公里，几乎四面环山，遗址堆积主要集中于田螺山的西南坡下。该遗址是2004年至2008年间发掘的，总面积30 000多平方米，揭露总面积1 000平方米，出土了包括多层次的一系列具有有机联系的聚落遗迹，包括干栏式木构建筑、木构寨墙、独木桥、二次葬、食物储藏坑、废弃物坑和堆、古水田等。⑤（图：

---

① 王海明：《绍兴杨汛桥寺前山新石器时代遗址——马家浜文化时期石砌围沟的发现》，浙江省文物考古研究所编：《浙江考古新纪元》，科学出版社2009年版，第36—37页。

② 张之恒：《长江下游新石器时代文化》，湖北教育出版社2004年版，第252—259页。

③ 浙江省文物管理委员会：《河姆渡遗址第一期发掘报告》，《考古学报》1978年第1期；《中国大百科全书·考古学卷》"河姆渡文化"条，中国大百科全书出版社1986年版，第188—191页。

④ 浙江省文物考古研究所、厦门大学历史系：《浙江余姚市鲻山遗址发掘简报》，《考古》2001年第10期。

⑤ 孙国平：《余姚田螺山新石器时代遗址——聚落考古、科技考古、现场保护性展示的典范》，浙江省文物考古研究所编：《浙江考古新纪元》，科学出版社2009年版，第27—30页。

宁绍地区及周围史前文化遗址地理分布图）

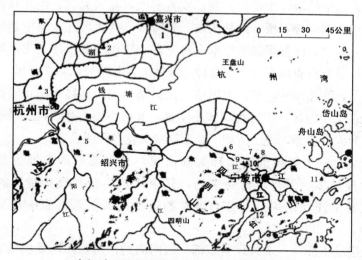

宁绍地区及周围史前文化遗址地理分布图

说明：1. 南河浜；2. 罗家角；3. 良渚；4. 跨湖桥；5. 金山；6. 鲻山；7. 慈湖；8. 小东门；9. 罗姆渡；10. 鲞架山；11. 沙溪；12. 名山后；13. 塔山

（孙国平：《宁绍地区史前文化遗址地理环境特征及相关问题探索》，《东南文化》2002年第3期。）

（二）距今 6 000—4 000 年间的农业村落

据有关学者统计，距今 5 800—5 600 年期间，已发现的长江下游史前遗址数量少于之前的马家浜晚期，出现过一段"数量低谷"。从距今 5 400 年开始，人类活动地点又开始成倍增长。到距今 4 800 年以后，"人类活动的地点开始进入长江下游地区有史以来人类活动的最高峰值期，这一现象共持续了三个时期大约 1 100 年时间，一直到距今 3 700 年马桥早期结束"。而这一时期内，环太湖流域一直是长江下游地区文化遗址数量最多、密度最高的区域，属于"人类活动的超高密度地区"。[①]

在环太湖地区，这一时期主要分布着两支先后承袭的考古学文化——崧泽文化和良渚文化。崧泽文化的重要遗址有上海青浦崧泽、福泉山、寺前村、金山坟，松江汤庙村、姚家圈；江苏吴县张陵山、龙南、草鞋山、澄湖、俞

---

① 高蒙河：《长江下游考古地理》第二章《遗址分布》，复旦大学出版社 2005 年版，第 52—78 页。

家渡，张家港东山村、徐家湾、蔡墩、西张、凤凰山、许庄，常熟钱底巷，常州圩墩，昆山绰墩、少卿山；浙江安吉窑墩，嘉兴大坟、西北双桥、南河浜、雀幕桥，桐乡普安桥，海盐王坟、龙潭港，嘉善大往，海宁达泽庙，湖州邱城等。其中，江苏张家港市东山村发现了较典型的崧泽文化时期村落遗址。该遗址分布在香山东脊向东延伸的坡地上，北距长江约2公里，东、南、北三面环河，除北面外，东、南河道已经淤塞填满。其崧泽文化时期的聚落遗址分成三个功能区，Ⅰ区均埋葬小型墓，Ⅱ区主要是建筑区，发现5座房址；Ⅲ区为大型墓葬，现已清理了9座崧泽文化高等级大墓。[1]

良渚文化的重要遗址遍布环太湖流域，其史前聚落遗址也是江南地区现今发现最多、保存较为完整的，其中比较典型和较具特征的村落遗址包括江苏吴江龙南遗址、苏州独墅湖遗址和浙江余杭庙前遗址、卞家山遗址等。

龙南遗址中部有一条大致呈东部—西南向的河道，两岸呈斜坡状。河道中出土丰富的渔猎工具，还有鱼、蚌、螺等水生动物遗骸。河两岸高坡上分布3组房址，在临河西北岸的房址88F5和88F6前，还保存着一段防止河水泛滥的护房堤坝。河南岸房址前有储废排污的灰坑及灰沟，房后有土坑井，临河处有推测为猪圈的半地穴房址，河边有木构埠头。该遗址第三期时，河道淤塞废弃，遗址内容以墓葬为主，发现一条道路，几乎全部都用陶片铺成，厚2—10厘米。[2]

苏州独墅湖遗址现在独墅湖底，地面上的堆积已经不存，但其遗迹仍完整反映了聚落的外围结构。聚落中心近似圆形，东西50米，南北48米，面积2 400平方米左右。聚落的北面有一条东西向宽约30米的主河道，三条小河平行环绕聚落，北端与主河道相连，南向后再环入独墅湖东堤岸内。第一周小河除与主河道相连处外，其余部分宽4—15米；第二周小河宽6米左右；第三周小河宽5米左右；河道之间为平地。[3]这种河道重重环绕的格局，显然

① 南京博物院、张家港市文广局、张家港博物馆：《江苏张家港市东山村新石器时代遗址》，《考古》2010年第8期。

② 苏州博物馆、吴江县文物管理委员会：《江苏吴江龙南新石器时代村落遗址第一、二次发掘简报》，《文物》1990年第7期。

③ 丁金龙、朱伟峰：《苏州独墅湖底发现原始村落》，《古代文明研究通讯》总第11期；丁金龙：《关于良渚聚落与居住址建筑形式及结构的探讨》，《浙江省文物考古研究所学刊》（第八辑），科学出版社2006年版。

就是后来江苏武进淹城春秋晚期城址的滥觞。有学者认为，这些规则围绕的河道，应该是良渚人工开凿或经人工改造过的自然水域。①

余杭庙前遗址位于海拔33米的荀山东南部，海拔3米，是典型的山脚坡地地貌。现揭露面积为3 000余平方米，下层有马家浜文化堆积。发现良渚墓葬50余座，多为良渚早期。一座"井干式"木质窖藏，其中有陶器等58件。两座房址，柱洞下铺垫木板。该聚落以成排的木桩间隔居址与沼泽，居址经过泥土填筑。②

余杭卞家山遗址则留下了保存较好的河道、居址和埠头遗存。在建有房屋和灰坑的土台的南侧，濒水处发现140余个木桩，大致呈曲尺形分布。多数木桩大致呈三排东西向分布于岸边，其西端一批木桩密集成行伸展入水，宽约1米，长达10米。发掘者认为沿岸的木桩可能是与房子同时的水边埠头遗址，而西部外伸的木桩，很可能就是当时的码头。土台北面东西向的河沟与南部水域相通，沟内南侧淤泥中发现东西向布列的7个木桩和1排竹编，估计是河沟使用过程中某一阶段的南岸护坡，河沟则兼任水上交通和高台排水的功能。③

二、聚落群与聚落层级分化

如前所述，从距今9 000—4 000年，虽然期间也有低谷期（如崧泽文化前期），但总体而言，江南地区新石器时代的聚落有很大发展，聚落数量几倍增长，聚落密度增大。尤其是环太湖流域，在这一时期已经成为人类活动的频繁区域。而且，随着早期人类活动的加强，环太湖流域的聚落演化还呈现出群落化和层级化两种特征。

所谓聚落群落化，即聚落以密集分布的群聚形态存在，在一定的区域内形成若干个聚落群。这种群聚的聚落分布形式，在距今7 000—6 000年左右的长江下游地区已经可以观察到。④如前面提到的跨湖桥文化的萧山跨湖桥遗

---

① 王宁远：《遥远的村居——良渚文化的聚落和居住形态》，浙江摄影出版社2007年版，第158页。

② 丁品：《余杭良渚庙前遗址发掘的主要收获》，《浙江省文物考古研究所学刊》，科学出版社1993年版；《浙江省考古五十年主要收获》，《新中国考古五十年》，文物出版社1999年版，第172页。

③ 国家文物局：《浙江余杭卞家山遗址》，《2003年中国重要考古发现》，文物出版社2004年版。

④ 裴安平：《史前聚落的群聚形态研究》，《考古》2007年第8期。

址和下孙遗址，两地仅相距 2 公里。河姆渡文化遗址主要分布在宁绍平原姚江流域，其中田螺山遗址距傅家山遗址 4 公里、距河姆渡遗址 7 公里，鲻山遗址距河姆渡约 11 公里、距田螺山 13 公里，有学者因此提出了"河姆渡文化核心聚落群"的说法。①在马家浜文化分布的今浙北、苏南和上海区域内，我们也能发现聚落集中分布的情况，而且与后续的崧泽—良渚文化聚落群分布存在部分的延续关系。

良渚文化时期，遗址聚落群落化的现象更加明显，不仅表现为聚落群，而且聚落群之间也呈现"以群相聚"的特征。在区域内聚落呈集群状密集分布，有高规格的中心聚落，同时区域之间又出现聚落分布的空白区域。学者据此可以将良渚文化分布范围作进一步的地域分区。如周鸣、郑祥民指出，环太湖三面分布的遗址连片成串地集中分布于四个地域：（1）良渚瓶窑—德清—临安—杭州区域；（2）斜桥—海宁—平湖一线；（3）苏州—昆山—青浦—吴江区域；（4）常州—江阴—张家港一线。②日本学者今井晃树将良渚文化分为五个区域：余杭地区、海宁地区、嘉兴地区、苏州—上海地区、常州地区。郭明建将良渚文化分为六个小区：湖东小区、嘉兴小区、良渚小区、湖北小区、湖西小区、宁绍地区。③王宁远综合学界不同看法，将太湖周边的良渚文化遗址分成五个区块：太湖以南的良渚—瓶窑区（良渚遗址群），太湖东南的嘉兴地区，太湖东部的苏南—沪西地区，太湖西北、长江以南的江阴—武进地区，太湖西岸的湖州—宜兴地区。④在这些小区域内，良渚文化遗址以聚落群团的形式呈现。例如在良渚—瓶窑地区，主要分布着三个大的聚落群：莫角山聚落群、姚家墩聚落群和庙前聚落群；在苏南—沪西地区，分布着赵陵山、草鞋山、福泉山、广富林、亭林等聚落群；在嘉兴—海宁地区，有荷叶地、达泽庙、新地里、钱山漾等遗址群；在江阴—武进地区，有寺墩聚落群等（图：良渚文化聚落群分布图）。

---

① 浙江省文物考古研究所、余姚市文物保护管理所、河姆渡遗址博物馆：《浙江余姚田螺山新石器时代遗址 2004 年发掘简报》，《文物》2007 年第 11 期。

② 周鸣、郑祥民：《试析环境演变对史前人类文明发展的影响——以长江三角洲南部平原良渚古文化衰变为例》，《华东师范大学学报（自然科学版）》2000 年第 4 期。

③ 郭明建：《良渚文化的社会研究——论各小区和聚落间的关系》第三章《良渚文化的聚落分析》，山东大学硕士学位论文，2009 年。

④ 王宁远：《遥远的村居——良渚文化的聚落和居住形态》，浙江摄影出版社 2007 年版，第 11—12 页。

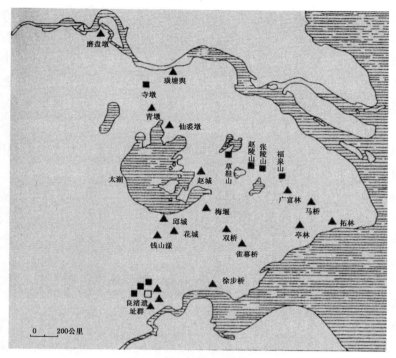

良渚文化聚落群分布图

（苏秉琦：《中国文明起源新探》图 131，上海三联书店 2001 年版。）

从距今约 6 000 年前的崧泽文化时期开始，聚落的层级化特征也凸显出来。有学者根据遗址面积的大小，将太湖流域的史前聚落划分为三个等级：高于 10 万平方米者为一级聚落，低于 6 万平方米者为三级聚落，10—6 万平方米之间的为二级聚落。他同时指出，良渚时期聚落规模两极分化非常明显："良渚时期聚落规模的统计出现两个标志性的变化，一个是总面积 10 万平方米以上的数据增多，接近二位数。……另一个是从崧泽时期开始出现的基层聚落规模变小的趋势更为明显，1 万平方米以下的数量较前翻了一番多，达到 35% 左右，个别还出现了不足 1 000 平方米的遗址。祭祀在 1—6 万平方米的数据中，也以 1—2 万平方米的较多，接近 40%。"[1]除了直接测量聚落遗址面积，学者还可根据墓地规模、墓葬规格来进行聚落等级的划分，将其分成多个等次。如东山村崧泽文化聚落中高等级墓葬的出现，已经能够说明这一

---

①　王宁远：《遥远的村居——良渚文化的聚落和居住形态》，第 14 页。

聚落的中心地位。日本学者今井晃树即根据随葬玉器的组合、多寡等指标，将良渚墓葬分成 3 大类，对此前文已有所述。还有学者根据墓葬形制、规模以及随葬品组合，把目前已发掘的数十处良渚文化高土台墓地分成五个级差：

第一级：反山、瑶山、汇观山、寺墩。其土台或堆土量达数万立方米，或先修整较高的岩石山丘、再堆土筑台，形态壮观，土台上埋葬大墓，多数随葬琮、钺、璧等丰富玉礼器。

第二级：福泉山、赵陵山、高城墩等，土台堆土亦达万方，墓葬中随葬琮、钺、璧等玉礼器的占有一定比例。

第三级：荷叶地、亭林、新地里、文家山等。土台堆土量为数千立方米，墓葬中仅一两座随葬玉琮或玉璧等，陶器、石器的数量大大超过玉器。

第四级：达泽庙、大坟墩等。土台面积仅数十平方米，土方量不足百，随葬品以陶器为主，有部分小件玉器。

第五级：平丘墩、徐步桥等。土堆低矮，随葬品以陶器为主，有少量小件玉器。[1]

在良渚文化分布区内的各个地理分区，几乎都至少存在三至四个级差的墓地。通过墓葬规格和等级来为聚落划分层次的方法，可以发现，在这些小的地理分区内部，聚落之间也存在多个层级的级差，从而形成中心—从属的格局，即每个大的聚落群落内部都有一个一级聚落作为中心，形成核心聚落群，周围群聚着若干低等级的聚落（群）。在环太湖流域，即是形成了以良渚、福泉山、寺墩、赵陵山等一级聚落为中心的若干个良渚文化聚落群落。其中位于今浙江省杭州余杭区的良渚聚落群，在 30 余平方公里的范围内，集中了 130 处遗址，堪称良渚文化分布区内最高层次的中心聚落群。该遗址群从西端的吴家埠遗址开始，有汇观山、反山、桑树头、钟家村、马金口、黄泥堪、罗村、姚家墩、梅园里、钵衣山、瑶山等，至东端的荀山周围，遗址成串成片地密集分布，是当时最重要的聚居中心之一。如此众多的遗址，形成以莫角山城为中心的三级聚落体系。在此聚落群内，莫角山城是其中最大、等级最高的遗址。在其北面的姚家墩与其周围的卢村、葛家村、金村、王家庄、料勺柄等构成"一个相对独立的聚落单元"，是二级中心聚落。姚家墩面

---

① 浙江文物考古研究所：《反山》，文物出版社 2006 年版，第 364—365 页。另有四分法，参见郭明建：《良渚文化的社会研究——论各小区和聚落间的关系》第三章《良渚文化的聚落分析》，山东大学硕士学位论文，2009 年。

积约 6 万平方米,是一处长期沿用的居住区。卢村有祭坛和显贵墓葬,葛家村有生活遗存和小型墓葬,王家庄、料勺柄有建筑遗存和显贵墓葬,金村发现普通生活堆积。另在莫角山城的东南,围绕着荀山南侧展开的庙前村落遗址为三级中心聚落,是目前良渚文化规模最大、保存最好的村落遗址之一。①

聚落等级的分化,导致聚落级差的扩大化过程达到极点。特别是在余杭良渚聚落群内部最高等级中心与二、三级聚落之间,很可能已经出现了类似后来"城—乡"二元关系的雏形。最高等级中心莫角山遗址也被认为可能初步具备"城市"的性质,或已是"城市的萌芽"。对此,下一章还将作专门探讨。

第三节 史前聚落的选址、布局与营建

陈桥驿指出:"聚落形成与地域类型相关,确实是一时期生产方式、生产物质条件(生产力水平)密切联系的。"②史前时期,人类生产力水平低下,他们的聚落选址和聚落设计,既体现了自然环境对人类生产生活的约束和局限,又反过来反映出人类社会对自然环境的适应力。如前文所述,史前长江下游江南地区自然环境的变化,一是海侵和海退,大陆架的出露和被淹没,河口海岸的变迁,史前人类生产生活的范围由此受到极大影响;二是太湖的形成,导致各水系流向变化,但水系密布一直是这一地区的地貌特点之一。因此,史前时期江南地区聚落与环境的关系主要表现为对水的适应和利用。

一、水乡环境与聚落选址

大海侵(卷转虫海侵)从距今 1.2 万年前开始,在 5 000 年时间里,海平面持续缓慢而又不匀速地上涨,到距今 7 000—6 000 年左右达到最高峰。今杭嘉湖平原和宁绍平原连接成一片浅海,以天目山与钱塘江中游各山脉为西缘,会稽山、四明山为其南缘。③之后转为持续的海退,海泥淤塞充填造成新的陆地,杭嘉湖平原和宁绍平原等逐渐出露,同时原来的低洼谷地变成潟湖环境,江南地区水网密布、湖泊沼泽众多的水乡环境由此形成。自然环境的这些变化,对江南地区史前聚落的选址和营建产生了很大影响。

---

① 浙江文物考古研究所:《良渚遗址群》,文物出版社 2005 年版,第 324—325 页。

② 陈桥驿:《历史时期绍兴地区聚落的形成与发展》,《地理学报》1980 年第 1 期。

③ 陈桥驿:《越族的发展与流散》,《东南文化》1989 年第 6 期。

有关学者对太湖流域新石器时代遗址的数量变化（图：太湖流域新石器文化序列遗址数及年代）、剖面堆积特点和堆积类型进行统计分析，结果表明，在太湖流域402处遗址中，单一型遗址（即只包含一个类型文化堆积的遗址）共320处，占遗址总数的81.2%。其中，良渚文化类型计291处，占遗址总数的72.4%；叠置型遗址（即包含不同类型文化堆积的遗址）计72处，占遗址总数的18.3%。进一步看，在叠置型遗址中，有27处遗址在马家浜文化层之上叠置了崧泽文化层，占马家浜文化遗址总数（63处）的42.9%和崧泽文化遗址总数（75处）的36%。在崧泽文化层之上叠置了良渚文化层的遗址数为56处，占崧泽文化遗址总数的74.7%和良渚文化遗址总数（364处）的15.4%。[1]从中可以看出，有近1/2的马家浜文化遗址在崧泽文化时期得到继续利用，而大部分崧泽文化的遗址到良渚文化时期都被沿用。被沿用的马家浜文化遗址基本上都位于太湖之北和太湖东南两个大的丘状台地之上，一个以无锡、苏州、江阴、常熟为中心，另一个以今杭嘉湖平原东缘的嘉兴和桐乡为中心。[2]

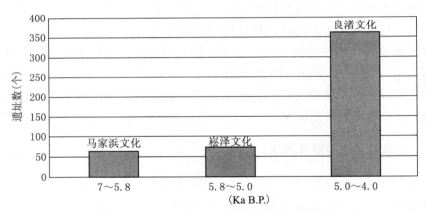

太湖流域新石器文化序列遗址数及年代（Ka B.P.）

（申洪源、朱诚等：《太湖流域地貌与环境变迁对新石器文化传承的影响》，《地理科学》2004年第5期。）

---

① 申洪源、朱诚等：《太湖流域地貌与环境变迁对新石器文化传承的影响》，《地理科学》2004年第5期。

② 郑祥民：《长江三角洲及海域风尘沉积与环境》，华东师范大学出版社1999年版，第157—160页；周鸣、郑祥民：《试析环境演变对史前人类文明发展的影响——以长江三角洲南部平原良渚古文化衰变为例》，《华东师范大学学报（自然科学版）》2004年第4期；严钦尚、黄山等：《杭嘉湖平原全新世沉积环境的演变》，《地理学报》1987年第1期；严钦尚、许世远：《长江三角洲现代沉积研究》，华东师范大学出版社1987年版，第143—157页。

从地层上观察，叠置遗址各文化层间虽然并不都是连续的，但其夹层均为陆相沉积或人工堆积，不见海相堆积。这也说明当时的居民将住所安排在丘状台地地貌的中心、斜坡地貌的顶部和沟谷两侧的顶上部等地势高亢地带，目的就是为了避水，防御水害。①

　　在江南南部的宁绍地区，同样多叠置型遗址，而且由于地形的限制，该地区史前遗址一直以姚江北岸为重心分布。这一区域包括今四明山、会稽山北部的宁绍平原，浙东沿海丘陵地带的象山、宁海、奉化、鄞县、镇海等地，以及舟山群岛和钱塘江下游南岸龙门山以北的萧山中北部地区，多属平原、湖泊、丘陵山地的交接性地带，即背山面水的山麓地带。因此，随着史前人群的扩大，其聚落的分布集中在宁波余姚一带，在姚江岸线呈线型分布。②另外，与太湖流域叠置型遗址文化层之间多陆相堆积的情况不同，在河姆渡文化田螺山遗址，"普遍发现了叠压在文化层上、下的淤泥层——全新世海相沉积"③；稍早于河姆渡文化的跨湖桥文化遗址，也被厚达4.6米的青灰色海相淤积层所覆盖。④这些都表明，在距今6 000年后，海平面曾快速上升。有学者曾研究河姆渡文化时期的生活面海拔：确属河姆渡文化第Ⅰ期的遗存，如河姆渡遗址第4层和鲻山遗址第9、10层，当时的生活面海拔在－1.5－－2米之间；河姆渡遗址第3层的层表海拔已上升到1米左右，鲻山遗址第8层的海拔约1.2米；河姆渡文化第Ⅲ、Ⅳ期遗存的海拔，则升至1—7米之间。这充分体现了距今7 000—6 000年间，原本生活在"宽阔、平缓、温暖、湿润的近海大陆架平原"上的河姆渡人，"在海水上涨过程中采取水进人退、就近上靠的环境适应方式"。⑤

　　到良渚文化时期，太湖流域虽然仍然有叠置型遗址，但单一型遗址更多，说明这一时期的先民在大量新的地点构筑聚落、墓葬和其他生活生产区域。聚落选址地点的迅速扩大，应该与此期随着海平面下降，太湖流域大片土地

---

①　申洪源、朱诚等：《太湖流域地貌与环境变迁对新石器文化传承的影响》，《地理科学》2004年第5期。

②　冯小妮、高蒙河：《宁绍地区早期遗址群的量化分析》，《东南文化》2004年第6期。

③　浙江省文物考古研究所、余姚市文物保护管理所、河姆渡遗址博物馆：《浙江余姚田螺山新石器时代遗址2004年发掘简报》，《文物》2007年第11期。

④　王心喜：《跨湖桥新石器时代文化遗存的考古学观察》，《文博》2004年第1期。

⑤　孙国平：《宁绍地区史前文化遗址地理环境特征及相关文化探索》，《东南文化》2002年第3期。

出露有密切关系。加上河流溯源侵蚀加快，以下泄为主，不易泛滥，良渚文化早期（距今 5 300—5 000 年）的史前居民纷纷迁往平原定居。[1]从有关学者提供的太湖流域地貌类型与新石器遗址分布数量统计表（见下表）来看，良渚文化分布于湖荡平原、水网平原、河谷平原的遗址数量，占据了已发现的这一时期遗址总数的 58% 左右，其中仅湖荡平原遗址的数量就占了总量的近 1/3，从中反映出这一时期聚落分布的重点。

太湖流域现代地貌类型与新石器遗址分布数量统计　　　　　　　　（个）

文化遗址	湖荡平原 0—2 m	水网平原 2—4 m	高亢平原 5—8 m	山前平原 5—10 m	丘陵与孤丘 100—300 m	河谷平原 0—2 m	高爽平原 2—3 m	合计
马家浜	31	11	6	11	4	0	0	63
崧泽	33	10	16	6	7	3	0	75
良渚	145	56	23	84	29	11	16	364
崧泽早期	4	2	2	1	2	0	0	11
崧泽晚期	13	2	2	1	5	0	0	23
良渚早期	19	6	7	27	5	0	1	65
良渚晚期	28	6	4	13	2	0	5	58

（申洪源、朱诚等：《太湖流域地貌与环境变迁对新石器文化传承的影响》，《地理科学》2004 年第 5 期。）

　　显然，新石器时代晚期发展水平极高的良渚文化，是伴随着江南地区水乡环境的形成过程而逐渐繁荣起来的。其中，良渚文化遗址分布集中的苏南（沪西）地区位于今太湖东部的苏松平原，余杭（良渚—瓶窑区）、嘉兴、海宁、湖州（宜兴）地区位于今太湖平原南部的杭嘉湖平原。这些都是典型的低地水乡平原景观，其地貌包括湖沼、水网、丘陵与孤丘等。如杭嘉湖平原的西部是与浙西山地丘陵的过渡地带（即良渚—瓶窑地区），被东天目山余脉分两支南北夹抱，略呈簸箕状向东敞开。以东苕溪为界，西部为低山丘陵，东部为冲积平原地貌。[2]这里森林资源丰富，低山矮丘、溪流沼泽相间，非常适宜史前人类居住。杭嘉湖平原的中东部，即今嘉兴—桐乡—海宁—海盐—平湖一带，总体地势平坦，为水网平原地貌。这两地所发现的良渚文化遗址都非常集中。

---

[1]　张立、刘树人：《浙江江余杭瓶窑、良渚地区遗址的遥感地学分析》，《考古》2002 年第 2 期。

[2]　浙江省文物考古研究所编：《良渚遗址群考古报告之三——良渚文化群》，文物出版社 2005年版，第 22 页。

有学者对江南地区史前聚落遗址的选址类型作进一步细致分类，将其分为坡地型、岗地型、台墩型、湖泊型、复合型等等。其中，坡地型一般分布于河流两岸或湖岸畔的平缓地面、山坡或山脚下，具体又可进一步细分为平地和坡地两种亚型。这类遗址几乎遍布长江下游各个地区，主要特点是遗址分布在河流两岸接近大山余脉的土岗处，或两面大山之间的山冲，河流贯穿其中。岗地型大多分布在河流或湖沼沿岸的岗地上，或北临大江、南靠土岗，或位于长江与土岗之间的孤立土山之上，或分布于四面、三面山岗围绕的小型盆地、平原之上。此类聚落遗址，以宁镇地区和皖中平原发现的数量最多。台墩型聚落遗址坐落在突出于地表有一定高度的台墩上，属于长江下游各地区较常见的聚落选址地貌，在环太湖区域更为普遍。湖泊型遗址又称为"陷没型遗址"，如今大多淹没在湖泊之中，如江苏吴县澄湖古井群遗址、吴江九里湖遗址、昆山太史淀遗址等。复合型聚落遗址分布在多态性地貌之上。如江苏宜兴骆驼墩遗址，位于宜溧山地向平原地区的过渡地点，南靠紫云山，北临平原，东连山冈余脉。该遗址北区为水田，文化层埋于地表之下；南区为岗地，高出地面 15 米；东南部为平地，东部有沼泽，周边还环绕着古河道。大致说来，复合型遗址具有更多的普遍性，"可能远远超出我们对遗址地貌的人为分类"。另外，这些遗址选址类型并不存在时期上的差异性，在江南地区各个区域、各个考古学文化系统都有发现。①

二、史前聚落的功能分区

从考古发掘揭露的情况来看，江南地区完整的史前聚落一般包括居住区、墓葬区、生产区域等多个主要功能区域。在考古发掘中，虽然还有大量遗址未揭露出整体的聚落形态，但所发现的居址（房屋遗址）、墓葬、手工业作坊、壕沟、围墙、广场、祭坛、水田、垃圾坑等遗迹，都应是当时某一聚落的有机组成部分。

（一）居住区

居住区是史前聚落的重心所在，由居住的房屋建筑和与日常生活相关的附属设施构成。江南地区史前聚落中的房屋建筑，具体又有干栏式与地面式

---

① 高蒙河：《长江下游考古地理》第三章《聚落景观》，复旦大学出版社 2005 年版，第 132—138 页；南京博物院考古研究所：《江苏宜兴骆驼墩新石器时代遗址的发掘》，《考古》2003 年第 7 期。

两类。

1. 干栏式建筑

干栏式建筑是指建造在高出地面的竹木柱底架上的房屋。河姆渡文化是最早发现干栏式建筑的江南史前文化。在浙江余姚的河姆渡遗址、鲻山遗址和田螺山遗址中，都发现了干栏式木构连体长屋的遗迹。

鲻山遗址所发现的干栏式建筑很具代表性。发掘者根据柱础坑相互间的叠压打破关系，以及相应的桩、础加工工艺特征和材质大小，将其区分为早晚关系清楚、技术特征明确的前后两期共三个单元。其中，第一期为"打桩立柱式"，主要集中在发掘区的西部，其特点是用仅加工桩尖的圆木桩直接打入淤泥软土1米以上，不用桩坑，用材相对较小，桩径20厘米左右。此期建筑形式为长排式房，在其北侧（坡上方）间隔20—30厘米立桩，架横板，推测可能是阻挡泥沙的设施。第二期为挖坑埋柱式，此期建筑遍布整个发掘区，特点是用材较大，加工精致，规模宏大，营建讲究。柱坑有多种形式：一种是圆形深坑与长方形浅坑组合相联，作为承重柱和撑木的柱坑；一种是相对较浅的一个柱坑。此外还有用板木交错叠垫在两大方柱之间、作为支撑加固地龙时的临时垫础。①

在钱塘江北岸的马家浜—崧泽—良渚文化遗址中，房屋以地面建筑为主，但仍然存在干栏式建筑。如在江苏张家港东山村崧泽文化遗址中，F1、F2分别是面积约85和50平方米的两座房址，F3、F4分别位于F1、F2的南面，仅见柱洞，未见基槽，可能是附属于F1、F2的干栏式建筑。②在江苏吴江龙南良渚文化遗址，发现一大型干栏式建筑遗迹97F1，该遗址从南到北分布三排木桩，共30根，其中南面两排，各9根，北面12根。木桩高出地面20—30厘米左右。从木桩的分布规律看，南面双排木桩可能为房子的走廊基础，走廊北面为房内，房子是东西走向。③

在浙江诸暨楼家桥遗址新石器时代早期地层中，也发现一处"吊脚楼"式的干栏式建筑遗迹，建造在倾斜度约7°的斜坡上，房址东南5米外是含砂

---

① 浙江省文物考古研究所、厦门大学历史系：《浙江余姚市鲻山遗址发掘简报》，《考古》2001年第10期。

② 南京博物院、张家港市文广局、张家港博物馆：《江苏张家港市东山村新石器时代遗址》，《考古》2010年第8期。

③ 苏州博物馆、吴江市文物管理委员会：《吴江梅堰龙南新石器时代村落遗址第三、四次发掘简报》，《东南文化》1999年第3期。

较多的黑淤泥沼泽地带。房址处于斜坡山体与水域间相对狭窄的地带,两排柱洞呈西南—东北向,与坡向垂直。上排长 9.1 米,有柱坑 7 个;下排长 10.2 米,柱坑 10 个。两排柱洞间距 1.9—2.2 米。[①]

此外,在宁镇地区的金坛三星村遗址中,同样发现有干栏式建筑。[②]这说明,这类建筑样式在江南地区史前时期聚落中曾广泛采用。

2. 地面式建筑

太湖流域在马家浜文化时期已出现地面建筑,其建筑方法是用黄土铺垫,加高地面,然后立柱建屋。[③]这种建筑形式在江南地区曾长期广泛采用,其房屋多为长方形,也有圆形房屋。如江苏宜兴骆驼墩遗址中房屋遗迹 F1,根据柱洞的分布显示,平面为不很规则的长圆形,东西长约 6.75 米、南北宽 6 米,面积约 40 平方米。[④]

地面建筑还有地穴式、台基式、塔式等其他具体形式。地穴式建筑是在"建筑堆积层堆筑完成后,室内部分下挖而形成浅地穴式结构",在下挖形成的墙内立柱,居住面上铺垫木板、芦苇编织物等。[⑤]在龙南良渚文化聚落遗址中,发现了较多的地穴式建筑,深者 0.45 米,浅者 0.2 米。据推测,这些房屋是用棚架式的两面坡屋顶,其中 88F1 平面呈长方形,居住面用黄土筑成,内有窖穴和一蒲草席;87F5 和 87F6 结合成 L 形,内有窖穴和睡坑,并筑有圆形土台。莫角山遗址是典型的台基式建筑,但不属于普通聚落的房屋建筑,故在此不赘述。"塔"式地面建筑发现于诸暨楼家桥遗址,其建筑平面略呈方形,建造在斜坡上,占地很小,且四个柱洞分别位于四角,结构特殊,"推测为塔楼式建筑,或为村落的瞭望台"。[⑥]

除了单间房屋,马家浜文化聚落中还有类似"长屋"的地面式建筑。如马家浜遗址上层有一座长方形房屋,长 7 米,宽近 3 米,东、西、南三面各

①⑥　蒋乐平:《诸暨楼家桥新石器时代遗址——宁绍地区西部一种新的考古学文化类型》,浙江省文物考古研究所编:《浙江考古新纪元》,科学出版社 2009 年版,第 39 页。

②　江苏省三星村联合考古队:《江苏金坛三星村新石器时代遗址》,《文物》2004 年第 2 期。

③　浙江省文物考古研究所、嘉兴市博物馆:《浙江嘉兴吴家浜遗址发掘简报》,《文物》2005 年第 3 期。

④　南京博物院、宜兴市文物管理委员会:《江苏宜兴骆驼墩遗址发掘报告》,《东南文化》2009 年第 5 期。该报告发掘者建议将以骆驼墩早期文化遗存为代表的、以平底釜为主要特征的考古学文化遗存,命名为"骆驼墩文化"。本书未作更细的区分,仍按传统观点将其视为马家浜文化遗址。

⑤　高蒙河:《长江下游考古地理》第三章《聚落景观》,复旦大学出版社 2005 年版,第 158 页。

有柱洞，共 13 个，分东西两行，每行 5 个，南面一排有 3 个。东西两行柱洞间隔 2.75—3 米，南北相距 7 米。柱洞间距 0.45—1.25 米，其中东行的东南角两门之间间距达 3 米。室内地面经过加工，呈黄绿色硬土面，还有树枝和芦苇状痕迹的烧土块，应为墙壁遗存。①

马家浜文化聚落中也开始出现分间房屋。如江苏宜兴骆驼墩遗址中，F1、F2 东西相连，与南部的 F4 共同构成一个居住单元。其中 F1 为平面不规则的长圆形，面积在 30 平方米以上。房内有一道墙基槽，将房址的北半部分分隔为东、西两间。②浙江桐乡普安桥遗址的 F3，平面近方形，面积约 35 平方米，室内有隔墙，将房子分成南北两间，两室各有门，但两室间没有联系通道，而且南室没有灶坑，北室内外都有灶塘。估计北间为日常活动、休憩之所，南间存放器物。室内灶塘用于取暖，而室外灶用于炊煮食物（图：浙江桐乡普安桥遗址 F3 建筑平面图）。余杭庙前遗址 F1 是一座略呈西北—东南向的长方形建筑，长 10 米，宽 8.5 米，门朝西南。在主体结构上，除西北一面为单排柱外，其余三面都是双排柱，间距为 180—200 厘米。柱洞平面多呈长方形，坑底双块木板交叉叠放，有 2—5 块。据推测，其总体结构为"重檐设回廊或大跨度屋内设柱子的建筑形式"。③

为了防潮，地面式建筑对地面都会做一些加工，包括铺垫材料、夯打、火烤等工序。如江苏吴兴邱城下文化层长 36 米、面积为 265 平方米的发掘单位中，发现有建造平整、厚达 10—18 厘米的硬土面，土色褐中带绿，用小碎石、陶片、沙粒、蛤蜊壳、螺蛳壳和黏土羼和筑成，上铺泥沙，拍紧后用火煅烧。这样的硬土面有 3—4 层，两层硬土面之间，夹一层软灰土。在第二层硬土面上排列两行柱洞，行距 3.5 米，洞距 0.87 米左右，木柱直径 20 厘米左右。房屋四周，还有 9 条较浅的排水沟。④吴江梅堰遗址发现建筑

① 浙江省文物管理委员会：《浙江嘉兴马家浜新石器时代遗址的发掘》，《考古》1961 年第 7 期。郑建明、陈淳文称，"现已发掘的南北长应在 8.5 米以上"，与此说不同。参见郑建明、陈淳文：《马家浜文化研究的回顾与展望》，《东南文化》2005 年第 4 期。

② 南京博物院考古研究所：《江苏宜兴市骆驼墩新石器时代遗址的发掘》，《考古》2003 年第 7 期。

③ 浙江省文物考古研究所编：《良渚遗址群考古报告之四——庙前》第一章《庙前遗址第一、二次的发掘》，文物出版社 2005 年版，第 51 页。

④ 梅福根：《江苏吴兴邱城遗址发掘简介》，《考古》1959 年第 9 期。

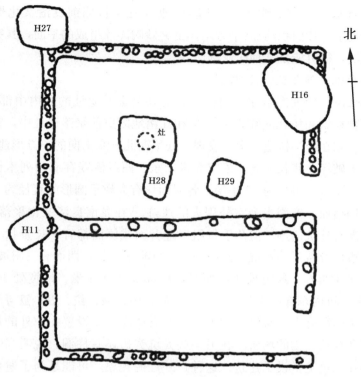

浙江桐乡普安桥遗址 F3 建筑平面图
（郑小炉：《从龙南遗址看良渚文化的住居和祭祀》，《东南文化》2004 年第 1 期。）

基址地面，用蚌壳铺垫夯打结实，厚达 7—33 厘米，有的地面上还用草木灰和芦苇层铺垫。①贝类既可作为制作陶器的羼和料，也可用作建筑房屋、铺设路面的防潮材料。宜兴骆驼墩马家浜文化聚落的先民们把食用后的贝、螺壳作为一种资源集中堆放，堆积面积达 300 平方米，中心最厚处约 1.6 米。②

　　另外，在居住区房屋的附近，还可能有特定的户外活动场所。如骆驼墩遗址 F1 的西南室外有一个直立的夹砂陶缸，半截埋入红烧土活动面，估计与加工粮食有关。房址东南部室外发现一片面积约 13 平方米的活动区域，由螺

----

　　①　江苏省文物工作队：《江苏吴江梅堰新石器时代遗址》，《考古》1963 年第 6 期。
　　②　南京博物院考古研究所：《江苏宜兴市骆驼墩新石器时代遗址的发掘》，《考古》2003 年第 7 期。

蛳壳砸筑而成，应为特制的户外活动场地。①在余杭庙前良渚文化聚落遗址中，也发现了一片面积约 50 平方米、由夹砂陶碎片组成的平面，其旁还有一个圆形灰坑，很可能是某种作业场地。②

3. 室外灶、储藏坑、祭祀坑

一般来说，灶坑都是在室内的。如嘉兴吴家浜遗址的屋内中部有灶坑，坑内填有颗粒状和块状的红烧土。③但在江南地区史前聚落遗址中，室外用火也不少见。如在跨湖桥遗址中，发现一处呈西北—东南向的长方形建筑遗迹，北段遭取土破坏，残长 9 米，宽 7.5 米，东、西两侧残存有两列木桩。该遗迹厚约 105 厘米，可分为 12 小层，各层面均有大致呈圆形的直径约 100 厘米的红烧土烧结面，推测当为室外用火的遗迹。④在龙南良渚文化聚落遗址中，房址内部没有灶坑遗迹，但几乎每组房址背面或侧面都有一长条状不规则的大坑，旁边伴有若干储藏坑。其中一个大坑略呈袋状，西面有一斜坡式踏步，其口部长 444 厘米，最宽处 160 厘米，底部长 380 厘米、最宽处 142 厘米，深 80 厘米。坑内东部出土鼎、豆、盆、甗、杯、罐、瓮、盘、簋等炊煮及盛食器具，坑西部有大量灰烬。可见，此类大坑应该是设置在户外的灶间，是专司炊煮和存放食物的场所。在另一些大坑旁边还有柱洞，说明当时为防避风雨，还在灶坑上搭设了建筑。这种户外灶的现象，可能是为了避免房屋失火。⑤在南京北阴阳营遗址中，也发现与住宅分离的、单独的长方形灶室，入地深 64 厘米，南北长 2.3 米，东西宽 1.62 米，底面分布四个作为炉灶使用的圆形小竖穴，其中三个有火烧的痕迹。⑥

考古发现多分布在房屋附近的灰坑，有些应是作为垃圾坑使用，有些具有储藏功能，储藏的物品多种多样。如在浙江浦江上山文化遗址中发现的 C

---

① 南京博物院考古研究所：《江苏宜兴市骆驼墩新石器时代遗址的发掘》，《考古》2003 年第 7 期。

② 浙江省文物考古研究所编：《良渚遗址群考古报告之四——庙前》，文物出版社 2005 年版，第 132—134 页。

③ 浙江省文物考古研究所、嘉兴市博物馆：《浙江嘉兴吴家浜遗址发掘简报》，《文物》2005 年第 3 期。

④ 浙江省文物考古研究所：《萧山跨湖桥新石器时代遗址》，《浙江省文物考古研究所学刊》，长征出版社 1997 年版，第 6—7 页。

⑤ 高蒙河：《良渚文化的家庭形态及其相关问题》，《青果集——吉林大学考古系建系十周年纪念文集》，知识出版社 1998 年版；郑小炉：《从龙南遗址看良渚文化的住居和祭祀》，《东南文化》2004 年第 1 期。

⑥ 南京博物院：《南京市北阴阳营第一、二次的发掘》，《考古学报》1958 年第 1 期。

形灰坑，内里散落盘、罐、钵等陶器碎片，还有磨石、石球等。[①]在跨湖桥遗址发现的一个灰坑（H17），坑口直径约 65 厘米，斜直壁，坑口设有两层用长约 70 厘米的木条构成的井字形框架，坑内存有大量形态完整的橡子。[②]（图：跨湖桥遗址灰坑 H17 平面图和剖面图）

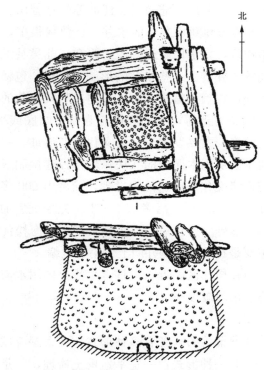

北

跨湖桥遗址灰坑 H17 平面图和剖面图

（浙江省文物考古研究所：《萧山跨湖桥新石器时代遗址》，《浙江省文物考古研究所学刊》，长征出版社 1997 年版。）

　　而在江苏昆山绰墩遗址，一个房址的室内靠门道旁有一长方形坑，坑内埋葬似犬类完整动物骨骼，应是与建房祭祀有关。[③]

---

　　① 浙江省文物考古研究所、浦江博物馆：《浙江浦江县上山遗址发掘简报》，《考古》2009 年第 9 期。

　　② 浙江省文物考古研究所：《萧山跨湖桥新石器时代遗址》，《浙江省文物考古研究所学刊》，长征出版社 1997 年版，第 9 页。

　　③ 苏州博物馆、昆山市文物管理所：《江苏昆山绰墩遗址第二次发掘报告》，《东南文化》2000 年第 11 期。

4. 水井

江南水乡平原水网密布，聚落多濒临水道。但另一方面，枯水季节或海退，也会带来地下水位持续下降的后果。为了应对这一问题，江南地区的史前聚落中多设有水井。

在浙江余姚河姆渡、上海青浦崧泽、江苏苏州草鞋山、江苏常州圩墩等遗址中，都发现了距今 6 000 年左右的水井，且数量很多，有的分布于居住区，有的分布于工作区，如水田附近等。还曾在江苏吴县澄湖遗址发现过崧泽至良渚文化时期的古井群。这些水井的形制有多种，包括竖穴土井、木筒水井、木框井架水井、竹箍苇编水井等。其中，竖穴水井的数量最多，其口呈椭圆形、圆形、圆角方形等，直筒腹或斜直壁，圆底或平底，井壁光滑。木筒水井的数量也较多，主要发现于良渚文化时期遗址。井壁由挖空的圆木筒构成，或者将树干去皮剖木而成的几块弧形木板连接制成。木框井架水井仅在河姆渡遗址与良渚文化庙前遗址中发现，前者由 200 多根桩木、长圆木围成近方形的竖井，深 1.35 米；后者深 2.3 米，先挖坑后加筑木构，井框外填黑色土，最后填压沙砾层。竹箍苇编水井发现于上海松江汤庙村遗址和松江广富林遗址，主要是在井壁或是井圈上使用了竹编。

这些水井多分布在居住区附近，为日常生活提供用水需要；也有的分布在水田附近，作为农田灌溉设施。

（二）墓葬和祭坛

江南地区史前普通聚落的墓葬有多种形式。在太湖流域，史前墓葬从墓穴形制来区分，主要有三种形式：一是平地堆土掩埋，一是浅穴墓，一是长方形土坑竖穴墓。从葬具方面来看，既有无葬具者，也有用木质葬具者，还有瓮棺葬。这些墓葬形式可能共存。如属于马家浜文化的江苏宜兴骆驼墩遗址墓地中，南部Ⅰ号墓地均为浅坑墓，北部Ⅱ号墓地则没有发现明显的墓坑，骨架间叠压打破关系非常复杂。同时，南北墓地都发现有不少瓮棺葬。[1]浙江德清瓦窑遗址发现 5 座同属马家浜文化的墓葬，其中 4 座为筒形陶器作葬具的瓮棺葬，1 座为长方形土坑竖穴墓。[2]上海青浦福泉山遗址所发现的 16 座崧

---

[1] 南京博物院考古研究所：《江苏宜兴市骆驼墩新石器时代遗址的发掘》，《考古》2003 年第 7 期。

[2] 王海明：《德清瓦窑遗址——马家浜文化筒形陶器瓮棺葬的发现》，浙江省文物考古研究所编：《浙江考古新纪元》，科学出版社 2009 年版，第 59 页。

泽文化墓葬中，除两座见墓坑痕迹、有木质葬具外，其余均是平地堆埋且无葬具。①在良渚文化遗址中所发现的墓葬，几乎都是长方形竖穴墓。

河姆渡文化田螺山遗址第二期，在居住区附近发现有简单的墓葬，没有明显的墓坑、葬具和随葬器物，为二次葬。第三期墓葬 M3 的坑口近圆形，圜底，直径约 0.8 米，残深约 0.3 米。出土 3 件陶器，其中有 2 件是上下叠压的夹炭红褐陶盘口釜。在河姆渡遗址附近的鲞架山遗址中，也有类似的陶釜出土。据推测，这属于比较特殊的瓮棺葬。②

在宁镇地区，江苏金坛三星村发现的新石器时代遗址墓葬，葬式非常丰富，有单人仰身一次葬、屈肢葬、小孩（婴幼儿）与成人一次葬、二次迁葬、二次葬与一次葬合葬等。一般未见墓坑和葬具，随葬品数量不一，多为 5 件或 6 件，个别有 10—20 件。③南京北阴阳营遗址墓葬几乎都是二次葬，没有单独圹穴，有些成群集中，有些单独散埋，还有上下叠压成三四层的现象。④

墓地内或附近可能设有祭祀区。如马家浜文化骆驼墩遗址南部Ⅰ、Ⅱ号墓区都发现有狗、猪骨架，Ⅰ号墓地北部有约 20 平方米的祭祀区，分布大量动物骨渣和破碎陶器，及一具祭祀人牲。⑤余杭星桥后头山良渚文化墓地，其西侧有一处面积近 60 平方米的红烧土坑状堆积，其中包含大量呈红、黄、黑、褐等不同颜色的烧透和半烧透土，同时夹杂草木灰、被烧成白色的动物肢骨。出土物包括可辨器型的鼎、缸、豆等陶器、石器，以及一件形态少见的两件套组合石犁，似被有意识砸碎。考古学者倾向认为，这是与墓地有关的祭祀场所。⑥

在良渚文化遗址中，还发现祭祀场所与墓地复合的现象。除了良渚遗址群中的反山、瑶山、汇观山等高等级祭坛及墓葬遗址之外，可能属于稍低等级聚落或普通聚落的，如浙江海宁荷叶地遗址，有面积约 400 平方米的圜丘型中型祭坛，土台上埋有 16 座墓葬，除一座随葬玉琮等器物外，其余大多以

---

① 上海市文物管理委员会：《青浦福泉山遗址崧泽文化遗存》，《考古学报》1990 年第 3 期。

② 浙江省文物考古研究所、余姚市文物保护管理所、河姆渡遗址博物馆：《浙江余姚田螺山新石器遗址 2004 年发掘简报》，《文物》2007 年第 11 期。

③ 江苏省三星村联合考古队：《江苏金坛三星村新石器时代遗址》，《文物》2004 年第 2 期。

④ 南京博物院：《南京市北阴阳营第一、二次的发掘》，《考古学报》1958 年第 1 期。

⑤ 《江苏宜兴市骆驼墩新石器时代遗址的发掘》，《考古》2003 年第 7 期。

⑥ 丁品：《余杭星桥三亩里和后头山遗址——余杭东部地区良渚文化聚落的探索》，浙江省文物考古研究所编：《浙江考古新纪元》，科学出版社 2009 年版，第 107 页。

陶、石器和小件玉器随葬。[1]海宁达泽庙遗址圜丘型小祭坛，从早期直径不足10米、两座墓葬，到中期偏晚增高扩大为直径16米，埋葬三座墓葬。[2]海宁畲墩庙遗址、海盐龙潭港遗址、桐乡普安桥遗址等，也均有此类现象。[3]

崧泽文化无锡鸿山邱承墩遗址中的双祭坛形式，在太湖流域还是首次发现。其中一个祭坛（JS1）底边东西长12.55米，南北宽11.5米，高1.1米。堆积分6层，第1层为呈弧顶状的黄褐色土，为祭祀遗迹封土；第2层为围绕中心的方框型红烧土；第3层是五花土，杂黄、红、绿、褐、白色土，近中部有不规则的方柱状向上凸起，其顶部并列放置2件从腹部切割的夹砂陶罐，四周有烧烤留下的不规则烧土；第4层是围绕祭坛四周、呈方框形的红烧土；第5层黑灰土下有一建筑遗迹，平面近正方形，四周有基槽，其中分布着不规则柱洞，中部有一小片红烧土；第6层为祭祀遗迹的垫土。其第1层下与第5层房基的沟槽中，出土珠、坠、镯、环等玉器和一些石器，沟槽内主要是壶、杯之类的陶器。另一个祭坛（JS2）距前者东缘13米，底边东西长10.9米，南北宽11.5米，高1.5米。堆积分4层，除无建筑遗迹外，其他与JS1类似，唯被切割的陶罐呈"十"字交叉放置。第1层出土珠、坠、镯等玉器和完整的石刀、陶杯，鼎、豆、罐等陶器和石锛等多出土于第2层。[4]

（三）作业区

在太湖流域史前聚落遗址中，发现不少水田遗迹，大都分布在聚落外围，与居住区相邻。如余姚田螺山河姆渡文化聚落遗址、苏州草鞋山马家浜文化聚落遗址、苏州甪直澄湖聚落遗址、余杭玉架山和茅山良渚文化聚落遗址等，均是如此。其中，在草鞋山遗址中心区南缘马家浜文化时期地层发现的是与水田灌溉系统有关的设施，由浅坑、水沟、水口和蓄水井共同组成。有一处在被揭露的长20米范围内，发现了椭圆形或圆角长方形浅坑约20个，呈两行排列，南北走向，相互连接，每个浅坑的面积小则1平方米，最大者有9

---

① 刘斌：《海宁荷叶地良渚文化遗址》，《中国考古学年鉴1989》，文物出版社1990年版。

② 浙江省文物考古研究所、海宁市博物馆：《海宁达泽庙遗址的发掘》，《浙江省文物考古研究所学刊》。

③ 参见北京大学考古学系、浙江省文物考古研究所、日本上智大学联合考古队：《浙江桐乡普安桥遗址发掘简报》，《文物》1998年第4期；《浙江省考古五十年主要收获》，《新中国考古五十年》，文物出版社1999年版，第172页。

④ 江苏省考古研究所、无锡市锡山区文物管理委员会：《江苏无锡鸿山邱承墩新石器时代遗址发掘简报》，《文物》2009年第11期。

平方米，一般在 3—5 平方米左右。这些浅坑沿一低洼地带分布，四周有土
冈，东部及北部边缘有"水沟"、"水口"相通，"水沟"尾部有"蓄水井"。
在浅坑中观察到数量丰富的水稻植物蛋白石，说明这里生长的水稻为人工栽
培，且品种接近于现代的粳稻。①

　　草鞋山遗址和绰墩遗址发现的马家浜文化水田遗迹，都是一些面积不大
的长条形、圆角长方形或不规则形状的坑，分布在地势低洼的原生土面上，
并打破原生土，坑边保留下来的原生土即为田埂。这些坑几个或几十个相串
联，之间有水口连通。另外还有配套的灌溉系统，如水沟、水塘、水井或蓄
水坑等。丁金龙将马家浜文化时期的水田灌溉系统分成两类，一类是以水井
为供水来源，一类以水塘为水源。前者由水井、水沟、水口等组成；后者所
有田块都分布在水塘边缘，部分通过水口与水塘沟通。水田的形状还与整体
水田结构有关。他指出："长条形水田都分布在整个水田的外围即东西两侧，
并与水沟、蓄水坑相连通，起到分流和循环水的作用；其他形状的水田，分
布在长条形水田之间，通过田块之间的水口调节或使水流贯通。"②

　　澄湖遗址的崧泽文化作业区在居住区的东南面，由一片池塘和 20 块水
田组成。池塘为西南—东北走向，水田分别分布在其西、北岸边。这些水
田有圆角长方形、长条形和不规则形状等，面积最小的 0.8 平方米，最大
达到 105.44 平方米，平均 12 平方米左右，平均深 27.14 厘米，最深者有
79 厘米。水田有高低之分，5 块低田在池塘西端，15 块高田分布在池塘西
部与北部岸边。在高田边，还有作为蓄水坑的一口水井。北部有一条水沟，
与水田走向一致，兼具居住区内 F1 的排水功能和水田的灌溉功能。水田之间
还有水口、水路相串通。③可见这些水田也是以池塘为水源灌溉系统，其灌溉
技术和稻田规模较马家浜文化时期已有了很大提高。

　　余杭玉架山遗址的水稻田叠压在环壕之上，主要为分布在环壕外围的黑土
与灰黑土堆积，面积在 1 万平方米以上。④茅山聚落遗址的水稻田与坡上居住
生活区由一条河沟分隔开来，河沟东西跨度 106 米，各段宽度不等，在 4.5—

---

①　《草鞋山遗址发现史前稻田遗迹》，《中国文物报》，1995 年 6 月 18 日。
②　丁金龙：《马家浜文化时期水田与稻作农业》，《嘉兴学院学报》2010 年第 5 期。
③　丁金龙：《长江下游新石器时代水稻田与稻作农业的起源》，《东南文化》2004 年第 2 期。
④　刘慧：《余杭玉架山考古重大发现——新石器时代完整聚落遗址首现长江下游》，《浙江日
报》，2009 年 11 月 21 日，第 1 版。

18 米之间，深浅不一，据推测，应是同时具有防洪排水、提供生活用水和灌溉南部稻田等多重功能。坡下的稻田遗迹区，北端发现有东西向大路兼南侧堤岸，紧邻堤岸有一条灌溉水渠和一处灌溉水口。稻田发掘区中北部发现 1 条东西向的小路，稻田中发现 5 条基本呈南北向的小路或田埂。小路（田埂）间隔在 17—19 米之间，最东侧两条之间间距达 31 米。由此可以推知，"茅山遗址良渚文化中晚期水稻田平面形状为略呈平行四边形的南北向长条形，单块田块的面积较大"。①

（四）聚落的防御设施

江南地区水道纵横，河汉遍布，聚落以河道为中心，或被河道所环绕，都是比较普遍的选址和布局方式。在这些聚落中，河道、河沟起到了集防卫、交通、排水和生活与生产用水等多功能为一体的作用，对此，下文将作进一步分析。另一类的聚落防护设施——寨墙与环壕，在江南史前聚落中虽不多见，但也有发现。

寨墙首见于河姆渡文化田螺山遗址。发掘者称，该古村落具有以下布局特征：一是"以孤立的小山丘为依托"；二是"有房屋集中的干栏式建筑居住区和屋前活动露天场地"；三是"居住区和活动区周围有栅栏式木构寨墙围护，并有通向外界的水、陆道路，或以水路为主"；四是"村落外围不远地势稍高处开辟着大小不一的水稻田，或者分布着以下河、湖类水体"；五是"更远处是成片的丘陵和低洼的沼泽"。由居住区、寨墙、独木桥以及村外的水稻田、环绕村落的古溪河、小山丘，"构成了一座江南远古村落的一幅有机画面"。②由此看来，寨墙其实并不是独立的防护设施，而是与环绕村落的水道、村落旁的山丘共同构成防护体系。河姆渡遗址建筑区北端也有三排直径较小、排列紧密的小桩木，紧邻沼泽，可能是护岸，也可能是分隔村内外空间的标志。③

绍兴杨汛桥寺前山马家浜文化遗址是山坡型遗址，依山面海，面积约 3 000 平方米，文化堆积沿山分布。有成排的柱坑建筑遗迹，柱坑外围有堆砌的块石护坡石磡，揭露石磡长 11 米，依地形曲折，石磡外侧 2—3 米

① 丁品、郑云飞、陈旭高等：《浙江余杭临平茅山遗址发现良渚文化时期水稻田遗址，与布局和结构清晰完整的良渚文化聚落紧密有机地联系在一起》，《中国文物报》，2010 年 3 月 12 日，第 4 版。

② 孙国平：《余姚田螺山新石器时代遗址——聚落考古、科技考古、现场保护性展示的典范》，浙江省文物考古研究所编：《浙江考古新纪元》，科学出版社 2009 年版，第 27—30 页。

③ 浙江省文物考古研究所：《河姆渡——新石器时代遗址考古发掘报告》，文物出版社 2003 年版。

还有块石垒砌的石墙，形成宽 2—3 米的"围沟"。这是今浙江省史前考古中第一次发现"类似聚落环壕性质石砌围沟"。[①]

安吉芝里遗址中下层为马家浜—崧泽文化早期聚落遗址，遗址下部生土为自然堆积的粗沙砾石层，类似河滩相堆积。在此基础上，营建环壕维护的居址与墓葬复合聚落。环壕呈弧形围绕遗址，宽 1—2 米，无淤泥，陶片丰富，大部分居址和墓葬都位于壕沟内。[②]

2008 年 10 月至 2010 年 1 月，考古工作者在浙江杭州余杭玉架山发现了由 6 个相邻的环壕围沟组成的完整史前聚落遗址，总面积约 15 万平方米。环壕内清理出 21 座灰坑、10 处建筑遗址和 397 座墓葬，出土玉、陶、石器等遗物 4 000 多件（组），还首次发现了良渚文化时期的橹。环壕 I 出土随葬品约 110 件（组），是其中随葬品最多的墓葬，墓主为女性。该遗址从良渚文化早期延续到晚期，距今约 5 300—4 300 年之间。[③]

有学者对环壕聚落的历史地位有过推测，认为新石器时代的遗址大多数是非围壕的，更多数是非围墙的。而"围壕乡村聚落是一种较先进的村落聚落形式，围墙乡村聚落更是一般村落向更高一级层次发展的一种表现。"[④]但在长江下游的江南地区，由于气候湿润，雨水充沛，地理环境水网密织，环壕的功能可能主要在于排水、防洪兼以防御，与人工挖掘的水道性质相似，因此是否具有聚落等级上的标识作用，尚可存疑。

三、史前聚落的布局特征

考古学和人类学认为，"聚落"的定义反映出"特定时间范围中一批遗址的分布特点及组合关系"，呈现的是当时人与自然环境的生存状态。[⑤]江南地区史前聚落的布局，正是该地区史前人地关系的具体反映。

---

① 王海明：《绍兴杨汛桥寺前山新石器时代遗址——马家浜文化时期石砌围沟的发现》，浙江省文物考古研究所编：《浙江考古新纪元》，科学出版社 2009 年版，第 36—37 页。

② 王宁远、周亚乐、程永军：《安吉芝里遗址——揭示崧泽文化新的地方类型》，《浙江考古新纪元》，第 61—62 页。

③ 刘慧：《余杭玉架山考古重大发现——新石器时代完整聚落遗址首现长江下游》，《浙江日报》，2009 年 11 月 21 日，第 1 版。

④ 段宏振：《中国古代早期城市化进程与最初的文明》，《华夏考古》2004 年第 1 期。

⑤ 陈淳：《聚落·居址与围墙·城址》，《考古学的理论与研究》，学林出版社 2003 年版，第 554—559 页。

（一）聚落与水道

江南地区自然环境的特征之一就是河网密布。按照史前聚落与河道的关系，可以将其史前聚落遗址分为以下几种类型。

一是河道环绕型。现发现的不少良渚文化遗址，就是孤立于河港环绕的孤墩之上。如在杭嘉湖平原上，海盐仙坛庙遗址的中心为一孤立的东西向长方形高土墩，周围为水田，水田外围有后港、仙英港、庙浜、戚家浜等河港环绕。[①]桐乡新地里遗址为一处孤立的长条形高墩，平均海拔约 5 米，四周有中沙渚塘、圣荡漾、马新港、落家港、西浜等河流环绕。[②]普安桥遗址四周亦皆有河道港汊。此外，海宁达泽庙遗址为一近方形台地，高出四周农田 2—4 米，面积约 18 000 平方米，周围有河道围绕。[③]海盐龙潭港遗址同样在土墩四周围绕着大致闭合的河道。[④]这些环绕土墩四围的河港，多为自然水道，也有的是良渚居民为方便取水、排水乃至防卫的需要，主动开挖河道，形成人工与自然共造的相对密闭的环境。如仙坛庙遗址所在的高墩，其北坡与一处断头河相连，墩东面为池塘，估计与堆墩取土有关。[⑤]最为典型的当属太湖以东的苏州独墅湖遗址，可以佐证这类河港环绕的聚落格局在水乡环境的普遍性。该遗址现在独墅湖底，地面上的堆积已经不存，但仍完整反映了聚落的外围结构。聚落中心近似圆形，东西 50 米，南北 48 米，面积 2 400 平方米左右。聚落的北面有一条东西向宽约 30 米的主河道，三条小河平行环绕聚落，北端与主河道相连，南向后再环入独墅湖东堤岸内。第一周小河除与主河道相连处外，其余部分宽 4—15 米；第二周小河宽 6 米左右；第三周小河宽 5 米左右；河道之间为平地。[⑥]王宁远认为，这些规则围绕的河道，应该是良渚人工

① 王宁远、蒋卫东、李林、沈明生：《浙江海盐仙坛庙发现崧泽文化早期到良渚文化晚期文化遗存》，《中国文物报》，2004 年 2 月 4 日。

② 浙江省文物考古研究所、桐乡市文物管理委员会：《浙江桐乡新地里遗址发掘简报》，《文物》2005 年第 11 期。

③ 浙江省文物考古研究所、海宁博物馆：《海宁达泽庙遗址的发掘》，《浙江省文物考古研究所学刊》；王宁远：《遥远的村居——良渚文化的聚落和居住形态》，浙江摄影出版社 2007 年版，第 84 页。

④ 浙江省文物考古研究所、海盐县博物馆：《浙江海盐县龙潭港良渚文化墓地》，《考古》2001 年第 10 期。

⑤ 王宁远：《遥远的村居——良渚文化的聚落和居住形态》，第 40 页。

⑥ 丁金龙、朱伟峰：《苏州独墅湖底发现原始村落》，《古代文明研究通讯》总第 11 期；丁金龙：《关于良渚聚落与居住址建筑形式及结构的探讨》，《浙江省文物考古研究所学刊》（第八辑），科学出版社 2006 年版。

开凿或人工改造过的自然水域。①

　　二是穿流型，即聚落中建筑沿水道两侧分布。如龙南遗址的房址多沿一条东北—西南向的河道对称分布，其中第二期的房址分别建筑在河道南北两岸高坡之上。②湖州千金镇塔地遗址的良渚文化遗存，集中分布在两条河沟内及其两侧。河沟均为东北—西南走向，南北对应，彼此距离近 10 米，并不连通。河沟上宽 10 米左右，最深约 2 米，至迟在崧泽文化晚期已经出现。有学者认为："最初很可能是为解决聚落内部用水问题而特意开挖的引水沟，其间的间隔是供人进出的通道。良渚文化早期的墓葬埋在河沟南北两侧，墓葬外则是居住址。"③但昆山的绰墩遗址，既有河流环绕，又有河道穿插其中④，表明江南史前聚落的布局实际上存在多种样式，史前居民对水乡环境有相当强的适应性。这一类型的布局在后世江南聚落形态中也能找到。如《水经注·浙江水》载："（浦阳）江边有查浦……浦里有六里，有五百家，并夹浦居，列门向水，甚有良田。"

　　三是临河型。坡地型遗址，其聚落选址往往临近河流。如张家港东山村崧泽文化遗址位于香山东脊向东延伸的坡地上，三面临河。余杭庙前良渚文化遗址位于海拔 33 米的荀山东南部，海拔 3 米，是典型的山脚坡地地貌。在第一、二次发掘区内早期的早晚两段遗迹中均发现有河道，位置和走向基本相似。其中晚段房址 F1 为略呈西北—东南向的长方形建筑，与外侧的河道保持平行走向。在第五、六次发掘区内也发现有河道，其中一条是人工开挖的断头河，东边向外延伸，与自然水域相连；另一条是自然河道的拓宽和疏浚。在其北部高墩上有红烧土遗迹，当为房屋建筑的遗迹，说明该处也有房屋临水而居。⑤作为位于坡地地貌的村落，河流是从其中部穿流而过，还是在外围构成屏障，虽然由于资料的限制，尚不能下最后的结论，但良渚文化聚落与

---

　　①　王宁远：《遥远的村居——良渚文化的聚落和居住形态》，第 158 页。

　　②　苏州市博物馆、吴江县文物管理委员会：《江苏吴江龙南新石器时代村落遗址第一、二次发掘简报》，《文物》1990 年第 7 期；苏州市博物馆、吴江县文物管理委员会：《江苏吴江龙南新石器时代村落遗址第三、四次发掘简报》，《东南文化》1999 年第 3 期。

　　③　蒋卫东：《湖州塔地——太湖西南史前序列较完整的遗址》，浙江省文物考古研究所编：《浙江考古新纪元》，科学出版社 2009 年版，第 73—74 页。

　　④　苏州博物馆、昆山市文物管理所、昆山市正仪镇政府：《江苏昆山绰墩遗址第一至第五次发掘简报》，《东南文化》2003 年增刊。

　　⑤　浙江省文物考古研究所编：《良渚遗址群考古报告之四——庙前》，文物出版社 2005 年版。

河港水道的密切关系，却已经不容怀疑。

濒水而居，河道是自然划分聚落单位的界线，也是日日取水用水的所在，更是往来联系的出行通道。在 7 000 年前的河姆渡文化田螺山聚落遗址中，就发现了类似独木桥的木构遗迹，主体由 2 根横卧的首尾相连的粗大木材与左右两侧起支撑加护作用的小木桩组成，附近还出土了 2 件完整的木桨和 1 块残桨叶。据推测，可能是临近河湖的小码头、河埠头、独木桥之类的设施。[①]

良渚文化时期的聚落在河道边上一般都设有码头、埠头，并为堤岸设立护堤。余杭卞家山遗址即留下了保存较好的河道、居址和埠头遗存。在建有房屋和灰坑的土台的南侧，濒水处发现 140 余个木桩，大致呈曲尺形分布。多数木桩大致呈 3 排东西向分布于岸边，其西端一批木桩密集成行伸展入水，宽约 1 米，长达 10 米。考古学者认为，沿岸的木桩可能为房子同时的水边埠头遗址，而西部外伸的木桩，很可能就是当时的码头。土台北面东西向的河沟与南部水域相通，沟内南侧淤泥中发现东西向布列的 7 个木桩和 1 排竹编，估计是河沟使用过程中某一阶段的南岸护坡，河沟则兼任水上交通和高台排水的功能。[②]

河道对于江南史前聚落的重要性，还可以由吴江龙南村落遗址来加以印证。遗址中部的河道上宽 9—12 米，底宽 3—3.5 米，最深 3.8 米。该自然河道先于遗址第二期文化遗存而存在，所发现的第二期房址就分布在河道的两岸。河边有木构的埠头，除了残存的木桩、木板外，还有一块表面经使用已经内凹的砺石。到该遗址第三期时，河道逐渐淤塞，这里也逐渐废弃，变成了墓地。由第二期发现 5 座房址，仅 1 座墓葬，到第三期发现墓葬 15 座，仅 1 座房址，我们可以看到，"影响村落兴衰的关键在于河道"。[③]

有学者认为，虽然精细农业的生产方式要求居住区与作业区不宜距离太远，但"太湖平原水道纵横的地貌特征，也约束了单个聚落的规模"。因此，良渚基层聚落分布比较分散而密集，规模也不大，人口一般不超过百人。这一分布格局特征在良渚文化时期形成之后，一直延续到今天。[④]

---

① 浙江省文物考古研究所、余姚市文物保护管理所、河姆渡遗址博物馆：《浙江余姚田螺山新石器时代遗址 2004 年发掘简报》，《文物》2007 年第 11 期。

② 国家文物局：《浙江余杭卞家山遗址》，《2003 年中国重要考古发现》，文物出版社 2004 年版。

③ 苏州博物馆、吴江县文物管理委员会：《江苏吴江龙南新石器时代村落遗址第一、二次发掘简报》，《文物》1990 年第 7 期。

④ 王宁远：《遥远的村居——良渚文化的聚落和居住形态》第二章《环境、气候变迁、经济模式与良渚聚落形态》，浙江摄影出版社 2007 年版，第 30—31 页。

（二）各功能区之间的布局

江南地区史前聚落多分布于近水而高爽的自然高地如坡地、孤丘，或者人工堆筑的墩台，既能保证居住址不受水患影响，又能利用广大的多水低地进行渔猎活动和农业生产。因此，其聚落各功能区的基本布局，都是置居住区于地势较高的干爽之处，而作业区分布在紧邻居住区的低地或洼地上。起防御作用和边界标识的水道、寨墙或壕沟之内，往往仅仅包含居住区和墓葬区，通过小路、小桥之类的通道再与作业区相连。前文所揭示的河姆渡文化田螺山遗址、苏州草鞋山马家浜文化聚落遗址、苏州角直澄湖聚落遗址、余杭茅山良渚文化聚落遗址等，皆是如此。

在聚落各功能区中，居住区与墓葬区之间的布局关系较为复杂。大体可以将居住区与墓葬区之间的布局关系分为两大类：

一是居址与墓葬共处。

与山脉余脉向平原的延伸区域相比，自然孤丘和人工土墩可供使用的面积都不可能太大，这也局限了台墩型聚落的规模。这类遗址不仅房址有限，面积不大，墓葬就安排在房址附近，以最大限度地利用有限的居住土地。以嘉兴普安桥遗址为例，这处高出地面 2.5 米的土墩，其遗址的主体是依托土台的良渚早期居址和墓葬。在推测核心部分不超过 4 000 平方米的范围内，第一阶段（崧泽文化末期）为 3 个东西向分布的小型土台，台面中心有连续使用并原地补建的方形房屋 3 座，面积在 25—40 平方米之间。在房址的东西两侧，分布着与房址共存的墓葬 12 座，甚至有的墓葬紧贴房屋的外墙或埋在台坡上。第二阶段（崧泽末期），原先土台之间的低洼部分逐步被生活废弃物以及埋墓的需要填高，兴建了 4 座房屋和 9 座墓葬，其中 F3 西侧的两座墓分布在 F3 与 F4 土台之间较低的鞍部。第三阶段（良渚早期），F3 毁弃后的位置上新出现一处建筑残迹，1 米外新筑一个 4 米见方的小墩，以安置墓葬。第四阶段（良渚早期），土墩台面遭严重破坏，但从布局看，土墩中部原房址的位置仍被预留，没有墓葬埋入，估计直到良渚晚期，该遗址仍然保持早期格局。[1]

---

[1]　北京大学考古学系、浙江省文物考古研究所、日本上智大学联合考古队：《浙江桐乡普安桥遗址发掘简报》，《文物》1998 年第 4 期；秦岭：《环太湖地区史前社会结构的探索》，北京大学博士学位论文，2003 年，转引自王宁远：《遥远的村居——良渚文化的聚落和居住形态》，浙江摄影出版社2007 年版，第 64—71 页。

根据有关学者研究，在良渚文化的一般基层聚落，墓葬埋设在房屋附近应是一种普遍规律。[①]水乡平原可供居栖的高爽地面较少，先民又不忍使先人坟茔遭受水患，居址与墓葬只能共处一台。在此土台之上，是基本的居住面，有窖藏作用的灰坑在房屋附近，墓葬安置在房屋的周围。土墩的坡脚设计为垃圾废弃区，土台与土台之间的低地，则建有相关的灰坑、水井等附属设施。嘉兴仙坛庙遗址在良渚晚期之前的阶段，据估算聚落核心部分的墓地和居住区不超过6 000平方米，即高墩的范围。而在土台下的低地，发现大小不一、形状亦不规整的多个灰坑，其包含物为破碎陶片、烧土块、兽骨等日常垃圾。发现水井4口，其最下层为青灰色淤泥，有罐、壶等小件器物出土。[②]桐乡新地里遗址也是如此，在早期东西两个土台之间发现有较多灰坑以及水井等与居住生活相关的遗迹。嘉兴吴家浜遗址面积约1万平方米，其中马家浜文化时期的房屋形制基本相同，略呈长方形，黄土铺垫加高地面，然后立柱建屋，屋内有灶坑。遗址反映了马家浜文化时期已存在堆垫营建生活区，并在房屋周围埋墓的现象，房屋方向与墓葬方向一致，可能反映了一种统一的信仰。另有13座墓葬远离房屋，可能在布局上有功能性分区和分工。[③]

二是居址与墓葬分区。

这一类型在史前聚落中也十分常见，即墓葬与居住区不相杂厕，独立成区。马家浜文化的墓地多在村落外，与生活区分隔开来，这可能是聚落不断发展的结果。宁镇地区三星村遗址的墓地是之前废弃的居住区，之后成为"世代沿用的固定墓地"，1 001座墓葬集中于此，98%以上的墓葬头向一致朝向东北，随葬品小巧，呈现明器化的特点，而且出土位置也相对固定。[④]神墩遗址的早、中、晚期则经历了居住—墓葬—居住的反复变化。[⑤]在良渚文化台墩型聚落模式中，先民在房址土台之外另建土台以安置墓葬，也能形成居住区与墓葬区相分离的布局。

[①] 王宁远：《遥远的村居——良渚文化的聚落和居住形态》，第78—98页。

[②] 王宁远：《遥远的村居——良渚文化的聚落和居住形态》，第40—60页。

[③] 徐新民：《嘉兴吴家浜遗址——嘉兴地区一处较为典型的马家浜文化晚期遗址》，浙江省文物考古研究所编：《浙江考古新纪元》，科学出版社2009年版，第57—58页；浙江省文物考古所等：《浙江嘉兴吴家浜遗址发掘简报》，《文物》2005年第3期。

[④] 江苏省三星村联合考古队：《江苏金坛三星村新石器时代遗址》，《文物》2004年第2期。

[⑤] 潘艳：《长江三角洲与钱塘江流域距今10 000—6 000年的资源生产：植物考古与人类生态学研究》第五章，复旦大学博士论文，2011年，第164页。

如果就聚落内部各功能区的分布来考察，宁绍地区的史前遗址呈现出较独特的形式。有学者认为："从宁绍地区发掘的七八处史前遗址遗迹分布的有限情况作一综合分析推理，可作出有关遗址聚落形态总体特征的一些初步认识：各遗址的聚落布局形态受它们各自地理环境的制约多呈单线状地带性分布；而有些活动空间较大的遗址的聚落形态很可能会呈现双线状甚至多线状特征，即同一遗址里不同性质的遗迹呈垂直地带性分布。而整个聚落遗址的不同性质遗迹单纯位于平地上的现象在宁绍地区考古工作中尚未发现，这一现状与杭嘉湖地区的考古成果有很大差异。这些特征应是宁绍地区史前文化的创造者适应环境的独特方式。"① （图：宁绍地区史前遗址分布图）

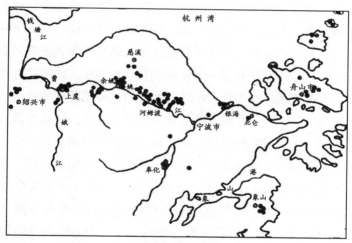

宁绍地区史前遗址分布图

（冯小妮、高蒙河：《宁绍地区早期遗址群的量化分析》，《东南文化》2004 年第 6 期。）

四、史前聚落的营建与沿用

在太湖流域，从马家浜文化时期起，为了防备水害，史前先民将住所安排在丘状台地地貌的中心、斜坡地貌的顶部和沟谷两侧的顶上部等地势高亢地带。② 崧泽—良渚文化时期，大量陆地露出海面，史前先民不断向新形成的湖荡平

————————

　　① 孙国平：《宁绍地区史前文化遗址地理环境特征及相关问题探索》，《东南文化》2002 年第 3 期。

　　② 申洪源、朱诚等：《太湖流域地貌与环境变迁对新石器文化传承的影响》，《地理科学》2004 年第 5 期。

原、水网平原等低地扩散。虽然他们选择在低地取水、渔猎、种植水稻，但为了防范洪涝的危险，他们仍然选择居住在尽可能的高爽之处。如良渚—瓶窑地区内天目山余脉、平原孤丘的山脚坡地，都被良渚先民们充分利用。① 余杭汇观山、文家山、瑶山等遗址分布于小山之上，庙前遗址位于海拔33米的荀山东南部，小竹园、钵衣山、前山、横山、百亩山、石前圩、巫山、吴家埠、金霸坟等遗址都位于山脚坡地。

自然的山脚坡地有限，史前先民就在低地上人工堆筑土墩、土台，再在土墩（台）上建造房屋。随着聚落人口的增长，他们不断扩大台墩面积，直至将原有多个小台墩连成较大的台墩。这种人工建筑台墩以适应水乡环境的聚落建设方式，早在崧泽文化时期就已经出现。如嘉兴南河浜遗址由相对高度约2米的不规则台地组成，面积2万多平方米。有关发掘报告称，其崧泽时期的地层堆积，就已经显现出该遗址"经历了长期垫土加高与扩大范围的过程"。② 海盐仙坛庙遗址同样完整揭示了崧泽—良渚时期台墩聚落模式的演变过程。其早期堆积是崧泽文化早期的居址和墓葬，居址地面经过简单的铺平处理，由3个以上房屋建筑单体通过相互关联的基槽形成一组联系紧密的建筑遗址群，墓葬则集中埋设在外围。此期较晚的阶段，各建筑单体呈现分离状态，不再有沟槽联系，偶见人工堆筑的台型建筑基址，墓葬也散布分成对应的几组。崧泽文化晚期的建筑分为南北2排土台，共5个单体。其中南部3个土台东西向排列为一组，彼此距离约10米，之间有明确的缓坡状活动硬面相连接。该组土台中，西北土台为近正方形，现存顶部边长约7米，中心由纯净的黄土堆筑而成，使用中曾向北、向东扩建。中间土台为长方形，呈南北向，由使用装在草包内的湿土坯铺设而成。东部土台近方形，由灰土堆筑，顶面转角处埋有块石。北部的2个土台由黄花土堆筑，近方形覆斗形，边长约9米。两排土台相距16米左右，之间有灰坑、水井等遗迹。每个土台的左右两陡坡发现有成组的墓葬，土台顶部当中为房屋建筑。这些土台在良渚文化时期被持续沿用，并向两侧逐渐扩展，土台间的低洼处被填平，逐渐连接成南北2条大土台。此后，南部土台不断向北扩展加高，最终叠压在北部的土台上，两者合

---

① 浙江省文物考古研究所编：《良渚遗址群考古报告之三——良渚文化群》，文物出版社2005年版，第22页。

② 浙江省文物考古研究所：《浙江嘉兴南河浜遗址发掘报告》，《文物》2005年第6期。

并成为一个整体的大高台。①这种人工堆筑土墩（台）以建造聚落的方式，在良渚文化时期江南水乡平原非常普遍。据有关资料统计，杭嘉湖地区的台墩型遗址众多，即使在靠近山地的良渚—瓶窑地区，台墩型遗址也达到80%左右；嘉兴一带的台墩型遗址的比例还会更高。②

人工台墩的建造，也是叠置型遗址出现的原因之一。江苏无锡鸿山邱承墩遗址即展示了一个土台从马家浜文化始筑，沿用至战国时期的漫长过程。该地原为略高出四周的平地，马家浜文化时期开始出现聚落（居址和墓葬），崧泽文化晚期至良渚文化初期出现堆筑的祭祀建筑，良渚文化早期堆筑高土台作为墓地，战国早期高土台被加长、加宽和加高，然后在高平台上开挖大型墓坑，埋葬后封土，形成覆斗状的土墩遗址。③

堆筑土台的堆土往往来自附近。反山、莫角山、马金口等土台的堆土具有明显的湖沼相特点，又呈现比篮球稍大的团块状，团块间夹有灰黄土或碎小陶片、红烧土颗粒等，具有明显的搬运痕迹。反山遗址的南侧相距不过5—10米处原有两个池塘，遗址西北50米以外则是连片的池塘。这些或可说明，其土台的部分堆积应取自附近的沼泽地。④

墓地的营建也是如此。营建大小、形态不同的高土台，然后埋入一批墓葬，是良渚文化时期特定的墓葬、墓地形式。⑤但这一形式，从马家浜文化时期已经采用。浙江长兴江家山遗址中发现，其马家浜文化晚期墓葬埋设在"自然地势最高的靠近沟岸处的人工堆筑营建的土台上"，崧泽文化晚期墓葬则"对遗址进行了一次大规模的平整，在发掘区域内从东到西几乎都有一层红烧土的铺垫层，厚度约20—30厘米，有些地方还在土台上铺垫了红烧土继续营建墓地。晚期的土台在筑高的同时还向南进行了拓展"。⑥在嘉兴南河浜、

①　王宁远、李林：《海盐仙坛庙遗址——太湖平原史前台墩聚落模式的产生与演变过程的完整揭示》，浙江省文物考古研究所编：《浙江考古新纪元》，科学出版社2009年版，第80—83页；王宁远：《遥远的村居——良渚文化的聚落和居住形态》，浙江摄影出版社2007年版，第42页。

②　高蒙河：《长江下游考古地理》，复旦大学出版社2005年版，第79页；王宁远：《遥远的村居——良渚文化的聚落和居住形态》，第8页。

③　江苏省考古研究所、无锡市锡山区文物管理委员会：《江苏无锡鸿山邱承墩新石器时代遗址发掘简报》，《文物》2009年第11期。

④　浙江省文物考古研究所编：《良渚遗址群考古报告之二——反山》，文物出版社2005年版，第3页。

⑤　《良渚遗址群考古报告之二——反山》第一章《概述》，第16页。

⑥　楼航：《长兴江家山新石器时代遗址——独特地理位置的西苕溪流域时期文化》，浙江省文物考古研究所编：《浙江考古新纪元》，科学出版社2009年版，第64—65页。

安吉安乐、海盐仙坛庙等崧泽文化墓地，也都发现了人工营建的土台。[①]

良渚文化时期的土墩墓地更是常见。如海宁荷叶地遗址为高于周围稻田约 2 米的高地，面积 100 000 平方米。土墩为人工堆筑而成，整体为圜丘形，从地表到生土可分为 5 层，主要由纯净的浅黄色和褐色土堆筑，在每一层的表面和边缘都有红烧土和灰烬，反映了土墩经过数次的扩大和加高，而最终才成为墓地。[②]桐乡新地里遗址中良渚文化时期的堆积，"主要是一处由人工有意识地搬运土方连续堆筑、使用和扩建形成的高土台"。其中东、西两个早期土台都堆筑在第 12 层层面上，之间相隔 30 多米，后经多次扩建而合为一体。[③]平湖庄桥坟遗址是高出周围水田约 1 米的土墩，发现 3 座良渚文化时期的土台，清理良渚文化中晚期墓葬 236 座，以及灰坑、沟、祭祀坑等遗迹近 100 处，出土各类遗物近 2 600 件（组）。从发掘区的地层堆积来看，最初是在生土面上堆筑若干座土台，随后土台不断向四周扩大，形成斜坡状的地层堆积和数层松软的黑灰土层。最终因这些堆积使土台相连。在发现的 3 个土台中，有两个土台都有打破生土的沟，估计"与堆筑土台需要土方，进而需要计算土方量有关。沟形成后，也可能作为土台初始使用阶段某种形式的界沟"。[④]

迄今为止，太湖流域这类"山"、"墩"经考古发掘或调查确认是良渚文化人工营建的高土台已超过百处，其中江苏有草鞋山、张陵山、高城墩、罗墩、绰墩等；上海有福泉山、亭林、广富林等；浙江有反山、瑶山、汇观山、荷叶地、达泽庙、畲墩庙、普安桥、大坟墩、文家山、新地里、仙坛庙等。这类良渚文化时期人工高土台的位置基本可分为两种：一是选择较高的独立山丘，对山岩进行修整，四周低凹的地方还用石块砌筑或夯筑土层加高，形成"多台阶"的"祭坛"状，顶层平台用不同土质土色的泥土、红烧土构成"回"字形平面，其上埋葬一批贵族墓葬。瑶山、汇观山等就属于这一种形式。另一种是完全用泥土营建高土台，属于常见的土台形式。这种形式有的

---

① 《良渚遗址群考古报告之二——反山》第三章《结语》，第 364 页。

② 浙江省文物考古研究所：《海宁荷叶地遗址》，嘉兴市文化局：《崧泽良渚文化在嘉兴》，浙江摄影出版社 2005 年版；王宁远：《遥远的村居——良渚文化的聚落和居住形态》，浙江摄影出版社 2007 年版，第 85 页。

③ 浙江省文物考古研究所、桐乡市文物管理委员会：《浙江桐乡新地里遗址发掘简报》，《文物》2005 年第 11 期。

④ 浙江省文物考古研究所、平湖市博物馆：《浙江平湖市庄桥坟良渚文化遗址及墓地》，《考古》2005 年第 7 期。

原地已是稍高的史前遗址，高土台营建在遗址之上，如草鞋山、福泉山等。还有的在空旷的平地上搬土营建高土台，如反山、荷叶地、新地里等。完全用泥土营建高土台的形式，常常利用原地的高土台继续扩大和增高，形成不同阶段的高土台错位叠压状况。如反山遗址已发现两个时期的良渚文化高土台，新地里有三个阶段的高土台，海盐仙坛庙有五个阶段的高土台。①

①《良渚遗址群考古报告之二——反山》第三章《结语》，文物出版社 2006 年版，第 364 页。

第二章 城邑的产生和城市萌芽

《说文解字·仸部》云:"聚,会也。……邑落曰聚。"段玉裁注:"按邑落,谓邑中村落。"同书《邑部》云:"邑,国也。从口。"段注:"从口……封域也。"《说文·土部》又释"城"字云:"以盛民也。"由此可知,聚、邑、城,都是古文中出现的聚落称谓。其中,"聚"与"邑"有大小规模的差异,而"城"着重强调拥有城墙设施的一类聚落。《穀梁传·隐公七年》说:"城为保民为之也。"因此,具有"城"的形态的较大型聚落,是为城邑。

第一节 城邑的产生

江南地区城邑的产生,与社会复杂化进程密不可分,可以看作是这一地区史前社会发展到较高水平的一个外在的物化表现。

一、我国古代城邑的源起

中国古代城邑是如何起源的?传世文献未有一致的说法。一说源于五帝之首的黄帝。《史记·封禅书》云:"黄帝时为五城十二楼。"《汉书·艺文志》云:"神农之教曰:有石城十仞,汤池百步。"一说源于与尧舜同时的鲧。《世本·作篇》云:"鲧作城郭。"《吕氏春秋·君守》云:"夏鲧作城。"《淮南子·原道训》云:"昔者夏鲧作三仞之城,诸侯背之,海外有狡心。"

从考古发现来看,长江流域是中国古代城邑最早的发源地之一。目前已发现的长江流域史前古城遗址,最早的是澧县城头山古城。

城头山城址在今湖南省澧县南岳村,西南距澧县县城约 10 公里,东北距鸡叫城约 11 公里，地处武陵山脉前沿低矮丘陵向澧阳平原过渡地带徐家岗南端东头的小土埠上，海拔 45.4 米，城西有澹水河的支流水系。城头山城垣外形略呈圆形，外圆直径 325 米，城内面积约 8 万平方米。现存城墙底宽 20 米，顶部宽约 7 米。内坡平缓，坡度约 15 度；外坡较陡，坡度为 50 度。城垣外侧脚下即为护城河，宽 35—40 米，深约 4 米，系人工河道与自然河道结合而成。城垣的东南西北各有一个城门。发掘表明，城内东北部有一处较大且较深的水塘，北门现为一个堰塘，当时是一个水门，外与护城河相通，内连城内东北处的水塘。①该城始筑于距今 6 000 年前的大溪文化早期，一直沿用至石家河文化时期。根据地层分析，一期城垣始筑于大溪早期，时间在距今 6 000 年前。它与环绕整个城垣的壕沟同时建造，并利用壕沟取土筑城，高仅 2 米。距今 5 600 年、5 200 年和 4 600 年左右，曾三次加修城垣，将之加宽加高，并将原来的壕沟改建为护城河，城墙上还发现有栅栏遗迹。

城头山聚落在城垣修筑之前已经形成。在大溪文化筑城之前，这里曾有一片汤家岗文化时期（距今 6 500—6 300 年）聚落居民种植的水稻田。南城墙下叠压了大溪时期的环壕，其中发现了炭化稻谷、数十种植物籽实、竹和芦苇编织物以及木质船桨、船艄等。②古城范围内，东城墙里发现了一批大溪时期至石家河时期房屋基址以及大溪时期的屈肢葬墓葬，东城门附近有始建于距今 6 000 年并一直使用至距今 5 800 年左右大溪文化一、二期的大型祭坛。大溪时期的完整陶器作坊区，面积达数百平方米，分布在城中心偏西，包括取土坑道、和泥坑、贮水坑、多座陶窑和大量工棚。城内有 10 多座大溪文化和屈家岭文化夯土台基式的房屋建筑，其中在偏西南较高处的居住区有一片凹字形夯土台基，东西宽约 30 米，南北长约 60 米，表面平坦，整个夯土台基北高南低，其上已清理出两座大溪晚期房址。此外，城中有一条用红烧土铺垫、两旁有排水沟、宽 2 米的宽阔道路。200 多座大溪文化和 500 多座屈家岭文化墓葬，大部分分布在城的西北部，显示出等级分化的明显迹象。③由

---

① 单先进、曹传松：《澧县城头山屈家岭文化城址被确认》，《中国文物报》，1992 年 3 月 15 日；湖南省文物考古研究所等：《澧县城头山屈家岭文化城址的调查与试掘》，《文物》1993 年第 12 期；郭伟民：《城头山古城考古又获新成果》，《中国文物报》，1999 年 3 月 3 日；湖南文物考古研究所：《澧县城头山古城址 1997—1998 年度发掘简报》，《文物》1999 年第 6 期。

② 湖南文物考古研究所：《澧县城头山古城址 1997—1998 年度发掘简报》，《文物》1999 年第 6 期。

③ 《湖南省考古工作五十年》，《新中国考古五十年》，文物出版社 1999 年版，第 298—299 页；湖南省文物考古研究所、湖南省澧县文物管理所：《澧县城头山屈家岭文化城址调查与试掘》，《文物》1993 年第 12 期；《澧县城头山——新石器时代遗址发掘报告》，文物出版社 2007 年版。

此可知，城头山聚落的鼎盛时期是大溪时期与屈家岭文化时期。大溪文化时期聚落就已经修筑垣壕，并对聚落空间进行规划，形成居住、墓葬、制陶、祭祀等不同功能的使用区域。屈家岭文化时期这种功能分区有所变化，但维持了基本的格局，并进一步增强了防御能力。①有学者认为，城的功能多样化，加之平面布局保持环壕聚落以及城墙内坡较为平缓等特点，"使这一城址看起来就像一个被围墙圈起来的农业聚落"，"这正是城乡分化初期产生的最初城市的特点"。②

略晚于此，北方黄河流域也开始出现拥有城墙设施的城邑。位于河南省郑州市北郊 23 公里处的西山仰韶文化晚期古城，距今 5 300—4 800 年。坐落在古荥镇孙庄村西南枯河北岸的二级阶地之上，北距黄河约 4 公里，背靠西山，南临枯河。城址平面略呈圆形，直径约 180 米，现存的面积约 1.9 万平方米。城墙残长约 265 米，宽 3—5 米，地表之下夯筑的城垣高 1.75—2.5 米。城墙外还有宽约 4—7 米的壕沟环绕，城角外侧的壕沟更宽达 11 米，深 3—4.5米。该城是目前中原地区发现最早的城邑，也是我国目前最早的版筑夯土城址。③

进入距今 4 500 年前后的龙山文化时代，是史前城邑修筑的较为活跃的时期。北到内蒙古中南部，南到长江中游，东到山东半岛，西到四川盆地，全国各地现已发现的龙山时代城址大约有 50 多处。

在中原地区，今河南境内发现 6 座龙山文化时期的古城遗址：安阳后岗、辉县孟庄、登封王城岗、郾城郝家台、淮阳平粮台、密县古城寨，其面积从不足万平方米至 17 万平方米不等。今山东境内的龙山时代古城约有 20 余座：章丘城子崖、寿光边线王、邹平丁公、兖州西吴寺、蒙阴吕家庄、费县古城、临淄田旺、五莲丹土、滕州尤楼薛国古城下层城址等，面积从 3.4 万平方米至 35 万平方米以上。此外，在内蒙古中南部凉城岱海周围、包头大青山南麓、准格尔和清水河之间南下的黄河两岸，东南部赤峰英金河和阴河流域两岸、东迤敖汉旗至辽西阜新一线，上百座石城址密集分布，城与城间隔一般在 5—10 公里左右，大体以 2—3 个城为一组群，有主次之分，中心城面积有

---

① 郭立新：《长江中游地区初期社会复杂化研究（4300B.C.—2000B.C.）》，上海古籍出版社 2005 年版，第 180—182 页。

② 赵春青：《长江中游与黄河中游史前城址的比较》，《江汉考古》2004 年第 3 期。

③ 钱耀鹏：《关于西山城址的特点和历史地位》，《文物》1999 年第 7 期。

达 10 万平方米以上的，而小城的面积仅为数千至数万平方米不等。不过，这些古城的年代略晚于龙山文化时期，距今 4 000 年左右。

在南方地区，相当于中原龙山时期的古城址，长江上游成都平原发现 6 座，即新津宝墩、都江堰芒城、温江鱼凫城、郫县古城、崇州双河和紫竹村古城，规模从 12 万平方米到 60 万平方米不等。长江中游较典型的有 7 座，即荆州阴湘古城、公安鸡鸣古城、石首走马岭古城、澧县鸡叫古城、天门石家河古城、应城门板湾古城、荆门马家垸古城等，其面积有数万至上百万平方米不等。

荆州阴湘古城位于湖北荆州市江陵旧城西北约 25 公里马山镇阳城村一台地，北临余家湖，西连菱角湖，东有古河道流入。该城址平面为多角度不规则圆形，南垣与东、西垣的南段保存完好，北半部被张家板河水流冲毁坠入余家湖中。现存城垣与外面壕沟的高差约有五六米。根据 1995 年中日联合考古调查与发掘所作测量与复原研究，城址东西最大长 580 米，南北长度约为 500 米，现存 240 米。城内面积 17 万平方米，如果加上城垣的面积，总面积在 20 万平方米以上。若去掉城内中部明显不适宜居住的洼地面积，则城内实际可以居住的面积为 14 万平方米。遗址中部有一条南北向、宽约 50 米的洼地，将垣内聚落分为东西两部分。东西部都发现有大量红烧土堆积，可能为居址所在。西部偏南文化堆积较稀疏，可能为墓葬区。对该遗城垣址微地貌演变过程的复原研究显示，大溪文化时期，这一洼地原为一条自西南向北流的小河谷的一段。当时，河谷东西两侧岗地均已形成聚落。在大溪文化中期，河谷西边聚落到西侧曾进行规划，并挖掘壕沟，形成环壕聚落。聚落周围是广阔的森林，中部低处的开阔谷地则有可能是大片的稻田。屈家岭文化时期修建起城垣，将两个聚落都纳入城中。东部外侧挖掘壕沟，并把壕沟的土堆筑在内侧形成城垣。修建南垣将小河堵于城外，又将河水引入城垣西南部的壕沟内，汇入张家板河。北部则利用张家板河的天然河道作护城河，并在河道南侧堆筑城垣。石家河文化早期该城继续得到充分利用，但后石家河文化遗存已较少，表明其繁荣期已经过去。直到西周时期，在新石器时代城垣的基础上重新修筑利用。[1]遗址周围数十千米范围内，分布有几十处同时期的村落遗址。[2]

---

① 〔日〕冈村秀典、张绪球编：《湖北阴湘城遗址研究（Ⅰ）——一九九五年日中联合考古发掘报告》，《东方学报》京都第 69 册（1996 年），第 459—510 页；曲英杰：《长江古城址》，湖北教育出版社 2004 年版，第 104—107 页。

② 荆州博物馆：《湖北荆州市阴湘城遗址东城墙发掘简报》，《考古》1997 年第 5 期。

公安鸡鸣古城位于湖北省公安县狮子口镇龙船嘴村，合顺大坑的南部，东北距离长江约 30 公里，北距阴湘城 65 公里。从城垣中采集到的遗物判断，该城始建于屈家岭文化时期。城址平面大约呈不规则的椭圆形，南北最大距离约 500 米，东西约 400 米，总面积 15 万平方米。城垣周长 1 100 米，顶宽 15 米，底宽 30 米，一般高出城内外 2—3 米，其中西北部城垣又比城垣其他部位高出 1 米左右。城外护城河周长约 1 300 米，宽 20—30 米，残深 1—2 米。城垣内中部有一块高出周围约 1 米的台地——沈家大山，面积约 4 万平方米。台地上的文化遗物非常丰富，文化层堆积厚度约 2 米，有大面积红烧土，可能是居住区。[①]

石首走马岭古城位于湖北省石首市焦山河乡走马岭村与滑家垱屯子山村交界处的上津湖东南台地，北距长江约 4 公里。该城初建于屈家岭文化早期，城垣叠压在大溪文化晚期遗存之上，屈家岭晚期或已废弃，但城内仍存石家河文化早中期的遗迹和文化堆积。该城平面呈不规则长方形，东西最大长度为 370 米、南北最宽 300 米，总面积 7.8 万平方米。城垣高 4—5 米，宽 20—27 米，为人工堆筑而成。城外壕沟宽 25—30 米。城垣现存 5 处缺口，其中东垣中部、西垣北部可能为城门，西垣南部者可能为水门。城内分布较广的红烧土建筑堆积，主要居住区可能在地势较高的东北部，发现 4 座房址、2 座陶窑、109 座灰坑，分属屈家岭文化和石家河文化早期；19 座墓葬，分属大溪文化晚期和屈家岭文化时期。有一部分石家河文化早中期的灰坑，呈长方形，排列有序，填土多与草木灰、木炭混杂，包含物中较多动物骨渣，还有的放置完整陶器。有学者推测，这些灰坑与祭祀活动有关。[②]

澧县鸡叫古城位于湖南省澧县涔南乡复兴村，东北距公安鸡鸣城 30 公里。城垣在屈家岭文化早期和石家河文化早中期经过两次修筑，石家河文化时期是该城最为繁盛的时期。[③]城址建在一方形台地之上，高出周围约 2—3

---

① 荆州博物馆：《湖北公安鸡鸣城遗址的调查》，《文物》1998 年第 6 期。

② 张绪球、陈官涛：《石首市走马岭文化古城址》，《中国考古学年鉴》1993 年；荆州市博物馆、石首市博物馆、武汉大学历史系考古专业：《湖北石首市走马岭新石器时代遗址发掘简报》，《考古》1998 年第 4 期；曲英杰：《长江古城址》，湖北教育出版社 2004 年版，第 148—149 页。

③ 原简报称其始建时间为屈家岭文化中期。按湖南考古工作者的分期，其屈家岭文化中期一般指典型屈家岭文化早期。参见尹检顺：《澧县鸡叫城新石器时代晚期遗址又有新发现》，《中国文物报》，1999 年 6 月 23 日；郭立新：《长江中游地区初期社会复杂化研究（4300B.C.—2000B.C.）》，上海古籍出版社 2005 年版。

米，四周城垣高出城外地面 4 米多。东西 400 米、南北 370 米，总面积约 15 万平方米。垣外有宽阔的洼地或水源环绕，宽 40—70 米，估计为护城河。环形洼地与涔水支流在城西北处汇合，并与北垣中部缺口遥相呼应，后者可能是一处"水门"。考古试掘表明，该城垣修筑之前已经形成聚落壕沟，壕沟内显露出类似于"桥"的木构遗迹。屈家岭文化早期修筑的一期城垣剖面近似三角形，底宽 30 米，高 4.5 米。石家河时期修筑的二期城垣规模较大，墙体附筑于一期城墙内侧，叠压于屈家岭晚期地层之上，其内坡又被后石家河文化地层所压，剖面似平行四边形，宽约 60 米，残高 2—2.5 米。在城外护城壕中发现大量口径大、规格相当高的屈家岭文化中晚期陶片。在二期城墙中部之下，发现一处直径约 10 米的"圆锥形"土台，坐落在屈家岭文化晚期地层之上，四周被二期墙体所环覆，台中心有一直径约 2.5 米、厚约 1 米的红烧土堆，大多土块因多次烧灼而成炭黑色，内含少量陶片，可能与宗教祭祀活动有关。[①]

天门石家河古城位于湖北天门市石河镇石河遗址群内，地处江汉平原偏北、大洪山脉前垄岗状平原，东临东河（俗称石家河），西近西河，两河相汇于城南，南流入汉水支流天门河。石家河城的年代上限不晚于屈家岭文化中期，下限不晚于石家河文化中期。[②]石家河文化早期是其鼎盛时期，后石家河文化时期该城已废弃。古城平面似方形，南北长 1 200 余米，东西宽约 1 100 余米，垣内面积达 100 万平方米。城垣现有形状为垄岗状，顶面宽 8—10 米，底部宽度在 50 米以上，高 6—8 米。城垣内外坡度很小，城垣外有一条宽 80—100 米的壕沟环绕。城址的西北、西部和西南部，紧靠壕沟外侧，还有一系列人工堆积的土台。聚落内部地势，西北部略高，东南部略低。有一条大体呈东西向的较深的冲沟，将垣内聚落分成两大块，沟南为三房湾，沟北为邓家湾和谭家岭。另一条大体呈南北走向的较浅的沟分布于东部，将谭家岭与黄金岭分开。这两条冲沟汇聚于城的东南角。东南角是城内地势最低的地方，且外围有很大的缺口，可能原本就没有修筑城垣。整个石家河聚落垣内部分可分为两个部分三大功能区。其中心部分是谭家岭遗址，面积 20 万平方米。据调查与试掘，该处房屋基址密集，有大批屈家岭、石家河文化时期平地起

① 尹检顺：《澧县鸡叫城新石器时代晚期遗址又有新发现》，《中国文物报》，1999 年 6 月 23 日。

② 石家河考古队：《湖北天门市邓家湾遗址 1992 年发掘简报》，《文物》1994 年第 4 期。

建的单间或分间式房屋遗址，还有屈家岭文化时期的土坯砖墙房址，应是石家河城的主要居住区。城西北部的邓家湾，墓葬集中分布，若干灰坑内出土了数千件陶塑小动物及跪坐人抱鱼塑像，还有屈家岭时期大型组装式陶管形器和石家河时期的横卧套接陶缸遗迹，个别陶缸上有刻划符号。城西南部的三房湾遗址亦发现石家河文化房址，集中出土大量形制相近、制作粗糙的红陶杯。邓家湾和三房湾被认为是与宗教活动有关的遗址。城外罗家柏岭为一条呈东北—西南走向的条形岗地，长约 400 米，宽 100 余米，高出四周 1—2 米。其上发现一组石家河早期的庭院式建筑遗迹，活动场地面经过加工。出土蝉形饰、龙形环、凤形环、璧和人头像等玉器、石料、石器半成品，还有残铜片、铜绿石和铜渣等。肖家屋脊亦为一岗地，东西长约 500 米、南北长约 550 米，面积近 30 万平方米，出土屈家岭晚期至石家河早期连续堆积的房屋基址、排水沟、灰坑和墓葬，石家河晚期的灰坑和随葬大量小玉器的瓮棺葬群。①

应城门板湾古城位于湖北省应城市西南 3 公里，地处大洪山余脉与江汉平原的过渡地带，西南距天门石家河城 47 公里。该城始建于屈家岭文化早期，至石家河文化中期废弃。②城垣平面近方形，南北 550 米，东西 400 米，总面积约 20 万平方米。城墙上部残宽 13.5—14.7 米，底宽近 40 米，残存高度比壕沟开口处高出 5.25—6 米，比城内地面高出 3.5 米。城墙外坡陡峻，内坡稍缓。在西垣中段有一处 40 米宽的豁口，推测为西城门。城外有壕沟环绕，沟口宽 59 米，深 1.8—2.5 米。西城墙处原是一片岗地，在筑城前是人口密集的居住区，筑城时部分房屋被城垣所叠压。城内北部高地为居住区，西北部可能为墓葬区。③

荆门马家垸古城位于湖北荆门市五里镇显灵村，地处荆山余脉之丘陵岗地向平原区的过渡地带，东距石家河城约 80 公里，西南距阴湘城 31 公里。从有关调查报告看，该城文化遗物以大溪文化和屈家岭文化为主，且以屈家岭文化最发达。有学者认为当建于屈家岭文化时期，也有学者推测城垣的修

---

① 石家河考古队：《石家河遗址调查报告》，《南方民族考古》第五辑，四川科学技术出版社 1992 年版。

② 《应城门板湾遗址前期发掘工作情况汇报》称门板湾城始建于屈家岭文化晚期，但据《应城门板湾遗址发掘重要成果》报导，该遗址距今 5 000 年。据郭立新《长江中游地区初期社会复杂化研究（4300B.C.—2000B.C.）》第三章注，上海古籍出版社 2005 年版。

③ 陈树祥、李桃元：《应城门板湾遗址发掘重要成果》，《中国文物报》，1999 年 4 月 4 日。

筑年代为屈家岭文化时期到石家河文化早期。①城址位于一处岗地上，保存完好。平面呈梯形，南北长约 640 米、宽约 250—440 米，总面积 24 万平方米。城垣底宽 30—35 米，上宽约 8 米，残高 4—6 米。城垣内筑护坡，比较平缓，外坡陡直。城垣四面各辟一城门。城内一条小沟自西北向东南流，穿过东西城垣处应为水门。南垣现存宽度约 6 米。城垣之外的护城河基本保存完好，宽 30—50 米，河床距地表 4—6 米。城内东北有一片 250×150 米的平坦岗地，可能是建筑台基。

二、良渚文化古城遗址

江南地区虽在良渚文化时期已经出现高级别的超大型中心聚落，但长期以来，一直没有发现建筑有高耸城墙的聚落形态。如良渚莫角山遗址之类的超大型中心聚落，如何认定其形态，学界存在不同的意见。有学者认为，良渚莫角山遗址、水道环绕的寺墩遗址、赵陵山遗址，都是良渚时期这一地区具有地域特色的"古城"。②也有学者提出，赵陵山、寺墩遗址都属于"土筑金字塔"，"这些人工堆筑的高台或许就是良渚'王陵'，陵墓与城址之间尽管关系密切，但却不可以随便画上等号"。③

2007 年 11 月，浙江省文物考古研究所公布了"围绕莫角山和反山分布、以凤山和雉山两座自然山丘分别为西南和东北转角的大型人工营建工程"④，以莫角山遗址为中心的良渚时期大型城邑的形制、结构，逐渐清晰起来。

（一）莫角山古城

莫角山古城坐落于浙江杭州市余杭区瓶窑镇东部的良渚遗址群西侧，其功能区包括城墙、宫殿或祭祀区、墓葬区等。

1. 遗址内涵

首先是宫殿或祭祀区，位于古城内部，以莫角山遗址为中心。该遗址于 1987 年发现，1992 年至 1993 年发掘，是目前已知规模最大的良渚文化遗址。

---

① 郭立新：《长江中游地区初期社会复杂化研究（4300B.C.—2000B.C.）》，上海古籍出版社 2005 年版，第 176—177 页；张绪球：《屈家岭文化古城的发现和初步研究》，《考古》1994 年第 7 期。

② 车广锦：《良渚文化古城古国研究》，《东南文化》1994 年第 5 期；《江苏省考古事业五十年》，《新中国考古五十年》，文物出版社 1999 年版，第 155 页。

③ 马世之：《中国史前古城》，湖北教育出版社 2003 年版，第 108 页。

④ 浙江省文物考古研究所：《杭州市余杭区良渚古城遗址 2006—2007 年的发掘》，《考古》2008 年第 7 期。

东西长 670 米，南北宽 450 米，高出地面 3—8 米，总面积 30 万平方米，海拔高度 12.5 米。这一遗址是利用原有土岗堆筑加高而成，其上还有大、小莫角山和乌龟山三座人工堆筑的大土台。大莫角山位于遗址东北部，平面呈东西向的长方形，东西长 166 米，南北宽 96 米，土台剖面呈梯形，高出基底 3 米左右。小莫角山位于大莫角山西部，平面也略呈长方形，长 80 米，宽 40 米，相对高度 2—3 米。乌龟山在小莫角山南面，东西长约 100 米，南北宽约 60 米，高出基底 1—2 米。该遗址土层最厚处达 10 米以上，还有直径 20 米左右的"燎祭"遗迹。在土台之间，发现了人工夯筑的基址及两排大型柱洞。土台之间约有 3 万平方米的夯土基址，夯土层用沙层和黏土层间隔筑成，夯窝密集，夯层多达 13 层，最厚处达 50 厘米。基址面上的大柱洞，最大柱径有 60 厘米。柱洞从南到北三排作东西向排列，各排间距 1.5 米左右。据说当地村民曾在大莫角山淤土层中发现过大方木，有的还有榫头。有学者推测，这里应该是一处规模宏大的良渚文化时期的大型礼仪性建筑基址，可能结构比较复杂，也可能曾多次修缮或更替。遗址中有排列规整的沟埂遗存——在平铺的沙质土上开掘了 45 条并行的浅沟，隆起 48 条埂，它们向东、南、西三面延伸，北面被现代取土破坏。此外，还有堆积大量石块的积石坑、填埋纯净土的灰坑等，文化内涵非常丰富。[1]三大土台上都有人工建筑的基址。大莫角山上的建筑分东西两部分：西部呈四合院形，东部建筑呈直角折线形，沿台基的北缘、东缘排列四座基址。乌龟山上东西排列三座基址，小莫角山上的建筑布局无法辨认。大莫角山和乌龟山土台台基周围有护河遗迹，还有人工水池。反山的西侧即紧靠宽 22 米的护河。遗址西南角有一被水流冲蚀得支离破碎的方形高台，高出周围水田约 2 米，长宽各为 500 米。遗址南部又有一长 110、宽 350 米的围圈痕迹，其东是外方内圆的不规则台地，其西有长 350 米不规则的南北向长垅。[2]

莫角山遗址的占地面积、人工土方量均为良渚文化时期各聚落之首，约 3 万平方米的夯土基址，被认为是"整个龙山时代诸考古学文化中所见的加

---

[1]　浙江省文物考古研究所：《余杭莫角山遗址 1992—1993 年的发掘》，《文物》2001 年第 12 期；《浙江省考古五十年主要收获》，《新中国考古五十年》，文物出版社 1999 年版，第 171 页；杨楠、赵晔：《余杭莫角山清理大型建筑基址》，《中国文物报》，1993 年 10 月 10 日。

[2]　浙江省文物考古研究所编：《良渚遗址群考古报告之三——良渚遗址群》，文物出版社 2005 年版，第 324 页。

工最好的夯土"①。围绕中心大面积的夯土基址，大小莫角山、乌龟山所形成的品字形分布的三大土台，据严文明推测，当是"人工建筑的中心祭坛之类的设施"；张学海认为是三座高台建筑基址，其中大莫角山是"祖"、"社"之类的建筑遗迹。②

其次是墓葬区，遗址西北约 150 米处，是迄今为止良渚文化中规格最高、随葬玉器最为丰富的反山贵族墓地。其有关情况，前文第一章第一节中已有介绍。

再次是古城内及周边其他遗址。遗址西南有桑树头遗址，20 世纪七八十年代曾有石钺、大玉璧、兽面纹玉璜、玉龟等出土。遗址东南是面积较大的钟家村遗址，近年有玉璧出土。遗址东北约 500 米处有马金口和雉山遗址。其中马金口是一处多层台地又较规整的大遗址，取土时也曾发现过大方木，其长 6.8 米，截面为 45×16 厘米（一说边长 40 厘米，长度超过 7 米），发现时距表土深 4 米左右。在其东侧 1.2 米，还有竖立的大方木，上尖而下粗，估计都与木建筑构件有关。③马金口遗址与龙里、小马山、石安畈等遗址都位于一个共同的大型人工台基之上，高出四周农田约 1 米，东、南、西三面保存着高度 1—2 米的土垄，总面积 15 万平方米，与莫角山之间有古河道相隔。有学者认为，这里与莫角山遗址宫殿、祭坛（或神庙）的性质不同，可能是具体管理的权力机构。④

2. 城垣

良渚文化的社会发展程度如此之高，在其分布的核心区域居然没有发现筑有城垣的城址，曾让学者十分困惑，引发诸多猜想，或以"环绕遗址的河道即城垣"解，或以"莫角山遗址为巨型台城"解，或认为没有城垣正好体现出当时统治者已经掌握整个良渚文化分布区内的控制权，周边没有可与之抗衡的政治势力存在。⑤但学界始终没有放弃寻找城垣的努力。地学专家根据遥感资料，提出大小莫角山、乌龟山三个土台四周有坍塌后的土墙痕迹，东西长 600 米，南北宽 450 米。西部和北部城墙保存较好，残高约 1 米，坍塌的墙基宽 40 米，顶宽 24 米。南门、东门较宽，前者有约宽 12 米的门道。西

---

① 严文明：《良渚随笔》，《文物》1996 年第 3 期。
② 张学海：《论莫角山良渚文化古国》，《张学海考古论文集》，学苑出版社 1999 年版。
③ 张之恒：《长江下游新石器时代文化》，湖北教育出版社 2004 年版，第 210 页。
④ 赵晔：《湮灭的古国故都——良渚遗址概论》，浙江摄影出版社 2007 年版，第 109 页。
⑤ 赵晔：《湮灭的古国故都——良渚遗址概论》，第 111 页。

门在西墙的西北角，宽度不详，有向北降低的台阶，可进入反山。①

2006年至2007年，考古工作者对古城城墙进行了大规模钻探和部分发掘，初步判断良渚古城的范围南北长约1 800—1 900米，东西宽约1 500—1 700米，总面积约290余万平方米，形制大体呈正南北方向的圆角长方形。四周城墙围绕莫角山和反山分布，以凤山和雉山两座自然山丘分别为西南和东北转角，底部基础普遍铺垫石块，其上堆筑较纯净的黄色黏土，底部宽40—60米左右，现存较好的地段城墙残高约4米。城墙内外均有壕沟水系，城外的北面、东面水域面积较宽，应是沿自然水域的边缘修筑。②（图：莫角山古城及城垣示意图）

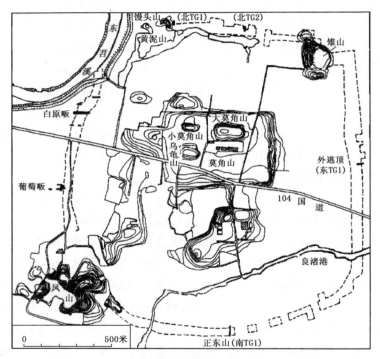

莫角山古城及城垣示意图

（浙江省文物考古研究所：《杭州市余杭区良渚古城遗址2006—2007年的发掘》，《考古》2008年第7期。）

---

① 张立、吴健平：《浙江余杭瓶窑、良渚古城结构的遥感考古》，《文物》2007年第2期。

② 浙江省文物考古研究所：《杭州市余杭区良渚古城遗址2006—2007年的发掘》，《考古》2008年第7期。

除围绕莫角山、反山分布的一圈城墙之外，地学学者和考古工作者分别通过遥感和钻探，提出紧邻在围绕着莫角山遗址的土墙（报告称之为"西城"）东部，也有土墙痕迹（"东城"）。该城墙低于"西城"约 7 米，其北墙宽 50 米，折线形。南墙残，留有一条东西长 500 米、南北宽 100 米的暗色调带；东墙残，也有一条从北向南长 500 米、宽 50 米的暗色调带。东西两"城"相连处有一东西宽 120 米的地势过渡带，但南北长已无明显界限。"东城"内残存若干土台，其中最大的东西长 200 米，南北宽 80 米。据钻探，这里有一个共同的高出四周农田约 1 米的大型人工台基，其上发现了马金口、龙里、小马山和石安畈等遗址，可能是台基内的主要建筑遗存。该区域与莫角山之间相隔仅数十米，其间为古河道分隔。① "西城"北另有一长 1 100 米、宽 750 米的长方形围田。南墙距西城 80 米，宽 50 米，残高约 3 米，仅残留中部若干段。北墙现已不存，推断长 1 100 米，有关考古学者称之为"北城"。城内有雉山，周围有一被水流冲蚀过的方形台地，东西长 700 米，南北宽 500 米。其东部叠有一更高台地，东西长 260 米，南北宽 200 米。西、北两"城"的西面有一条南北向的土埂，南北长约 2 250 米。这一片密集聚落的范围，北部以扁担山、西庄村为界，东部以前山、里山、长命桥为界，南北以泥水圩、卞家塘为界，西部以反山、葡萄畈、坟家村为界。聚落的北、东、南三面是断断续续的长条形高地，西面是护河，总面积 3 平方公里，主体建筑基础的土方量达到 240 万立方米左右。② （图：莫角山及其周围遗址示意图）

在莫角山遗址的周边，是庞大的良渚聚落群。考古还发现，良渚遗址群的北部有顺山脉走向而沿山前修筑的塘山（土垣）遗址，绵延约 5 公里，宽约 20—50 米，高约 3—7 米，已初步确认是良渚文化时期人工堆筑而成的防护设施，目的在于防范山洪。在遗址群南部，与塘山遗址对应有东西向分布的卞家山遗址，初步调查确认其东西延续长约 1 000 米，其上有码头遗迹等良渚文化晚期遗存。

（二）寺墩古城

寺墩古城遗址位于今江苏省武进市郑陆镇三皇庙村，其周边遗址密集，

---

① 浙江省文物考古研究所编：《良渚遗址群考古报告之三——良渚遗址群》，文物出版社 2005 年版，第 324 页。

② 张立、刘树人：《浙江余杭市瓶窑、良渚地区遗址的遥感地学分析》，《考古》2002 年第 2 期；张立、吴健平：《浙江余杭瓶窑、良渚古城结构的遥感考古》，《文物》2007 年第 2 期。

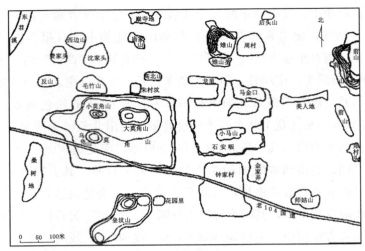

莫角山及其周围遗址示意图

（浙江省文物考古研究所编：《良渚遗址群考古报告之三——良渚遗址群》，文物出版社 2005 年版，第 143 页。）

有圩墩、潘家塘、乌墩、丁堰、新岗、签帽顶、高城墩等。寺墩遗址总面积 90 万平方米，被内外两周河道环绕。其中心是一座人工堆筑的直径 100 余米、高 20 余米的祭坛，周围环绕一圈圆角方形的河道；人工堆筑的贵族墓地分布在河道外围，墓地之外是较低平的居住区，居住区外又有一河道环绕，距离中心祭坛约 300 米。此外，在祭坛的正东和正北，分别又有河道连通内外两周河道。内河道外东部墓葬区发现 4 座良渚文化大墓，其中 3 号墓的随葬品多达 100 余件，包括 24 件玉璧和 33 件玉琮。[1]有学者推测，祭坛的正南和正西，恐怕也是如此。[2]（图：寺墩遗址平面示意图）

第二节 良渚古城的特征与性质

良渚古城的性质如何确定？学界已有不少讨论。在本节中，我们将此个案分别放入良渚文化聚落、长江流域城邑和中国境内新石器时代晚期城邑等

---

① 南京博物院：《江苏武进寺墩遗址的试掘》，《考古》1981 年第 3 期；《1982 年江苏常州武进寺墩遗址的发掘》，《考古》1984 年第 2 期；江苏省寺墩考古队：《江苏武进寺墩遗址第四、第五次发掘》，《东方文明之光——良渚文化发现 60 周年纪念文集》，海南国际新闻出版中心 1996 年版。

② 车广锦：《玉琮与寺墩遗址》，《东方文明之光——良渚文化发现 60 周年纪念文集》，海南国际新闻出版中心 1996 年版。

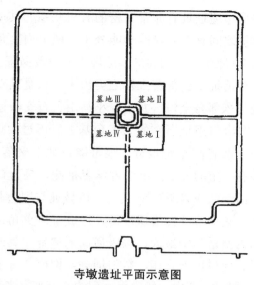

寺墩遗址平面示意图

（郭大顺：《论聚落的层次性——红山文化与良渚文化的比较研究》图三，浙江省文物考古研究所编：《良渚文化研究：纪念良渚文化发现六十周年国际学术讨论会文集》，科学出版社 1999 年版，第 65 页。）

三个层次不同的背景中，分别进行横向的比较，希望借此发现其特征，推测其性质，并分析其在城市起源进程中的地位，以及隐藏在背后的发展动力。

一、良渚古城的独特性

由于城垣的发现，莫角山中心聚落作为城邑的形态，已经毋庸置疑了。作为该地区目前发现的唯一一座带城墙的城邑，莫角山良渚古城规模巨大。2006 年至 2007 年的考古发掘显示，该古城范围南北长约 1 800—1 900 米，东西宽约 1 500—1 700 米，总面积约 290 余万平方米。①这不但是目前所发现的良渚文化分布区内最大规模的中心城邑，而且其规模还超过了之前长江流域所发现的最大的史前城址石家河古城（面积约 100 万平方米），直追中原龙山时代第一大城陶寺古城（面积约 300 万平方米）。同时，该古城也是现阶段所发现的在良渚文化聚落中规格最高的一个。莫角山遗址 3 万平方米的夯土基址，反山墓地最高等级的墓葬群，这些现象都彰显了该城的地位。

①　浙江省文物考古研究所：《杭州市余杭区良渚古城遗址 2006—2007 年的发掘》，《考古》2008年第 7 期。

　　莫角山古城与周边遗址具有非常紧密的有机联系。其一，城垣内莫角山建筑群与反山墓葬群之间有着明显的功能分工。城垣内莫角山遗址西南还有桑树头遗址，钻探 70 厘米下为明显的墓地堆土——黄褐斑土，可能是墓葬性质。东南又有钟家村遗址，也曾有玉器之类出土，只是其功能性质还不很清楚。其二，该城址与东部马金口、龙里、小马山、石安畈遗址所在的人工台基形成对应关系。马金口遗址所在的人工台基上发现过大型方木、柱洞，与建筑基址有关。因为两者间相距很近，很可能是整个聚落的重要组成部分，而且在功能上或许有一定的分工。有考古学者推测，马金口区域可能是"良渚时期重要的显贵活动区或居所"①。其三，该城址与周边其他聚落之间在功能上存在互补关系。整个余杭良渚遗址群，形成了以莫角山城为中心的三级聚落体系：莫角山古城是其中最大、等级最高的遗址，其北面的姚家墩及周围的卢村、葛家村、金村、王家庄、料勺柄等，构成"一个相对独立的聚落单元"，是二级中心聚落。其中，姚家墩面积约 6 万平方米，是一处长期沿用的居住区；卢村有祭坛和显贵墓葬，葛家村有生活遗存和小型墓葬，王家庄、料勺柄有建筑遗存和显贵墓葬，金村发现普通生活堆积。在莫角山城的东南，围绕着荀山南侧展开的庙前村落遗址为三级中心聚落，是目前良渚文化规模最大、保存最好的村落遗址之一。②此外，在城址东北方、瑶山遗址西南 600 米的钵衣山遗址，发现大型石砌水池和加工石器用的砺石，可能是良渚时期石器二次加工（精磨石器）的作坊遗址。③在良渚遗址群内塘山东段的发掘中，曾出土过带有线切割加工痕迹的玉料和玉制品，还有可能是玉器加工工具的砺石和黑石英片。文家山遗址出土了加工石钺残留下来的 20 枚石钻芯，在其中一座墓葬中就恰好发现了 34 把石钺。在长坟遗址附近，曾找到大量被废弃的良渚黑陶器物的残次品。④手工业加工地点分布在良渚遗址群中，对莫角山良渚古城的功能也是一种补充。（图：余杭良渚遗址群分布图）

　　莫角山良渚古城具有非常明显的宗教性，或者说潜在的礼制特色。在大小莫角山和乌龟山上的建筑基址中，没有发现很多日常生活的遗物，学界公

---

　　①　浙江省文物考古研究所编：《良渚遗址群考古报告之三——良渚遗址群》，文物出版社 2005 年版，第 154 页。

　　②　《良渚遗址群考古报告之三——良渚遗址群》，第 324—325 页。

　　③　浙江文物考古研究所：《浙江余杭钵衣山遗址发掘简报》，《文物》2002 年第 10 期。

　　④　赵晔：《良渚遗址群聚落形态的初步考察》，《东南文化》2002 年第 3 期。

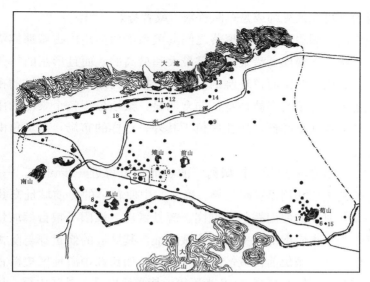

余杭良渚遗址群分布图

1. 莫角山；2. 反山；3. 瑶山；4. 汇观山；5. 塘山；5. 庙前；7. 吴家埠；8. 文家
山；9. 石前圩；10. 姚家墩；11. 卢村；12. 葛家村；13. 钵衣山；14. 梅园里；15. 茅庵
里；16. 马金口；17. 长坟；18. 子母墩。

（赵晔：《余杭良渚遗址群聚落形态的初步考察》，《东南文化》2002 年第 3 期。）

认其应为迄今发现规模最大的良渚文化礼仪（制）性建筑。在其城内的反山、城址东北方向的瑶山以及西北方向的汇观山遗址，几乎都是与祭坛合而为一的墓葬区。反山遗址由高约 5 米的土台，包括约 10×8 米的暗红色硬面遗迹，共同构成了反山的主体，同样也是一座祭坛遗址。在其西南部位，共有 9 座良渚文化贵族墓葬，均打破祭坛，其中的两座墓葬还打破了祭坛中心暗红色硬面遗迹，但祭坛未见废弃迹象。墓葬与祭坛形成一体，密不可分，应为一个整体。其时代属于良渚文化中期偏早阶段，也是良渚文化最为繁荣发达的时期。[①]这些墓葬随葬的玉器，如琮，被认为与"天圆地方"的宇宙观、沟通天地神灵的"天地柱"有密切关系；璧，被看作是财富的象征，在《周礼》当中，则是用来礼天的祭器；还有制作精良的玉钺，代表着军事权力。而且，在反山遗址中，琮和璧、钺和璧是常见的组合，仅有个别墓葬同时拥有琮、璧和钺。如此看来，这些玉器显然具有特殊的象征意义，它们所随葬的墓主

---

① 浙江文物考古研究所编：《良渚遗址群考古报告之二——反山》，文物出版社 2006 年版，第
16 页。

人，其身份就可能是巫师或是军队首领，或者身兼二职。

寺墩古城与周边其他良渚聚落之间的关系不像莫角山古城那样清楚，但其规模和规格，在晚期良渚聚落中是最大和最高的，而且形制的特色有过之而无不及。其内外两圈河道环绕的形制，直接成为后来春秋淹城的祖型。同时，寺墩古城的礼制与宗教性特征非常明显：祭坛位于整个聚落的中心，围绕祭坛是高等级的墓葬群，居住区位于其外。这样的布局，与莫角山古城有异曲同工之处。

由此，良渚古城城墙（护城河）的功能也值得进一步讨论。一般认为，城墙（垣）的主要功用是军事防御。确实，中原较早的史前城址郑州西山古城、龙山文化时期的河南登封王城岗、辉县孟庄、淮阳平粮台等城址，包括龙山时期今内蒙古中南部的一系列石城城址，其城墙的修筑都与防御外敌目的相关。但长江流域史前古城情况略有不同。如长江中游地区史前古城的城壕与城墙并重，城墙今残高 1—8 米不等，皆顶窄底宽，外陡内缓，以堆筑方式建造；城垣外侧的城壕宽 20—100 米不等，都与周边水系相沟通。护城河兼具防御、排水和交通功能，城墙上亦设有水门。长江上游成都平原所发现史前古城，既采用斜面夯土法建造城墙，又没有发现任何城门遗迹，有学者认为其城墙具有围堤性质，以防洪为主要目的。[1]也有学者提出，诸如三星堆城墙，主要属于宗教礼仪性质和神权象征性的产物。[2]与上述各地史前城址的城墙比较，长江下游的莫角山良渚古城，以其时其地聚落中的最大规模和最高规格，唯一配以城墙建筑，而且城墙仅仅围绕以莫角山建筑群和反山墓葬区为主的宗教性和礼制性建筑区域——其城墙（垣）明显起到的是划分聚落内最重要区域的作用。寺墩遗址虽无城墙，但闭合的两重水道，不但起到蓄水、排水和交通的作用，而且同样环绕具宗教和礼制性的祭坛与墓地。良渚古城的城墙（护城河）的作用，正如美国城市建筑史家刘易斯·芒福德（Lewis Mumford）在《城市发展史——起源、演变和前景》（*The City in History*）一书中所提出的那样："城墙最初的用途很可能是宗教性质的，为了标明圣界（temenous）的范围，或是为了避邪，而不是防御敌人。"[3]由此可

———

① 刘兴诗：《成都平原古城群兴废与古气候问题》，《四川文物》1998 年第 4 期。
② 段渝：《巴蜀古代城市的起源、结构和网络体系》，《历史研究》1993 年第 1 期。
③ 〔美〕刘易斯·芒福德著，倪文彦、宋俊岭译：《城市发展史——起源、演变和前景》第二章《城市的逐渐成形》，中国建筑工业出版社 1989 年版，第 27 页。

见，在史前中国不同地域的考古学文化那里，城墙的起源也是多原因的。

二、良渚古城与长江中游史前古城比较分析

（一）形制的比较

在史前社会，农业的发展与人们的定居生活密切相关。在长江中游地区，现已发现较早的新石器时代聚落遗址，是距今 8 000 年前彭头山文化晚期的湖南澧县八十垱遗址。澧县城头山古城址，初建于距今 6 000 年左右的大溪文化时期，是我国迄今发现最早的带围墙的聚落。①之后又发现了一批属于屈家岭文化中晚期的古城址，包括江陵阴湘古城、公安鸡鸣古城、石首走马岭古城、澧县鸡叫古城等，均分布在长江中游沿岸地区。此外，还有天门石家河古城、应城门板湾古城和荆门马家垸古城，则分布在长江中游的汉水流域。这些城垣在建造方式上具有共同特点：全部由夯土筑成，平地起建，护坡与主体部分一次筑成，形制或为方形、圆形等，不很规则。石家河古城面积最大，达到 120 万平方米，位于遗址群的中心位置，城址由城垣、护城环形壕和土台等构成。其他城址面积均在 20 万平方米左右，城址之外直至城址附近一般都没有同时期的遗存发现。②

将长江中下游史前古城列简表对比一下（表：长江中下游地区史前古城比较表），可以看到它们具有一些共同的特点：

其一，分布集中。这一时期史前古城主要集中分布在两个区域——长江中游的江汉平原和洞庭湖平原、长江下游的环太湖流域。这与新石器时代长江中下游两大考古学区系，即大溪—屈家岭—石家河考古学文化和马家浜—崧泽—良渚文化的核心分布区是一致的。

其二，城址一般都选择在岗地或台地之上，地势较周围略高，附近有河流流经，或者即临河建造。城址平面形状以圆形、方形为主，结合地形地势，其规整程度不及中原和山东地区。

其三，面积较大（20 万平方米以上）的城址一般都有附属聚落。在两个不同区域中，石家河古城、莫角山古城分别是周围同时期最大范围遗址群的中心。

---

① 蒋迎春：《考古学家在京论证确认城头山为中国已知年代最早古城址》，《中国文物报》，1997 年 8 月 10 日。

② 《五十年来湖北省文物考古工作》，《新中国考古五十年》，文物出版社 1999 年版，第 278、279 页。

长江中下游地区史前古城比较表

城名	地形	形状	面积（万平方米）	城墙	筑法	环壕/护城河	城门	城内分布	建城之前文化堆积	城墙建筑年代	沿用时代	有无附属聚落
澧县城头山城	岗地，城西有澹水河支流	圆形	8	顶宽7米，底宽20米，有内栅栏	堆筑，外陡内缓	宽35—40米，深约4米	四个，有水门	水塘、房址、祭坛、制陶作坊、道路	汤家岗文化水田	大溪文化早期	石家河文化	无
江陵阴湘城	台地、北、西临湖、东有古河道	不规则圆形	17—20	底宽40米，高7米	堆筑	城垣与壕沟高差5、6米		河道分居址为东西两部分、墓葬区	大溪文化聚落	屈家岭文化时期	至石家河文化早期、西周恢复	有
公安鸡鸣城		不规则椭圆形	15	顶宽15米，底宽30米，一般高出城内外2—3米	堆筑	宽20—30米，残深1—2米		城中部、东部各有一夯土台基，可能为居住区		屈家岭文化中晚期	石家河文化	无
石首走马岭古城	台地	不规则长方形	7.8	宽20—27米，高4—5米	堆筑	宽25—30米	城门、水门	房址、陶窑、灰坑、墓葬	大溪文化	屈家岭文化早期	推测为屈家岭文化晚期废弃	无
澧县鸡叫城	台地，城西北有涔水支流	方形	15	一期城垣底宽30米，高4.5米，二期城垣宽约60米，残高2—2.5米	堆筑	宽40—70米，深2米	可能有2水门	一期城内有祭祀土台，另城北部有一夯土台基	有文化堆积	屈家岭早期	石家河文化时期鼎盛	不明

续表

城名	地形	形状	面积（万平方米）	城墙	筑法	环壕/护城河	城门	城内分布	建城之前文化堆积	城墙建筑年代	沿用时代	有无附属聚落
天门石家河古城	岗地平原	方形	100	顶宽 8—10米，底宽大于50米，高6—8米	堆筑	宽 80—100 米		居住区、墓葬与祭祀区		屈家岭文化中期	石家河文化	有，聚落群
应城门板湾古城	山脉与平原的过渡地带	近方形	20	上部残宽13.5—14.7米，底宽40米，高3.5米	堆筑	宽59米，深1.8—2.5米	西城门	居住区、墓葬区	有文化堆积	屈家岭文化早期	石家河文化中期废弃	有
荆门马家垸古城	丘陵向平原的过渡带、岗地	梯形	24	上宽8米，底宽30—35米，残高4—6米	堆筑	宽30—50米，深4—6米	四城门，有水门	可能有建筑台基	大溪文化	屈家岭文化时期		不明
莫角山古城	岗地加筑而成	长方形	290	上宽24米，底宽40—60米，残高1—4米	堆筑	宽22米?	有东、南、西城门	墓葬、居住区、品字形		良渚文化时期	良渚文化时期	良渚聚落群
寺墩古城			90?		堆筑			墓葬、居住区、祭坛		良渚文化时期	良渚文化时期	有

其四，城址内有不同的功能区分布，主要是居住区、墓葬区，有的还有祭祀区和手工业作坊。具有中心性质的古城，其内部拥有较完善的功能区划，并且建筑规格较高。

其五，具有"水城"的特征，城壕与城墙并重。长江中游地区的古城，城墙今残高1—8米不等，皆顶窄底宽，外陡内缓，以堆筑方式建造；城垣外侧的城壕宽20—100米不等，都与周边水系相沟通。护城河兼具防御、排水和交通功能，城墙上亦设有水门。在长江下游地区，莫角山古城的城墙周边也有水系围绕，寺墩被内外两周河道环绕，更完全是水城设计。

这些特点与地域自然环境的关系密切。长江流域位于北亚热带和中亚热带（四川盆地），其中长江中下游地区是稻作农业文化发生发展的核心区域。长江流域的地形比较复杂，许多地方的地形地貌都以低山丘陵为主，又因粘土致密而渗水性较差，所以河湖沼泽密布，地下水位较高，特别是在下游地区。这些自然环境因素，往往会影响到史前城址的规划设计与营建。岗地或台地上的选址既有利于防御洪水，附近的河流又有利于对水的利用。同时，由于当地"粘土的地质特性及地表水丰富，较大程度地限制了筑城技术的发展，长期都采取了'堆筑'的筑城方式"。引城外河水建造城壕，兼具防御外敌、防御洪水、内外交通以及引水利用的多重作用，甚至护城河的防御能力要远大于城墙的作用。正如有学者所说："长江流域筑城技术停滞性发展以及史前城址平面形状不甚规整周正等特点，都应是自然环境因素制约和影响的结果。"①

（二）社会复杂化程度的比较

最大规模、最高规格的城邑本身，是所处社会复杂化程度达到较高水平的体现。良渚古城所反映的社会复杂化程度，可以通过其典型代表莫角山古城与长江中游最大规模的史前古城——石家河古城进行对比，以获得进一步体现。

一，从规模方面来看。

地处长江中游的石家河聚落群以石家河城为中心，周围分布着肖家屋脊、罗家柏岭、京山坡、昌门冲、北堤、王家台等五六十个同期小型遗址。②地处长江下游杭嘉湖平原余杭地区以莫角山古城为中心的良渚聚落群，在30余平方公里的范围内，集中了130余处遗址，从西端的吴家埠遗址开始，有汇观

---

① 钱耀鹏：《史前城址的自然环境因素分析》，《江汉考古》2001年第1期。
② 石河考古队：《石家河遗址群调查简报》，《南方民族考古》（五），四川科技出版社1992年版；天门博物馆：《天门县新石器时代遗址》，《江汉考古》1987年第4期。

山、反山、桑树头、钟家村、马金口、黄泥堪、罗村、姚家墩、梅园里、钵衣山、瑶山等，至东端的荀山周围，遗址成串成片地密集分布，是当时最重要的聚居中心之一。①

二，从聚落间的相互关系方面来看。

根据有关学者的研究，在长江中游的汉江东部地区形成了以石家河古城为中心的三级聚落体系：石家河古城两翼每隔 20 多公里分别有一个中型遗址，大多位于一条河流的下游；这类二级中心的上游往往又有数量不等的小型遗址。应城门板湾城与石家河城相距 45 公里，位于石家河城的东部，很可能是"在大中心的强制下修建的一个军事据点"。②

整个余杭良渚遗址群同样形成了以莫角山古城为中心的三级聚落体系：莫角山古城是其中最大、等级最高的遗址；其北面的姚家墩与其周围的卢村、葛家村、金村、王家庄、料勺柄等，构成"一个相对独立的聚落单元"，是二级中心聚落；在莫角山古城东南，围绕着荀山南侧展开的庙前村落遗址，为三级中心聚落。

三，从聚落内的居民构成方面来看。

在石家河古城址，城内邓家湾墓葬区发现数千件陶塑小动物和人抱鱼形器，三房湾遗址发现大量红陶杯。这些陶制品的数量如此巨大，其生产地应该就在城址内或是城址附近，古城居民中无疑包括了不少这些陶制品的生产者。不少学者认为，人抱鱼形器、陶塑动物等具有巫术仪式、偶像崇拜等意味，首尾相接成列的长筒形陶器、陶臼可能是与祖先崇拜有关的遗存，大量的红陶杯器形厚重，可能是宗教产品。凡此种种，表明该城居民中存在着主持宗教活动的巫师身份者。③

在莫角山古城址，大小莫角山和乌龟山上的建筑基址，为迄今所发现的规模最大的良渚文化礼仪（制）性建筑。其周边的反山、瑶山、汇观山遗址等，几乎都是与祭坛合而为一的墓葬区。这些墓葬随葬的玉器，如宗教权力象

---

① 《浙江省考古五十年主要收获》，《新中国考古五十年》，文物出版社 1999 年版，第 171 页。

② 郭立新：《长江中游地区初期社会复杂化研究（4300B.C.—2000B.C.）》，上海古籍出版社 2005 年版，第 208 页。

③ 孟华平：《浅议"人抱鱼形器"》，《中国文物报》，1994 年 4 月 24 日；张绪球：《石家河文化的陶塑品》，《江汉考古》1991 年第 3 期；周光林：《浅议石家河文化雕塑人像》，《江汉考古》1996 年第 2 期；严文明：《龙山时代考古新发现的思考》，《纪念城子崖遗址发掘 60 周年国际学术讨论会文集》，齐鲁书社 1993 年版。

征的琮、财富象征的璧和军事权力象征的玉钺，是常见的组合，它们所随葬的墓主人，其身份就可能是巫师或是军队首领，或者兼具两种身份。同时，从诸多良渚遗址所发现的大量玉器、陶器、石器、漆器、竹木器、丝麻制品等手工物品来看，当时应已出现专业手工业者。在良渚遗址群内塘山东段的发掘中，曾出土过带有线切割加工痕迹的玉料和玉制品，还有可能是玉器加工工具的砺石和黑石英片；文家山遗址出土了加工石钺残留下来的20枚石钻芯，而在其中一座墓葬中也发现了34把石钺；在长坟遗址附近，曾找到大量被废弃的良渚黑陶器物的残次品。①这些都是以莫角山古城为中心的聚落群存在除了农业生产之外其他生产部门人员的证据，是当时社会职业多样性的证明。

四，从社会分层方面来看。

石家河古城内，邓家湾、三房湾遗址的墓葬情况尚未正式发表，但是从城外南面的肖家屋脊遗址看，其墓均随葬品数量，属于屈家岭文化时期的为11.57件，属于石家河文化时期的为18.34件，是石家河文化时期数量最多的，大大超过文化区内其他地区。其墓葬可以分成五个等级：最低等级没有随葬品，墓坑浅小，一般容积在0.5立方米以下；第三、四等级数量最多，基本只有随葬陶器；第二等级随葬品较多，大多有二层台或葬具，有的二者皆有，墓坑容积在1—2立方米之间；第一等级随葬石钺，墓坑容积达到7立方米。②

莫角山古城居民的社会等级分化非常严重。以反山遗址为例，其墓葬均为竖穴土坑墓，墓底有"棺床"状的低土台，棺床面多呈凹弧形，可能与良渚文化时期普遍流行的独木凹弧棺有关。少数墓葬除棺外还有椁室。11座良渚文化中期墓葬的出土遗物有玉器、石器、嵌玉漆器、陶器和象牙器等，其中玉器占随葬品总数的90%以上。③M12出土玉器达647件，种类包括冠形器、三叉形器、特殊长管、半圆形饰、锥形器、锥形器套管、带盖柱形器、琮、钺、"权杖"、璧、柄形器、镯形器、各类端饰、琮式管、龙纹管、长管、管、半球形隧孔珠、鼓形珠、串饰和粒。④同一墓葬出土了5件全为溶解凝灰岩质地的钺，据研究，其质地同于江苏张陵山东山遗址墓葬，且这类石钺的

① 赵晔：《良渚遗址群聚落形态的初步考察》，《东南文化》2002年第3期。
② 郭立新：《长江中游地区初期社会复杂化研究（4300B.C.—2000B.C.）》，上海古籍出版社2005年版，第238—240、267页；石家河考古队：《肖家屋脊》，文物出版社1999年版。
③ 浙江省文物考古研究所编：《良渚遗址群考古报告之二——反山》，文物出版社2006年版，第24页，注26。
④ 《良渚遗址群考古报告之二——反山》，第29—30页。

石料与玉矿存在"伴生"关系，出土此类石钺的墓葬均为良渚文化时期的大墓。[1]还有一件"琮王"，整器重约 6 500 克，形体宽阔硕大，纹饰独特繁缛，为良渚文化时期玉琮之首。该玉琮四面直槽内上下各琢刻一神人兽面纹图像，共 8 个，单个图像高约 3 厘米、宽约 4 厘米，用浅浮雕和细线刻两种技法雕琢而成。图像主体为一神人，其脸面呈倒梯形，重圈圆眼，两侧有小三角形的眼角，宽鼻以上以弧线勾出鼻翼，宽嘴内由一条长横线、七条短竖线刻出上下两排十六颗牙齿。头上所戴，内层为帽，线刻卷云纹八组；外层为宝盖头结构，高耸宽大，刻二十二组边缘双线、中间单线环组而成的放射状"羽翎"（光芒线）。神人上肢作弯曲状，抬臂弯肘，手作五指平伸。在神人胸腹部位以浅浮雕琢出兽面，用两个椭圆形凸面象征眼睑、重圈眼，以连接眼睑的桥形凸面象征眼梁，宽鼻勾出鼻梁和鼻翼，宽嘴刻出双唇、尖齿和两对獠牙。[2]
（图：余杭良渚聚落群反山遗址 12 号墓玉琮表面刻划的神人兽面纹图案）

余杭良渚聚落群反山遗址 12 号墓玉琮表面刻划的神人兽面纹图案

（浙江省文物考古研究所编：《良渚遗址群考古报告之二——反山》，文物出版社 2005 年版，第 56 页。）

---

① 郑建：《吴县张陵山东山遗址出土玉器鉴定报告》，《文物》1986 年第 10 期；刘斌：《良渚文化的玉钺与石钺》，《玉魂国魄——中国古代玉器与传统文化学术讨论会文集》，北京燕山出版社 2002 年版，转引自《良渚遗址群考古报告之二——反山》，第 87 页，注 49。

② 浙江省文物考古研究所编：《良渚遗址群考古报告之二——反山》，文物出版社 2006 年版，第 43 页。

而在这一区域的二级聚落和三级聚落，其墓葬随葬品的种类、品质和数量，都大大少于反山、瑶山和汇观山遗址。

五，从社会活动的复杂性方面来看。

包括石家河古城在内的长江中游史前古城址内均未发现大型纪念性的公共建筑，城垣和壕沟本身就是现在所知最大的公共工程。而莫角山古城则有特征明显的"纪念性公共建筑"，如人工精心堆筑的高台礼制建筑（莫角山遗址）、人工堆筑的巨大祭坛（反山、瑶山、汇观山遗址）等。其中反山遗址是在完全空旷的平地上搬土营建高土台，周边的瑶山和汇观山遗址是选择较高的独立山丘，对山岩进行修整，四周低凹的地方还用石块砌筑或夯筑土层加高，形成"多台阶"的"祭坛"状，顶层平台用不同土质土色的泥土、红烧土构成"回"字形平面，其上埋葬一批贵族墓葬。①

显然，莫角山古城充分反映出了当地公共权力的社会动员、管理和控制的能力。日本学者今井晃树通过对良渚文化各区域所出土玉琮类型和数量的分析，提出莫角山遗址是良渚文化早中期玉琮管理和分配的中心区域。②我国学者秦岭也指出，良渚遗址群拥有最庞大、最先进的玉器制作基地，它的产品主要在遗址群内使用，此外还覆盖到整个环太湖地区。③

综合上述对比分析，可以看出，长江下游的莫角山古城所反映的社会复杂化程度，要高于长江中游的石家河古城。事实上，已有学者提出，莫角山中心聚落具备早期城市性质，并且是古国的王都。④无论如何，在早期城市"社会复杂化"的必要条件上，莫角山地区无疑已经达到了相当高的水平。

三、关于良渚文化古城性质的讨论

《说文·土部》云："城，以盛民也。"《周礼·考工记》云："匠人营国，方九里，旁三门，国中九经九纬，经涂九轨，左祖右社，前朝后市，市朝一

---

① 《良渚遗址群考古报告之二——反山》，第 364 页。
② 〔日〕今井晃树著，姜宝莲、赵强译：《良渚文化的地域间关系》，《文博》2002 年第 1 期。
③ 秦岭：《良渚玉器纹饰的比较研究——从刻纹玉器看良渚社会的关系网络》，《浙江省文物考古研究所学刊第八辑——纪念良渚遗址发现 70 周年学术研讨会文集》，科学出版社 2006 年版，第 50 页。
④ 张之恒：《良渚文化聚落群研究》，《东方文明之光——良渚文化发现 60 周年纪念文集》，海南国际新闻出版中心 1996 年版；张学海：《论莫角山古国》，《良渚文化研究》，科学出版社 1999 年版；车广锦：《良渚文化古城古国研究》，《东南文化》1994 年第 5 期；《江苏省考古事业五十年》，《新中国考古五十年》，文物出版社 1999 年版，第 155 页。

夫。"《管子·度地》云："内为之城，城外为之郭，郭外为之土阆；地高则沟之，下则堤之。"《墨子·非攻》云："三里之城，七里之郭。"《吕氏春秋·似顺》云："城郭高，沟洫深，蓄积多也。"很显然，莫角山和寺墩两座良渚文化古城均不符合这些古文献中所定义的"城"。一方面，这两座古城城墙（护城河）所环绕的部分，虽有居住区在内，但更重要的是宗教和礼制性的建筑，并不以"盛民"为其目的；另一方面，两座古城根本没有出现城郭的大小城形制，以及如《周礼》般严整的布局。上述文献中所谓"城"的形态，要等到春秋战国时期才在江南地区出现。

那么，良渚古城的性质如何？对此学术界有不同的意见。日本学者中村慎一指出："可以根据宫殿、神殿、军队驻地、集市、手工业工房等的存在而认定城市。"他以此分析良渚遗址群，认为虽然军队驻地和集市还未发现，但该遗址群已"确实呈现城市的面貌"，其中莫角山、姚家墩很可能是宫殿、神殿及官衙所在地，良渚朱村㘰长坟是制陶工房所在，德清雷甸的某处遗址为制玉工房所在地。[1]我国学者刘恒武认为，余杭良渚遗址群"反映出良渚文化聚落级差的极端化"，已经是"处于萌芽状态的城市"。[2]也有不少学者认为，"早期城址还不是一般意义上的城市"，城市应该是包括宫殿、宗庙以及市场在内的中心性聚落，真正能够实现"在行政、经济、社会意义上对特定地域社会进行管理的职能"。[3]

可见，要准确定性良渚古城，首先要弄清早期城市的界定标准问题。

作为与不同时代自然环境、历史文化背景、社会政治经济军事等各种现象高度融合且高度反映的聚落形态，古今中外的各种城市具有极其丰富多样的形态和特征，彼此差异巨大，很难简单地概括它们共同的、基本的特性。但仅就城市发生发展的早期阶段而言，并非没有共同点。陈淳在《文明与早期国家探源——中外理论、方法与研究之比较》一书中，分别介绍了柴尔德、雷德曼、罗伯特·亚当斯、莫妮卡·史密斯（M. L. Smith）、恩布尔（G. Emberling）、惠特利（P. Wheatley）、沃尔卡（Warka）、特里格、芒福德等

---

① 〔日〕中村慎一：《城市化和国家形成——良渚文化的政治考古学》，浙江省文物考古研究所编：《良渚文化研究——纪念良渚文化发现六十周年国际学术讨论会文集》，科学出版社1999年版，第28页。

② 刘恒武：《良渚文化综合研究》，科学出版社2008年版。

③ 马正林：《中国历史城市地理》，山东教育出版社1998年版，第88页；李孝聪：《历史城市地理》，山东教育出版社2007年版，第66页。

西方人类学家、考古学家对早期城市特性的理论阐述，也介绍了国内学界及华裔学者如陈全家、吴春明、余介方、张学海、高松凡、许宏、张国硕、石兴邦、钱耀鹏、王巍、张光直等对史前城址性质的看法和认识。①综观各家理论和观点，在对早期城市进行定义时，多将高度"社会复杂化"作为重要的核心指标。②

就西方学者而言，柴尔德"城市革命"理论提出了界定城市的十大标准：（1）城市规模和密度要比任何先前的聚落来得大；（2）城市人口的结构中，存在自己不从事粮食生产的专职工匠、运输工人、商人、官吏和祭司；（3）每个基本的生产者都必须以向神明和国王进贡的形式交付一定的税赋，后者成为剩余产品的集中管理者；（4）出现庙宇、宫殿、仓库和灌溉系统这样的纪念性公共建筑和大型劳力工程，以区别于一般的村落，并且是社会剩余产品集中的象征；（5）出现一个完全脱离体力劳动的宗教、政治和军事的特权统治阶级，阶级社会成型并实施对社会的组织和管理；（6）文字发明；（7）数学、几何、历法和天文学等科学技术的产生；（8）由专职工匠生产的标准化和高度发展的艺术品，成为地位的象征，并体现美学意识；（9）生产专门化和交换扩展到城市范围以外的地区，导致长途贸易的出现；（10）出现按居住方式或职业特点而定的社会政治机构，国家机构取代了基于血缘关系的政治认同。雷德曼提出，"定义一个城市最重要的标志应该是它的复杂性和聚合形式，城市不单单是有密集的人口，而是在于人口或职业的多样性，以体现经济和社会结构上的异质性和等级分化"。他认为，大部分城市一般具有如下特点：（1）大量和密集的人口；（2）复杂而相互依存；（3）具有正式和非个人的机构；（4）存在许多非农业活动；（5）兼有为城市和周边地区社群提供的各种服务。罗伯特·亚当斯强调，城市表现为国家机构、手工业专门化、文字发展、纪念性艺术和建筑等类似特征的出现，而且城市不可能独立于乡村而存在，即使两种居址类型同时互动而且逆向进行。区域资源的不平衡，可能对城市的发展是一种有力的刺激或抑制因素。莫妮卡·史密斯认为，一般根据集中的人口、多样的经济、专门的社会和宗教活动来判定城市。量化的

---

① 陈淳：《文明与早期国家探源——中外理论、方法与研究之比较》，上海世纪出版集团2007年版，第192—206页。

② 以下诸家观点，均转引自陈淳：《文明与早期国家探源——中外理论、方法与研究之比较》第四章《社会文化复杂化》。

参数如人口、密度和占地面积等是有用的衡量标准，质量的参数如城市和农业活动的差异也是重要的衡量标准。大量人口聚居和内部高度特化或异质性的功能契合，都能够作为城市量与质的标准。恩布尔提出，城市具有三重特征：（1）专业化的社群；（2）人口聚集的中心；（3）居民身份认同。作为一个城市，必须考虑包括占地规模、人口密度和周边聚落关系在内的几项关键要素。惠特利也认为，城市应具备社会复杂化和都市化的标准，宗教和祭祀活动的复杂化是"城市化"的重要标志。特里格认为，定义城市的关键应该着眼于那些联系周围广大农村、发挥一系列特殊功能的特征。……无论城市具有何种功能，它们是早期文明社会中上层阶级以及非农业人口居住的地方。……在城市里集中各种特殊功能能够取得明显的经济效益。芒福德认为，单凭城堡尺度和体量的扩延不能使村落变成城市，古代城市与村落社会的不同之处，在于它是一个协调等级的社会（caste-managed society），其组织方式完全是为了满足少数统治阶级的利益。他认为，古代城市开始于一些神圣的地点，城市的主要功能是化力为形，化能量为文化，化死的东西为活的艺术形象，化生物的繁衍为社会的创造力。

我国学者更多地从"区域的政治、经济、文化和军事中心"来界定城市。张光直认为，中国历史上最早的城市是政治权力的工具和象征。他根据商代考古资料，列举了早期城市的主要特点：（1）夯土城墙、战车、兵器；（2）宫殿、宗庙和陵寝；（3）祭祀法器包括青铜器与祭祀遗迹；（4）手工业作坊；（5）聚落布局在定向与规划上的规范性。段宏振也认为，中国早期城市是作为为王室和贵族服务的政治中心、祭祀中心和军事要塞而出现的，作为商贸功能的中心地位并不明显。①张学海提出，原始城市有三个要素：（1）政治权力和行政管理中心、手工艺技术中心；（2）人口相对集中，居民在三千人左右；（3）居民具有多样的社会身份。许宏归纳了中国早期城市的三个特点：（1）作为邦国的权力中心而出现，具有一定地域内政治、经济和文化中心的功能，考古学上往往可见大型建筑基址和城垣；（2）因社会阶层分化和产业分工而具有居民构成复杂化的特征，存在非农业的生产活动，又是社会物质财富集中和消费的中心；（3）人口相对集中，但是在城市的初级阶段，人口

---

① 段宏振：《中国古代早期城市化进程与最初的文明》，《华夏考古》2004 年第 1 期。

的密度不能作为判断城市的绝对标准。①高松凡、杨纯渊提出，不能简单地把"城"和"市（场）"的结合看作是城市出现的标准，认定早期城市的三项标准是：（1）应该是具有多种职能的复合体；（2）空间结构、布局和功能的分化，体现城市是人口、手工业生产、商品交换、社会财富、房屋建筑和公共设施集中的场所，以适应复杂的政治、经济和文化生活的需要；（3）城市应当表现人口多、密度高、职业构成复杂的特征，相当成员从事非农业的经济、行政和文化活动。②刘庆柱提出"单一性都城"的概念，即属于宫庙类的建筑围以城垣，形成大小不一的"宫城"，其外的居民区、手工业作坊区等则未围筑城垣。他认为，这种都城形制才是中国古代都城的最初形式。③

透过上述各种观点，可以看出，史前聚落所反映的"社会复杂化程度"，能够成为划分史前"城市"与一般聚落的最重要特征。而且，这种"社会复杂化程度"意味着已达到作为区域性政治、经济、文化中心的标准。因此，判定一个史前聚落的性质，一是要弄清该史前聚落所反映的社会复杂化的程度如何，二是要思考，从考古学角度如何考察该聚落是否具有"中心"地位。

在社会复杂化程度研究方面，麦奎尔（R. H. McGuire）和泰恩特（J. A. Tainter）将"复杂化"（complexity）分解为"异质性"（heterogeneity）和"不平等"（inequality）两个变量，前者包括人口的构成、组织结构上的多样性，后者指等级和获取社会资源的不同途径或差异。④这两个概念对于我们考察史前聚落社会复杂化程度，有很大的帮助。一个史前聚落人口构成和组织结构的复杂化，既可以表现为社会职业的多样性，诸如在农业人口之外，还存在手工业者、巫师、武士、首领等非农人口；也可以表现为社会结构的分层，诸如贫富分化和地位分化，出现权贵与平民甚至奴隶的区别等，这些能够从考古揭示的聚落墓地、居址得到较为准确的信息，包括墓坑大小、位置，有无葬具、祭祀坑、殉人、随葬品组合、数量和制作精致程度，居址建筑的方式、位置、形制、面积等等。至于史前聚落的"中心"地位，则可以通过考察某聚落与周边聚落的规模对比、功能区分、相互距离、地理位置等，推

① 许宏：《先秦城市考古学研究》，北京燕山出版社2000年版。
② 高松凡、杨纯渊：《关于我国早期城市起源的初步探讨》，《文物季刊》1993年第3期。
③ 刘庆柱：《中国古代都城考古学研究的几个问题》，《考古》2000年第7期。
④ 引自陈淳：《文明与早期国家探源——中外理论、方法与研究之比较》第四章《社会文化复杂化》，第163页。

测其与周边地区、乡村的相互关系，确定是否出现聚落分化与跨聚落的地方整合，是否具有区域中心和纽带作用。此外，考古发现的附属于聚落的手工业作坊、宫殿、庙宇及"纪念性公共建筑"、公共广场、公共排水道设施等，甚至聚落布局所体现出来的精心规划和设计，都可以提供相关方面重要的线索，从而反映出公共权力、社会管理与控制系统的出现，财富及稀缺资源的集中与再分配，以及市场等较高水平的社会活动。另一方面，也需要考虑，史前社会的聚落要达到怎样程度的"复杂化"才能够定性为"城市"？这一标准恐怕很难量化。在这种情况下，"参照"与"比较"可能是较为合适的研究方法。从这一思路出发，我们从考古学上考察史前聚落是否达到了"复杂化"指标，即使不能最终确定该聚落是否达到了"城市"的标准，也可以在相互比较中较为清晰地观察到其社会复杂化的相对程度，以及这一社会早期"城市化"进程的不同侧面。

《史记·五帝本纪》云："一年而所居成聚，二年成邑，三年成都。"这句话背后的含义是，城市是由之前的村落、聚居点累积发展而来的。在长江流域，部分史前古城的出现也的确可以印证这一说法。例如长江中游地区的史前古城——城头山、阴湘、走马岭，在建城之前已有更早时期的考古学文化堆积，说明是由更早的聚落发展而来的。作为聚落，它们沿用时间长，并由环壕逐渐发展成城墙与城壕并重的防御模式。但是，仔细观察其城内的内涵，与同时的普通聚落差距不大，远未达到复杂社会的程度。石家河古城始建于屈家岭文化中期，沿用到石家河文化晚期。郭立新分析了屈家岭文化至石家河文化时期聚落群形成过程和人群内部的社会分化过程，认为随着屈家岭文化时期地区内资源争夺的激烈，超聚落的联合和分化成为大势；而在社会相对平稳的石家河时期，内部人群社会分化则日益巨大，石家河古城走向衰落。由此他提出，石家河古城的出现是保护公共群体利益的。[1]

长江下游的莫角山、寺墩遗址都是在良渚文化时期才出现的新的中心聚落，前者在良渚文化早中期，后者在良渚文化晚期。这两处史前古城，在建造之初就显示出精心设计和布局的特点，对于区别社会各层级中最高级别人群（显贵）的意义则更为凸显。其以高台建筑群、高台祭坛和墓地以及大量

---

[1] 郭立新：《长江中游地区初期社会复杂化研究（4300B.C.—2000B.C.）》，上海古籍出版社2005年版。

精美玉器为特征的内涵，与周边普通聚落差距很大，与长江中游地区古城的区别也很大。

除了与长江中游史前古城比较之外，中原龙山时期的陶寺古城也是很好的参照对象。陶寺遗址位于今山西省临汾地区，面积约 400 万平方米，发掘前保存下来的面积有 280 万平方米，是迄今在中原发现的面积范围最大的距今约 4 000 年以前的古城遗址。其内涵包括了大小城址、高等级建筑基址和宗教建筑，以及埋葬有大、中、小型墓葬的墓地。有学者对陶寺城址内的空间规划进行分析，指出：

> 陶寺城址同中原地区其他早期城址相比，它将版筑城垣规整形态与更大空间相结合，面积达到 280 万平方米。……陶寺城址内功能区划不仅明显，而且各功能区之间有明显的空白地带，仿佛起着隔离带的作用。……将宫殿区明确地同其他功能区隔离开来，把手工业作坊区和普通居民区限制在远离宫殿区的城角，既便于集中管理，又体现空间的控制权力，这表明陶寺城址有一个强大的政治力量把持着高水平的空间控制权。……陶寺中期城址将中期王级贵族墓地和观象授时祭祀台等祭祀遗存用城墙围在城南的小城内，形成特定的"鬼神区"，开了后世陵园、寝庙围城的先河，从物化形式上提升了鬼神区在城址功能区划中的地位。……陶寺城址内由王权控制的大型仓储区，是实现储藏贡赋、实现再分配、备战备荒等国家行为不可或缺的基础设施，应为国家社会的一个重要表现。①

有学者进一步指出：

> 宫殿核心建筑区北口夯土台阶 IFJT2 的发掘，进一步证实陶寺城址内早中期宫殿区奢华建筑的存在。陶寺城址中期小城祭祀区内的 IIFJT1，面积约 1 400 平方米，是至今发掘最大的陶寺文化单体建筑，规模宏大，结构复杂，集观象与祭祀等功能于一体，这些都是陶寺文化前所未有的。IIFJT1 的发掘，找到了陶寺城址的宗教中心，为了解陶寺文化的宗教体

---

① 马世之：《五帝时代的城址与中原早期文明》，《中州学刊》2006 年第 3 期。

系提供了不可多得的资料。……从聚落形态角度看，高规格的宫殿建筑、宗教建筑和与天文历法有关的建筑设施，应当是"王都"级聚落所应当具备的标志性建筑单元。它们与陶寺早、中期"王级"贵族大墓以及陶寺早、中期的城垣相匹配，丰富了陶寺城址作为"王都"的聚落形态、社会形态和文明化程度。[①]

与陶寺古城对比，良渚古城同样具有宗教礼制性的大型建筑基址，同样拥有"城"的形制，同样也是当时新出现的中心聚落，在布局上显示了社会显贵的特殊地位和身份。许宏分析陶寺遗址，认为"中国尚未发现早期城市是从原始中心聚落直接演化而成的证据"[②]。陈淳据此提出，这一观察表明，城市确实不再是农业聚落那种纯粹对生态环境适应的产物，而是脱离了基本生存适应功能的更高层次上的聚落或政治管辖中心。[③]

由上比较分析，我们可以认定，虽然长江中游地区古城也是有城墙的区域性中心聚落，但其社会复杂程度还不太高。长江下游的莫角山、寺墩良渚古城则与陶寺古城一样，在社会复杂化程度上都达到了极高的水平，同样都具有区域性中心的性质，已经是"早期城市的雏形"或"城市的萌芽"。是否可以这样认为：史前早期城市的出现，是一个地区社会复杂化达到相当程度的"新地标"，是为了昭显新社会权贵和公共权力的意义而新建筑的。

当然，也需要指出，陶寺古城与良渚古城又有着各自的特征。

陶寺大城的城墙不但围绕着重要宗教礼制建筑，还包括普通居住区和手工业作坊等。其外的陶寺墓地，大、中、小型墓共存。这些都反映出该城不仅居住贵族和统治者，也包括一般居民，具有筑城以"盛民"、以"保民"的特点。也正是因为如此，就"城"内部而言，陶寺古城的功能区更加多样，其规划和布局体现了空间上的控制力，在对外辐射其政治管理及宗教影响的同时，经济上可能可以依靠本城农业人口实现部分的"自给"。

莫角山良渚古城虽然在城内没有包括很多的功能分区，但周边分布着居

---

① 何驽、严志斌：《山西襄汾陶寺城址发现大型史前观象祭祀与宫殿遗迹》，《中国文物报》，2004 年 2 月 20 日，第 1 版。

② 许宏：《先秦城市考古学研究》，北京燕山出版社 2000 年版。

③ 陈淳：《文明与早期国家探源——中外理论、方法与研究之比较》，上海世纪出版集团 2007 年版，第 204 页。

住贵族的二级聚落和居住普通民众的三级聚落，以及加工不同器物的手工业制作地点。这些分散的、实施不同功能的地点，为莫角山提供经济、物资和人员的支持，而莫角山为周边提供宗教、管理等特殊"服务"。换言之，以莫角山为中心，不同功能的聚落（遗址）整合成了一个范围广大、功能齐全、联系紧密的巨大聚落群。寺墩古城与周边聚落（遗址）的关系虽然还不是十分清楚，但其本身特别的形制、规划和布局，却反映出更强的空间控制权力。

如果进一步思考，又有一个问题值得注意，那就是陶寺古城与良渚古城之间的差异，属于城市起源不同阶段的特征，还是不同地域、不同发展动力所致？

陶寺古城所在的中原地区，早在距今 5 600 年的仰韶文化晚期就已经出现以城墙为防御工事的郑州西山古城，并不是该地区当时最大的中心遗址。此后出现的其他龙山时期城址，如淮阳平粮台、辉县孟庄、登封王城岗等等，面积都很小，有学者认为都属于军事防御的城堡之属，目的在于保卫聚落内的资源和人员。陶寺文化晚期，陶寺古城遭受毁墓地、夷灵台、废城垣、馘首惨杀等一系列野蛮残酷的行为，由大型聚落转而为普通村落。[1]这些表明，在中原地区，资源紧张所导致的掠夺与战争，是城邑产生的重要动力，也是筑城"盛民"、"保民"特点背后的根本原因。

良渚莫角山古城的情况则有所不同，表明除了战争，社会宗教导致的公共权力的增长，也是史前城市起源的动力之一。到良渚文化晚期，良渚文化向北扩散的势头遭到遏制[2]，这一时期寺墩古城的特殊形制，很可能与此有关。其环绕祭坛、墓葬和居住区的两周闭合水道，既是对之前莫角山古城"圣域"形态的继承，也是适应水乡环境的战争防御设施。

---

① 程平山：《论陶寺古城的发展阶段与性质》，《江汉考古》2005 年第 3 期。
② 朔知：《良渚文化的初步分析》，《考古学报》2000 年第 4 期。

第三章　城邑的发展和城市产生

新石器时代晚期的原始古城虽只是城市源起的萌芽状态，但为后来城邑的发展和真正意义的城市的产生奠定了历史基础。从全国范围来看，进入夏商西周时代，天子、诸侯、卿大夫都普遍筑城，并有着严格的礼制规范。[①]表面上看，这些不同等级的城邑均颇具规模，实际上其核心城区的范围和居民数量大多较为有限。[②]春秋以降，王权衰落，诸侯相争，各国出于政治、军事上的需要，纷纷建城。"御外之道，莫若设险；制胜之方，莫若因形。重门虆折，设险也；高屋建瓴，因形也。"[③]由此，城邑数量大幅增加，个体规模不断扩大。有学者认为，西周春秋时期的"国"，"有真正在行政、经济、社会意义上对特定地域社会进行管理的职能"，属于真正意义上的城市的形成形态。[④]江南地区也是如此，其城邑一直在不断发展。尤其是到春秋中后期，随着吴、越两国的相继兴起和区域开发的展开，不仅形成了较为完整的城邑体系，而且部分城邑开始发展为较具形态的早期城市。

---

① "王城方九里……长五百四十雉……公城方七里，长四百二十雉……侯伯城方五里，长三百雉。"《左传》隐公元年孔颖达《正义》，《十三经注疏·春秋左传正义》，北京大学出版社1999年版，第52页。

② "古者……城虽大，无过三百丈；人虽众，无过三千家者。"《战国策·赵策三》，上海古籍出版社1985年版，第678页。

③ 王应麟：《玉海》卷一七四，上海古籍出版社、上海书店出版社1990年影印本。

④ 许倬云：《周代都市的发展与商业的发达》，台湾《历史语言研究所集刊》第48本第2分，1977年。

第一节　聚落和城邑的早期发展

有学者基于有关历史文献的统计分析，曾指出周代有 585 个城邑，另外还有 233 个城邑尚未能确定年代。这些城邑主要分布于现在的陕西、山西、河南、河北等区域，西周时就已经出现。至于长江流域，直到东周时才出现城邑。[①]但近年来相关考古发现表明，这种观点显然与史实不符。事实上，三代先秦时期江南地区的城邑发展，基本上经历了与北方中原地区相似的历史轨迹。

一、江南青铜文化的区域格局与发展序列

探讨江南地区早期城邑的发展演变，首先要弄清作为区域文明标志的青铜文化的分布格局和发展序列，具体仍可从宁镇皖南和太湖流域两个地区来加以认识（图：江南地区先秦时期青铜文化概貌示意图）。

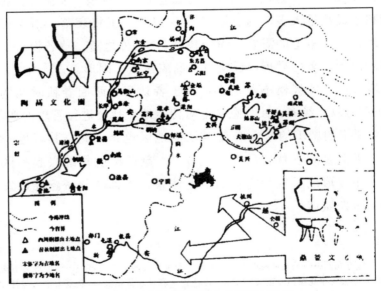

江南地区先秦时期青铜文化概貌示意图

（刘建国：《论江南周代青铜文化》，《东南文化》1994 年第 3 期。）

[①]　参看许倬云：《周代都市的发展与商业的发达》，台湾《历史语言研究所集刊》第 48 本第 2 分，1977 年。

（一）宁镇皖南地区

与中原夏、商、周时期相对应，宁镇皖南地区相当于夏朝时期的青铜文化遗存是点将台文化，其年代大致为公元前 2100—前 1700 年或稍后，其来源应为宁镇地区第三阶段的新石器时代文化和王油坊类型龙山文化，虽然受到中原文化和岳石文化影响，但其自身文化特征明显。①直接承继点将台文化的是湖熟文化，其活动年代与中原商朝时期相当，约为公元前 1700 年—前 1000 年。

夏商时期太湖北部不但受到南方马桥文化的影响，同时从北方南下的龙山文化势力也跨过长江进入该地区。商代早期，强大的商文化首先进入宁镇地区，而后又以此作为跳板向东发展。②这方面，江阴花山遗址可以作为证明。③之后西周至春秋时期分布于宁镇地区、皖南丘陵山地和太湖地区西部的考古学文化，虽然与早期有许多共性，保持了文化整体的连续性，但不少方面也发生了突变，表现出较为明显的时代性。具体而言，这些变化包括：土墩墓出现，带角状把手的夹砂陶鬲和鼎流行，几何印纹硬陶和原始瓷剧增，陶器纹饰中各种组合纹空前繁荣与盛行，等等。这一时期的上限，恰好与传说中吴的立国相吻合，所以有学者将其纳入吴文化的研究范畴。由此，宁镇地区青铜文化的基本演进序列可以描述为：夏时期的点将台文化、商时期的湖熟文化和西周至春秋时期的吴文化。④

（二）太湖流域地区

太湖流域的青铜文化则从对应中原地区的殷墟早期分段，殷墟早期之前为马桥文化，之后为越文化。一般认为，马桥文化最早出现于公元前 1900 年左右，消失于公元前 1200 年左右，前后持续约 700 余年的历史，其主要分布地区是环太湖地区和杭州湾南岸的浙江东北部。⑤但从这一地区整个早期青铜文化的编年来看，目前还存在着两处明显的缺环：一个缺环是在史前良渚文化的突然衰变以及马桥文化在本地区的出现之间。以往学者多认为，二者在时代与文化面貌上都存在着明显的缺环，尚无直接衔接的材料与证据。2005

① 张敏：《论点将台文化》，《东南文化》1989 年第 3 期。
② 王迅：《东夷文化和淮夷文化研究》，北京大学出版社 1994 年版。
③ 江苏花山遗址联合考古队：《江阴花山夏商文化遗址》，《东南文化》2001 年第 9 期。
④ 毛颖、张敏：《长江下游的徐舒与吴越》，湖北教育出版社 2005 年版，第 107—123 页。
⑤ 宋建：《马桥文化的编年研究》，高崇文、安田喜宪主编：《长江流域青铜文化研究》，科学出版社 2002 年版。

年和 2008 年，考古工作者两次对今浙江湖州钱山漾遗址进行第三、第四次发掘（前两次发掘分别在 1956、1958 年），发现钱山漾一期、二期文化遗存其 C^{14} 年代测定为距今 4 400—3 900 年之间，晚于良渚文化而早于马桥文化，很可能就是良渚文化与马桥文化之间古文化发展序列上的缺环。[1] 另一个缺环是在夏商与周代之间。马桥文化的结束时代被认为在中原殷墟早期，而太湖地区土墩遗存则从西周早期才开始，那么相当于殷墟晚期的这一阶段，由于材料较少，而在太湖青铜时代文化序列里仍面目不清。[2]

马桥文化的主要来源一般被认为是浙南闽北肩头弄类型文化，部分内涵是良渚文化的延续，其形成与发展过程又受到中原夏、商文化和山东岳石文化的影响。[3] 近来也有学者提出，"马桥文化很可能主要是外来北方文化因素与环太湖地区原有的文化的混合变化体，在文化的形成过程中，也接受了来自南方的一些影响（如鸭形壶、凹底罐等）。"马桥文化的文化因素中，还有一些自己的创造，并由北向南传播，影响浙南闽北的当地文化。[4]

马桥文化之前，在太湖东南部的上海松江还发现了距今 4 400—4 000 年左右的广富林文化遗存，其考古学文化内涵与长江北岸江苏里下河地区南荡文化遗存相同，都是来源于中原河南地区龙山文化的王油坊类型。2005 年浙江湖州钱山漾遗址第三次发掘中发现的钱山漾早期遗存，是广富林遗存的早期阶段。[5] 此外，好川文化是一支以瓯江流域为主要分布区的史前文化，距今 4 000 年左右。浙江遂昌好川墓地、温州老鼠山遗址等，都是该文化的重要发现。

商周时期，中原文化进入到今浙江地区。曾在淳安进贤、海盐东橱金发现商代炼铜遗址，余杭石濑、吴兴埭溪、安吉、海盐等地都出土过造型、纹饰与中原青铜器无异的青铜器，长兴草楼村出土过西周铜钟、铜簋等。[6]

---

① 丁品：《浙江湖州钱山漾遗址第三、四次发掘——完善太湖地区古文化发展序列的一次重要发现》，浙江省文物考古研究所编：《浙江考古新纪元》，科学出版社 2009 年版，第 79 页。

② 曹峻：《太湖地区夏商时代考古发现与谱系研究综述》，《东南文化》2007 年第 5 期。

③ 宋建：《上海考古的世纪回顾与展望》，《考古》2002 年第 10 期。

④ 焦天龙：《论马桥文化的起源》，曹峻：《试谈马桥文化的泥红褐印纹陶》，《南方文物》2010 年第 1 期。

⑤ 丁品、郑云飞、程厚敏、潘林荣、郭勇：《浙江湖州钱山漾遗址进行第三次发掘》，《中国文物报》，2005 年 8 月 5 日，第 1 版。

⑥ 倪士毅：《浙江古代史》，浙江人民出版社 1987 年版，第 19—20 页。

因此，环太湖流域的青铜文化，与马桥文化同时或之前的有广富林文化、好川文化，之后与中原周文化和宁镇地区的吴文化相对应，学者一般认为进入越文化的阶段。

二、夏商时期江南地区的聚落和城邑

浙江湖州钱山漾遗址发现了属于广富林文化早期的建筑——属于早期遗存的长方形土台，其上属于第一期的 3 座房基，都由数量不一的柱洞（坑）构成，基本呈东西或南北向的长方形，应为干栏式建筑。其二期文化遗存的 F3 房基，则是一座 1 栋 8 室、大型多开间套间式建筑基址。遗迹由墙槽、隔墙和柱洞组成。墙槽有 8 条，4 条大致呈东西向与 4 条大致呈南北向的墙槽将 F3 平面分隔出 6 个长方形单元（室），其中又有 2 条小隔墙将西侧大间分为南北 3 室，由此形成 3 开间 8 室的建筑形式，面阔 3 间、进深约 2—3 间，占地 260 平方米。在其南部，还有一处东西向、面积约 30 平方米的长方形附属建筑。此类建筑基址，在太湖地区尚属首次发现。在钱山漾遗址中还发现一处马桥文化时期的大型聚落，清理遗迹包括 2 座房基、3 条排水沟、149 座灰坑、6 口水井和 8 条灰沟。初步推测，这两座房基也是干栏式建筑，其东和东南侧有 3 条大致呈东西向的沟状堆积，应为排水设施。灰坑分布较为密集，灰坑的大小、形状、堆积情况均有不同，可能有不同用途或功能。水井一般呈平面圆形或圆角方形，以土坑井为主，深度在 150—245 厘米不等，H100 中有圆筒形的木质井壁，残高 185 厘米左右。[1]

温州老鼠山遗址是距今 4 000 年瓯江下游地区好川文化的重要遗存，位于温州市鹿城区渡头村。该遗址海拔 61 米，周围高山环绕，戍浦江由西向东绕山而过，向东 500 米左右汇入瓯江。聚落以山顶平缓的岗地为中心，西南为居住区，东南为墓葬区。山腰、山坡均有遗址分布，面积近万平方米。西南部揭示连片成排的石础建筑遗迹，呈东南—西北向排列。属于山前沿江的孤丘型聚落遗址。[2]

① 丁品、郑云飞、程厚敏、潘林荣、郭勇：《浙江湖州钱山漾遗址进行第三次发掘》，《中国文物报》，2005 年 8 月 5 日，第 1 版。丁品：《浙江湖州钱山漾遗址第三、四次发掘——完善太湖地区古文化发展序列的一次重要发现》，浙江省文物考古研究所编：《浙江考古新纪元》，科学出版社 2009 年版，第 75—79 页。

② 王海明：《温州老鼠山遗址——好川文化在瓯江下游地区的重要发现》，浙江省文物考古研究所编：《浙江考古新纪元》，科学出版社 2009 年版，第 54—55 页。

江阴佘城遗址是太湖地区迄今所发现的同期最大的古城址，其年代距今约3 500—3 100年，与中原商朝时代相应。该遗址位于今江苏江阴市南约6千米云亭镇花山村高家墩，北距长江约9千米，西临河溪。其平面大致呈圆角长方形，南北最长800米，东西最宽近500米，面积约40万平方米。城墙以干湿土混用的堆筑方法建筑而成，南北宽约20米，高2.6—5米左右。有陆门和水门，城外有护城河（环壕），城内北隅有一大型建筑基址。

佘城城址应与其西侧的花山遗址同为有机整体，为城与郊的关系。花山遗址位于江苏省江阴市云亭镇花山村，遗址所在地是一片略高于四周的台地，台地呈北高南低趋势，其东南有一条小河围绕。经初步调查，遗址范围较大，东南可达佘城，西抵谢家冲，南界暂时不明，面积约10万平方米，是一处大型遗址。（图：江阴佘城、花山遗址位置图）2000年的试掘，出土文化遗物有青铜器、石器和陶器，其中青铜器2件，石器1件，陶片1 292片，陶器可复原者9件。城址中所出陶器，显示出文化混杂的特点：早期带有马桥文化特征，但不见鸭形壶、瓠等标志性器物；晚期具有很强的湖熟文化特征，但没有鬲等主要炊器。根据所出器物相当于湖熟文化二三期，可推断佘城使用时间的下限是公元前1600—前1000年，则其修筑和使用的年代在夏商时期。佘城遗址的器物也表现出了一定的地方特征，例如在炊器中釜占了一定的比例，内部带刻槽的澄滤器大量出现，陶器纹饰中梯格纹所占比例

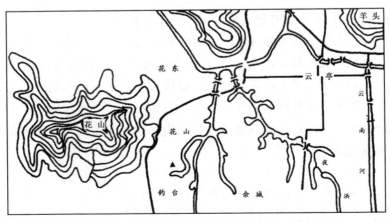

江阴佘城、花山遗址位置图

（江苏花山遗址联合考古队：《江阴花山夏商文化遗址》，《东南文化》2001年第9期。）

极大等等。①

第二节　吴、越区域社会开发和地方城邑体系的形成

　　江南地区早期文明的发展演进，一直伴随着本地文化与外来地方文化的不断交流。在新石器时代晚期，良渚文化兴盛一时，其文化覆盖了宁镇地区、太湖以东地区和宁绍平原。随着良渚文化的衰落，江南地区受到包括中原（王油坊类型文化、二里头文化及商文化）、山东（龙山文化、岳石文化）、南方（浙西、闽北肩头弄类型文化）等其他地域文化的影响和渗透，一度失去了统一的地域文化面貌，呈现出多样的区域文化特征。直至西周以降，江南地区才重新形成较为统一的区域文化体系。在此基础上，吴、越两国相继兴起，开始了较大规模的地域社会开发进程。

一、多元文化融会与吴、越建国

　　中原王油坊类型龙山文化原来主要分布于淮河以北的豫东、鲁西南和皖北地区，其中豫东南地区最重要的遗址是王油坊，另外还有栾台、平粮台遗址等；鲁西南的典型遗址有安邱堌堆等；皖北的典型遗址有尉迟寺等。距今4 000年前后，该文化的活动中心离开黄淮冲积平原，逐渐向东南方向迁移，进入江南地区，较典型的有环太湖地区的广富林文化，包括浙江湖州钱山漾遗址、江苏宜兴骆驼墩遗址和昆山绰墩遗址、上海松江广富林遗址等。②在宁镇皖南地区，也留下了王油坊类型文化影响的因素。③

　　从长江以北的南荡遗址，经宁镇皖南地区，到达环太湖流域的广富林等遗址，基本上可以勾画出一条王油坊类型文化南迁的路线图。为什么王油坊

---

　　① 江苏佘城遗址联合考古队：《江阴佘城遗址试掘简报》，《东南文化》2001年第9期；江苏花山遗址联合考古队：《江阴花山夏商文化遗址》，《东南文化》2001年第9期；刁文伟、邹红梅：《江苏江阴佘城、花山遗址第二次发掘取得重要成果》，《中国文物报》，2004年4月7日；江苏省考古学会：《改革开放以来江苏考古的新成果与新理念》，《东南文化》2009年第1期。

　　② 宋建：《王油坊类型与广富林遗存》，河南省文物考古研究所编：《华夏文明的形成与发展》，大象出版社2003年版，第183—190页；翟杨：《广富林遗址广富林文化的分期和年代》，《南方文物》2006年第4期；上海博物馆考古研究部：《上海松江区广富林遗址1999—2000年发掘简报》，《考古》2002年第10期；《上海松江区广富林遗址2001—2005年发掘简报》，《考古》2008年第8期。

　　③ 点将台—湖熟文化都包含有王油坊类型的文化因素。有关这方面的情况，参见张敏：《论点将台文化》，《东南文化》1989年第3期。

类型文化会进行如此路途遥远的南迁？有学者估计，这应该与其原生地黄淮平原地理环境和生存环境的恶化有关。在这一时期，黄淮平原受到大洪水等自然灾害的影响，各族群之间对生存空间的争夺愈加激烈。在黄淮平原以西和西北方向有王湾类型文化演进的二里头文化（夏文化），在东部则有积淀深厚的龙山文化，两者势力强大，王油坊类型文化相对较弱，于是选择了避让迁徙的道路。不过，王油坊类型文化南迁所选择的地点，自然条件并不太好。江北的里下河地区为湖沼平原，江南的广富林地区是海湾泻湖沉积地形，地势低洼，都不是很适宜的居住地，使得南迁的先民无法在一个地点长期定居，经常在小区域内不断变更居住地。从考古发现来看，在广富林遗址的文化遗存中，王油坊类型文化只占很小的一部分，其余都是之前的良渚文化遗存，两者形成强烈反差，可见王油坊类型文化南迁后，其扩散势头十分有限。当然，从历史的角度讲，这一支移民的进入，在推动良渚文化之后江南区域文化的进一步发展，还是起了积极的作用。①

继王油坊类型文化之后，中原地区的殷商文化对江南北部宁镇地区的湖熟文化产生了很大影响。宁镇地区出现了许多仿效中原风格的青铜器，包括与二里冈文化同类器物相同或相近的绳纹鬲、甗、罐、盆、簋、缸等，还有与殷商文化相近的卜骨和卜甲风俗。随后，殷商文化又以宁镇地区作为跳板，进一步向江南东部和南部扩散，江阴花山遗址等便是这方面的实证。②与此同时，湖熟文化还深受山东龙山文化、岳石文化的影响，如素面鬲作为湖熟文化沿用时间最长、也是最具有特色的炊器，有学者认为在宁镇地区找不到文化渊源，应原本属于东夷的器物，经过江淮地区的中介而传入江南。有学者进一步提出，湖熟文化跟淮夷文化的关系较为密切，很可能就是淮夷南迁的一支。③

分布于太湖流域的马桥文化与湖熟文化时代相近，由于其遗物与良渚文化之间有较大距离，故在有关其来源的问题上，人们有着不同的看法。有学者认为："马桥文化是当地文化传统在浙闽地区向北扩张背景下突然的和重大

---

① 宋建：《王油坊类型与广富林遗存》，河南省文物考古研究所编：《华夏文明的形成与发展》，大象出版社 2003 年版，第 183—190 页。

② 王迅：《东夷文化和淮夷文化研究》，北京大学出版社 1994 年版；江苏花山遗址联合考古队：《江阴花山夏商文化遗址》，《东南文化》2001 年第 9 期。

③ 董楚平：《吴越文化新探》，浙江人民出版社 1988 年版。

的文化变异，表现在当地原有文化的部分保留、延续和外来文化的大量涌现。"①这部分学者认为，马桥文化来源于浙西南和闽北地区的肩头弄类型文化，这支南来的文化向北扩张到浙江东北部和环太湖地区以后，又接受了北方文化的很多影响，尤其是二里头文化和二里冈文化的影响。②还有学者认为，马桥文化应该是以太湖地区原有文化为基础，接受了外来北方和南方文化影响的文化混合体。③无论人们的看法如何，有一点应是较为明确的，那就是马桥文化时期的太湖地区受到多种外来文化的影响。

西周时期，区域外文化仍在不断地进入江南地区。从文献方面来看，最典型的当推所谓的"太伯奔吴"。《史记·周本纪》记载："长子太伯、虞仲知古公欲立季历以传昌，乃二人亡如荆蛮，文身断发，以让季历。"同书《吴太伯世家》有更为具体的描述：

> 吴太伯，太伯弟仲雍，皆周太王之子，而王季历之兄也。季历贤，而有圣子昌，太王欲立季历以及昌，于是太伯、仲雍二人乃奔荆蛮，文身断发，示不可用，以避季历。季历果立，是为王季，而昌为文王。太伯奔荆蛮，自号句吴。荆蛮义之，从而归之者千余家，立为吴太伯。

从考古成果方面来看，1954 年在江苏镇江大港镇烟墩山发现随葬西周青铜器的大型土墩墓，出土青铜器数十件，其中有部分中原类型的青铜器。墓中同时出土了西周初期器宜侯夨簋，上有铭文："王令虞侯夨曰：迁侯于宜。"后来，又在溧水乌山、荞麦山等地发现西周早期至中期的大型土墩墓，其中亦随葬有中原式器物及青铜礼器。虽然人们对这些墓葬的归属还有争议，有的认为这些是南来周人的墓葬，周王所封的宜国就是吴国④；也有认为这些是典型的吴国早期贵族墓葬，反映了当时江南地区上层社会对西周文化

---

①　宋建：《马桥文化的分区和类型》，《东南文化》1999 年第 6 期。

②　宋建：《马桥文化探源》，《东南文化》1988 年第 1 期。

③　焦天龙：《论马桥文化的起源》，曹峻：《试谈马桥文化的泥红褐印纹陶》，《南方文物》2010 年第 1 期。

④　唐兰：《宜侯夨簋考释》，《考古学报》1956 年第 4 期；李学勤：《宜侯夨簋与吴国》，《文物》1985 年第 7 期。

的吸收。①无论哪种看法，都承认早在西周初期，周人文化已开始渗入长江下游地区，对江南区域文明的演进产生多方面的影响。而且随着时间的推移，这种影响不断深化。到春秋中后期，江南地区大型土墩墓都演化成为带墓道的竖穴深坑，流行二层台设施，这意味着完全接受了中原地区的礼制文化。②

在中原周文化由北向南逐步影响江南地区的同时，宁镇、皖南、太湖西部地区与太湖东部及南部地区的文化特征逐渐趋同，而且这一演进过程很可能是由南向北逐步完成的。以西周以降江南地区重要的文化特征——土墩墓为例，据目前的调查发掘，发现土墩墓多分布宁镇、皖南地区与浙皖之间的新安江流域、太湖流域和宁绍平原地区的土坡或平地之上，江西和福建境内也有发现。③据杨楠研究，土墩遗存最早出现在黄山—天台山以南区域，其年代相当于中原夏商之际至春秋后期；其次出现在太湖—杭州湾区，其年代约当中原商代后期至战国前期；最后出现在宁镇区，其年代约当中原西周前期至春秋后期。当这一葬俗影响江南北部宁镇地区的时候，随葬器物也反映出了很强的文化趋同性。在整个江南区域，均流行印纹硬陶和原始瓷为随葬品，包括印纹硬陶瓿肩坛、敞口矮颈瓮或罐、大平底扁腹瓶、原始瓷敛口豆、敞口折腹豆等，其纹饰较常见的有折线纹及与回字纹、菱形填线纹等形成组合的纹饰以及乳丁式附加堆纹。④

正是在这种区域文化交流和文明融会的背景下，吴、越在江南立国，并被赋予不少中原文化的色彩。《史记·吴太伯世家》将吴国归为周王室的直系分支，属于西周初分封的诸侯国："太伯卒，无子，弟仲雍立，是为吴仲雍。仲雍卒，子季简立。季简卒，子叔达立。叔达卒，子周章立。是时周武王克殷，求太伯、仲雍之后，得周章。周章已君吴，因而封之。"同书《越王句践世家》又将越国历史追溯到夏代，归为夏王室的分支："夏后帝少康之庶子也，封于会稽，以奉守禹之祠。文身断发，披草莱而邑焉。"但从《吴越春秋·越王无余外传》的记载看，当时恐怕还没有形成国家的形态："人民山

---

① 谷建祥、林留根：《江南大型土墩墓形制之研究》，《东南文化》1998 年第 1 期；唐兰：《宜侯矢簋考释》，《考古学报》1956 年第 4 期；李学勤：《宜侯矢簋与吴国》，《文物》1985 年第 7 期。

② 肖梦龙：《吴王王陵区初探》，《东南文化》1990 年第 4 期；谷建祥、林留根：《江南大型土墩墓形制之研究》，《东南文化》1998 年第 1 期。

③ 陈元甫：《土墩墓与吴越文化》，《东南文化》1992 年第 6 期；莫慧旋：《太湖—杭州湾地区土墩石室墓及土墩墓分期研究》，《东方博物》第 13 辑，2004 年第 4 期。

④ 杨楠：《商周时期江南地区土墩遗存的分区研究》，《考古学报》1999 年第 1 期。

居……随陵陆而耕种，或逐禽鹿而结食。无余质朴，不设宫室之饰，从民所居。"考古学界对于宁镇地区西周以降的考古学文化称为吴文化，将太湖流域"后马桥文化"和春秋时期的越国文化，统称为越文化。不过，就土墩墓和印纹硬陶的分布来说，它们是整个江南地区所共有的一种墓葬形制及器物，不但是吴文化的重要内容，而且也是越文化中不可缺少的重要组成部分。它们的存在，证明古人所言"吴越同俗"的说法是可信的——《吕氏春秋·知化篇》说："吴之与越也，接土邻境，壤交通属，习俗同，语言通。"《吴越春秋》卷一也提到："吴与越，同音共律，上合星宿，下共一理。"

尽管如此，在底层文化趋同的底色上，以茅山—太湖为界，仍然顽强地保持着地域文化的传统特色。如在生活所用的炊具方面，宁镇地区以鬲为特色，太湖流域则以鼎为特色；宁镇地区的炊具流行梯格纹，太湖流域的炊具则鲜有此类纹饰。在墓葬方面，土墩石室墓集中分布于太湖周围和杭州湾沿岸丘陵山地的顶或坡垄之上，尤其以太湖东北的苏州吴县地区和太湖西南的长兴地区最为密集。诸如此类的现象表明，虽然西周以后江南地区整体文化面貌趋同，但这并不意味着内部地方文化差异的消失，而是在一些方面保留着各自的文化特色，最终成为吴、越两国分立的地域文化基础。

对于吴国的兴起地，不少学者认为在今苏州为主的太湖流域地区，亦即于越故地。[①]也有学者认为，西周时期吴国的政治中心在宁镇地区，其统治势力并没有发展到太湖地区，"姑苏及太湖东部地区到春秋晚期，才成为吴国疆域"。[②]从考古学的角度讲，今苏州地区在商周时期为马桥文化分布范围，文化面貌与上海、浙江的杭嘉湖和宁绍平原基本相同，与分布在宁镇地区和皖南东部的湖熟文化则差异很大。因此，许多考古学者认为，马桥文化是先越文化，湖熟文化是先吴文化。[③]也就是说，苏州地区最初应为越人活动地，吴国的兴起地当在宁镇地区。[④]

建立越国的越人，又称於（于）越、大越、内越、於（于）粤、於（于）

---

① 吴奈夫：《先秦时代吴国都城的盛衰与变迁》，《苏州大学学报》1985 年第 4 期；周国荣：《古吴族初探》，《民族研究》1988 年第 1 期。

② 董楚平：《吴越文化新探》第二章，浙江人民出版社 1988 年版。

③ 黄宣佩、孙维昌：《马桥类型文化分析》，《考古与文物》1983 年第 3 期；林华东：《湖熟文化刍议》，《东南文化》1990 年第 5 期。

④ 林华东：《苏州吴国都城探研》，《南方文物》1992 年第 2 期；张敏：《吴国都城初探》，《南方文物》2009 年第 2 期。

戊、於（于）雩，是先秦百越之中势力最强的一支，其分布区域南与瓯越、闽越靠近，北面在太湖地区与句吴错居，活动中心在今宁绍平原、杭嘉湖平原和金衢丘陵地区。①按照部分历史文献的说法，越国的建立始于公元前16世纪前后，其中心地在今浙江绍兴一带。如《史记·越王句践世家》云：

> 越王句践，其先禹之苗裔，而夏后帝少康之庶子也。封于会稽，以奉守禹祀。文身断发，披草莱而邑焉。后二十余世，至允常。

《吴越春秋·越王无余外传》云：

> 少康恐禹祭之绝祀，乃封其庶子于越，号曰无余。余始受封，人民山居，虽有鸟田之利，租贡才给宗庙祭祀之费。乃复随陵陆而耕种，或逐禽鹿以给食。无余质朴，不设宫室之饰，从民所居，春秋祀禹墓于会稽。

近年来，还有学者根据考古发现的古遗址群、土墩墓群、古窑址群，推测浙江北部东苕溪流域是古文献中记载的越国始封之地。②

二、吴、越争战与区域社会的开发

吴、越立国之后，推动区域开发和发展的重要动力之一是战争。西周时期，江南地区还只是中原王朝国家的边缘地带。及至春秋中晚期，吴、越两国被逐步纳入中原争霸的战略意图之中，成为当时参与争霸的各国尤其是晋、楚争取的第三方力量。

《史记·吴太伯世家》云："寿梦立而吴始益大，称王。……寿梦二年，楚之亡大夫申公巫臣怨楚将子反而奔晋，自晋使吴，教吴用兵乘车，令其子为吴行人，吴于是始通于中国。吴伐楚。"寿梦二年即鲁成公七年（前584）。《左传》成公七年记载得更为详细：

---

① 辛土成：《于越名称居地和越国疆域变迁考》，《浙江学刊》1992年第4期。
② 朱建明：《浙北东苕溪流域的古代越国瓷业——兼谈早期越国都邑及青瓷的起源》，《南方文物》2009年第2期。

子重、子反杀巫臣之族子阎、子荡及清尹弗忌，及襄老之子黑要，而分其室……巫臣自晋遗二子书，曰："尔以谗慝贪惏事君，而多杀不辜，余必使尔罢于奔命以死。"巫臣请使于吴，晋侯许之。吴子寿梦说之，乃通吴于晋。以两之一卒适吴，舍偏两之一焉。与其射御，教吴乘车，教之战阵，教之叛楚。置其子狐庸焉，使为行人于吴。吴始伐楚，伐巢，伐徐，子重奔命。马陵之会，吴入州来，子重自郑奔命。子重、子反于是乎一岁七奔命。蛮夷属于楚者，吴尽取之，是以始大，通吴于上国。

显然，晋国通过扶助吴国，达到了牵制楚国的目的，而吴国也借此获得快速发展，国势迅速增强，由此开始了吴、楚之间的长期征战。

公元前538年，楚灵王攻吴，破吴邑朱方，灭赖国、迁许国。是冬，吴攻楚国的棘、栎、麻等邑。

公元前537年，楚灵王联合蔡、许、陈、顿、沈、徐等攻吴，未果。

公元前536年，吴救徐，于房锺败楚军，俘楚将弃疾。

公元前529年，吴败楚军，俘楚将，灭楚属国州来。

公元前525年，吴攻楚，战于长岸。

公元前519年，吴攻州来，大败楚军。公子光入郢，取楚夫人与其宝器以归。

公元前518年，楚平王侵袭吴国，吴军反击，攻破楚之巢、钟离二邑而回。

公元前516年，吴王僚派公子掩余、烛庸围攻楚之潜。

公元前512年，吴王光擒楚属国钟吾国君，灭徐。

公元前511年，吴军袭楚，攻夷邑，进袭潜、六邑，围弦，直抵豫章。

公元前508年，吴败楚于豫章，破巢，俘公子繁。

公元前506年，吴联合蔡、唐等国攻楚，战于柏举，楚师大败。吴王纵兵追击，楚军五战五败，楚昭王出逃，吴军攻入楚都郢。

公元前504年，吴攻楚，楚为避吴军，迁都鄀。

对于晋国扶持吴国的做法，楚国也采取了反制措施，通过扶持越国来牵制吴国。公元前537年，楚灵王联合部分小国攻吴，越人首次会兵，这是越人参与楚国联盟对抗吴人的开始。此后，随着越国势力的增强，其与吴国，由原来楚、晋争霸的战略"棋子"，演变为基于各自生存空间需要而发生你死我活争斗的仇敌，正如《国语》卷二〇《越语上》引吴国大夫伍子胥所说：

"夫吴之与越也，仇雠敌战之国也。三江环之，民无所移，有吴则无越，有越则无吴，将不可改于是矣。"在这种情况下，两国的冲突越来越激烈。

公元前 518 年，越军参与楚平王对吴国的侵袭。

公元前 510 年，吴攻越。

公元前 505 年，越王允常乘吴大举攻楚、后方空虚之际，举兵攻入吴。

公元前 496 年，越王允常死，子句践继位。吴王阖闾以越国君位传递，政局有所不稳，起兵伐越，双方在檇李大战。吴兵大败，吴王阖闾因伤而卒，子夫差继立。

公元前 494 年，吴王夫差以报父仇之名，起兵攻越，败越于夫椒，遂入越。越王句践以甲楯五千困守会稽山，势穷力屈，被迫求和，率臣子入吴为奴。越国由是成为吴之附庸。

公元前 482 年，越王句践趁吴王夫差北上争霸之际，起兵复仇，命范蠡、舍庸率师"沿海溯淮以绝吴路，败王子友于姑熊夷"，句践亲率中军"泝江以袭吴，入其郛，焚其姑苏，徙其大舟"①。夫差仓卒南归，与越媾和。

公元前 478 年，越攻吴，于笠泽败吴军。

公元前 475 年，越攻吴，围吴都。

公元前 473 年，越大败吴，吴王夫差自尽，吴国亡。《左传》载，哀公二十二年（前 473）"冬十一月丁卯，越灭吴"；《史记·吴太伯世家》载，夫差二十三年（前 473），"越败吴。……吴王……遂自刭死。越王灭吴……而归"；《越绝书·外传记地传》载，句践"灭吴，徙治姑胥台"。《国语·吴语》所载更为具体：

> 吴王起师，军于江北，越王军于江南。越王乃中分其师以为左右军，以其私卒君子六千人为中军。明日将舟战于江，及昏，乃令左军衔枚泝江五里以须，亦令右军衔枚逾江五里以须。夜中，乃命左军、右军涉江鸣鼓中水以须。吴师……亦中分其师，将以御越。越王乃令其中军衔枚潜涉，不鼓不噪以袭攻之。吴师大北。越之左军、右军乃涉而从之，又大败之于没，又郊败之，三战三北，乃至于吴。越师遂入吴国，围王台。吴王惧……遂自杀。越灭吴。

---

① 《国语》卷一九《吴语》，上海古籍出版社 1988 年版，第 626 页。

第三章 城邑的发展和城市产生

吴、越争战，为了增强国势，取得战争的胜利，两国都制定了富国强兵的政策，积极发展经济。以越国为例，越王句践于周敬王二十九年（前491）归国后，立志复仇，为短时期内强盛国力，采取了一系列政策措施。政治上，"折节下贤人，厚遇宾客"①，招徕人才；"内修其德，外布其道"，缓刑薄罚。经济上省民敛赋，"十年不收于国，民俱有三年之食"②。又用奖励生育的方法以增加人口："令壮者无取老妇，令老者无取壮妻。女子十七不嫁，其父母有罪；丈夫二十不娶，其父母有罪。将免者以告，公令医守之。生丈夫，二壶酒，一犬；生女子，二壶酒，一豚。生三人，公与之母；生二人，公与之饩。"③句践本人则"身自耕作，夫人自织，食不加肉，衣不重采"，"振贫吊死，与百姓同其劳"④。于是，越人建筑堤塘，兴修水利，相继修筑苦竹塘、吴塘、秦王塘、塘城塘、练塘、蠡塘等，其中苦竹塘"塘长千五百三十三步"，吴塘"东西千步"，富中大塘"治以为义田，为肥饶，谓之富中"。⑤民间普遍制造青铜农具。《考工记》注曰："粤地……山出金锡，铸冶之业，田器尤多。"又说："其丈夫皆能作是器（指铸——引者），不须置国工。"今天浙江出土的青铜农具，数量很多，品种也很齐全，有镰、锄、耨、犁铧、破土器等。经过一番励精图治，越国的经济有了长足发展。农业方面，不断开垦耕地，出现了大量有系统水利设施的"畤田"，农作物品种多样，有稻粟、粱、黍、赤豆、麦、大豆、矿等。⑥粮食产量提高，"越地肥沃，其种甚嘉"⑦。在很短的时间内，越人迅速成长为拥有大约30万人口的部族，建立起一支由5万人组成的精悍部队。⑧

与农业经济相关，吴、越两国大力发展纺织、制陶等手工业。越国一次就向吴国进贡葛布10万匹，⑨可见其纺织业规模之大。为适应战争的需要，吴、越两国与战争相关的手工业特别发达。江南水乡泽国的自然环境，使水军、船队在争战中成为制胜的关键。因此，吴、越两国的造船业十分兴盛。

---

① 司马迁：《史记》卷四一《越王句践世家》，中华书局1982年版，第1742页。

②③ 《国语》卷二〇《越语》，第635页。

④ 司马迁：《史记》卷四一《越王句践世家》，第1742页。

⑤ 《越绝书·外传记地传》，张仲清：《越绝书译注》，人民出版社2009年版，第180页。

⑥ 《越绝书·计倪内经》，李步嘉：《越绝书校释》，中华书局2013年版，第113页。

⑦ 《吴越春秋·句践阴谋外传》，《吴越春秋辑校汇考》，第149页。

⑧ 陈桥驿：《古代于越研究》，《民族研究》1982年第1期。

⑨ 《吴越春秋·句践归国外传》，《吴越春秋辑校汇考》，第135页。

据史书记载，句践北上争霸时，"从琅琊起观台，以望东海，死士八千人，戈船三百艘"①，其船"大翼一艘广一丈六尺，长十二丈；中翼一艘广一丈三尺五寸，长九丈六尺；小翼一艘广一丈二尺，长五丈六尺"②。直到战国前期越王无疆败后，越国的造船业仍保持相当高的水平。古本《竹书纪年》载，魏襄王七年（前312）四月，"越王使公师隅来献乘舟、始罔及舟三百、箭五百万、犀角、象齿焉"。正因为越人造船技术高超，在诸侯间颇有名声，乘舟才成为进献他国的重要物资和礼品。③

春秋战国之际，江南地区的青铜冶铸业，尤其是青铜武器制造业，也相当发达，越国的青铜剑更是名闻天下，其铸剑名家有干将、莫邪、欧冶子等，均名闻各国。《庄子·刻意》云："夫有干越之剑者，柙而藏之，不敢用也，宝之至也。"《战国策·赵策》云："夫吴干之剑，肉试则断牛马，金试则截盘匜，薄之柱上而击之则折为三，质之石上而击之则碎为百。"可见，吴越青铜剑质量之高，打造之精美，成为时人梦寐以求的宝器。近年来，在楚墓中就多次发现随葬的吴、越青铜剑。据顾颉刚考证，中国古代铜剑就起源于吴、越地区。④

吴、越两国采矿冶铸的规模非常大。《越绝书·外传记地传》载："姑中山者，越铜官之山也，越人谓之铜姑渎，长二百五十步。"《水经注·浙江水》云："练塘，句践练铜锡之处，采炭南山，故其间有炭渎。"《吴越春秋》载，越国铸剑高手干将，"使童男童女三百人鼓橐装炭"。考古工作者在当时越国都城附近的今绍兴市城关西施山发掘一处冶炼遗址，出土了大批刀、削、锯、镰、斧、凿等青铜或铁制工具，以及坩埚、炼渣等冶炼遗迹。在越地各处，还出土了不少废铜窖藏和青铜块。如浙江温州永嘉出土的一批青铜残器，有盘、鼎、盉及兵器、生产工具等，并伴出50多公斤经初步加工过的铜块和少量锡块，是一处供冶炼用的废铜料窖藏；台州临海发现两处窖藏的青铜块、残破兵器、生产工具重达10公斤，还出土了三柄完整的青铜剑。此类窖藏，在江苏苏州城东北、金坛县鳖墩、昆山县盛庄等地都有发现。⑤李学勤指出：

---

① 《越绝书·外传记地传》，张仲清：《越绝书译注》，第163页。
② 《昭明文选·侍游曲阿后湖诗》注引《越绝书》佚文。
③ 陈桥驿：《越族的发展与流散》，《东南文化》1989年第6期。
④ 顾颉刚：《吴越兵器》，《史林杂识（初编）》，中华书局1963年版。
⑤ 曹锦炎：《浙江出土商周青铜器初论》，《吴越历史与考古论丛》，文物出版社2007年版，第204—205页。

"长江下游的青铜器在商代受到中原文化的很大影响，西周以后逐渐创造自己独特的传统，并与长江中游渐行接近。到春秋末年比较统一的南方系的青铜器型式，可以说已经形成了。"①浙江各地出土的青铜器表明，在春秋中晚期已经形成明显的地方风格，青铜农具、兵器、礼器方面也有当地特有的器形。而今安徽铜陵狮子山、铜官山、凤凰山、南陵大工山等处，都发现了先秦铜矿遗址。其中确认为西周时期的大型炼铜遗址铜陵大工山江木冲，渣堆积厚约 0.5—1.5 米，储量约 50 万吨。② 这也可以从一个侧面推测春秋战国时候吴、越两国冶炼的规模。

吴、越的种植业也形成了一定的专业化趋势。《越绝书·外传记地传》提到，越国有专门种麻的麻林山："麻林山，一名多山。句践欲伐吴，种麻以为弓弦，使齐人守之。越谓齐人'多'，故曰麻林多，以防吴。以山下田封功臣。"还有专门种葛的葛山："葛山者，句践罢吴，种葛，使越女织治葛布，献于吴王夫差。"

正是在战争的直接推动下，吴、越两国城邑获得很大发展。正如伍子胥对吴王阖闾所言："凡欲安君治民、兴霸成王、从近制远者，必先立城郭，设守备，实仓廪，治兵库。"③修筑城邑，是兴霸大业的重要组成部分。吴国古城除牯牛山古城、葛城外，基本上都在春秋时期尤其是春秋中期以后才大量出现，这正与《史记·吴太伯世家》所说"寿梦立而吴始益大，称王"的情况相对应。不过，吴、越城邑保留不善，遗存有限。有学者推测，这也与两国连年战争有莫大关系。战争造成双方生灵涂炭，城邑也遭受巨大破坏。如《国语·鲁语下》所载："吴伐越，堕会稽，获骨焉，节专车。"越伐吴，也当如是。

三、西周至战国时期江南地区的城邑

虽然夏商时期江南地区出现了江阴佘城遗址这样的城邑，但总体而言，江南地区城邑的大量出现基本上是在西周至春秋时期，尤其是春秋中期以后。春秋晚期，吴、越两国分别建立了以都城为中心、地方城邑为各级统治据点或军事据点的层级统治格局。《左传》庄公二十八年云："凡邑有宗庙先君之

---

① 李学勤：《从新出青铜器看长江下游文化的发展》，《文物》1980 年第 8 期。
② 周崇云主编：《安徽考古》（《安徽文化精要丛书》之一），第 88 页。
③ 《吴越春秋·阖闾内传》，《吴越春秋辑校汇考》，第 39 页。

主曰都，无曰邑。"根据吴、越城邑的性质和功能，其类型可以分为都城、军事城邑、专业性城邑、封邑以及作为一般性统治据点的普通城邑等几种。

（一）都城

吴、越两国兴盛时所建的都城，如吴国建都阖闾城和越国建都会稽（即山阴大城和小城），有关文献的记载相对比较清楚（尽管其中也存在一些争论，详见下文）。至于两国早期都城的认定，则有一定的难度。如《史记·吴太伯世家》云："太伯之奔荆蛮，自号句吴。"裴骃《集解》引宋衷曰："句吴，太伯始所居地名。"《吴越春秋·吴太伯传》云："遭殷之末世衰，中国王侯数用兵，恐及于荆蛮，故太伯起城，周三里二百步，外郭三百余里。在西北隅，名曰故吴，人民皆耕田其中。"这里所说的吴国早期都城"句吴"、"故吴"位于何处，学术界至今未有定论。《史记·吴太伯世家》《正义》云："太伯居梅里，在常州无锡县东南六十里，至十九世孙寿梦居之，号句吴。"《太平寰宇记》亦云："太伯初适吴，筑城在平门外，自太伯至王僚二十六王都之，今无锡县有吴城是也。"又云："太伯城，西去（无锡）县四十里，平地高三丈"，并引《舆地志》云："……城内有太伯宅，堂基及井尚在。"①然而，从吴文化及其所承接的点将台—湖熟文化的分布主要在宁镇地区的情况来看，吴国在商末周初就已经在太湖东部"遂城为国"，其可能性值得怀疑。因此，不少学者主张应在宁镇皖南地区寻找吴国的早期都城。

2007—2008年，江苏省考古研究所对位于今江苏丹阳市珥陵镇的葛城遗址进行调查、勘探和考古发掘。该城址与附近珥城、神河头等遗址构成遗址群。葛城内城呈不太规则的长方形，东西长约200米，南北宽约120米，周长约660余米。内城外有三道城壕，城壕系统较为复杂，目前已确认与葛城同时期的两道城壕，两壕间距约50—60米，第一道壕宽8.5—13米，第二道壕宽13.5—15米，在第二道壕南面向外引出一条称为"长沟"的古河道。经考古勘探和发掘，内城有相互叠压且方向不尽一致的三个时期的城墙和四个城门，东西、南北门之间有宽约4米的道路，南北向道路出北门后延伸至城外，越过第二道壕沟；城内的布局因城墙的相互叠压而显得空间较小，未见高土台，仅在城的西北角探明有一块东西长22米，南北宽18米，面积约

---

① 乐史撰，王文楚等点校：《太平寰宇记》卷九一《江南东道三·苏州》、《江南东道四·常州》"无锡县"条，中华书局2007年版，第1815、1844页。

400平方米的红烧土堆积区，应为主要建筑所在。葛城三期城墙的时代，分别为西周早中期、西周晚期至春秋早期和春秋中晚期。因此，葛城遗址当始筑于西周，沿用至春秋晚期。（图：丹阳葛城遗址示意图）

葛城北面约30公里处，即丹徒大港至谏壁的沿江山脉。其中大港烟墩山和荞麦山西周墓，出土过康昭时期的"宜侯夨墓"、"伯簋"以及鼎、鬲、簋、尊、盂、盉、卣、壶、牺尊、盘、兕觥、虬杖、兵器、车马器等青铜器；磨盘墩墓葬出土过幽平之际的青铜尊、匜和车马器；春秋晚期的北山顶和青龙山大墓出土过"余眛矛"以及青铜鼎、瓿、缶、编钟、编镈、錞于、丁宁、鸠杖的杖首和杖镦、兵器、车马器和石编磬等，并有人殉和人祭；谏壁王家山和粮山一号

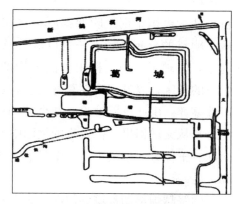

丹阳葛城遗址示意图

（张敏：《吴国都城初探》，《南方文物》2009年第2期。）

墓出土过青铜鼎、瓿、盉、罍、匕、虎子、匜、鉴、炉、錞于、丁宁以及兵器、工具等。葛城附近的丹阳司徒镇和访仙镇，也曾发现过西周中晚期青铜器窖藏，出土凤纹尊、鼎、方彝、簋、尊、盘、瓿等青铜器。以上墓葬（窖藏）的年代大致可分为三个时期，即西周早期、两周之际和春秋晚期，与葛城三次建城的时期基本对应。

由此看来，葛城遗址当是一处吴国古城址，亦是迄今为止江苏境内发现的时代最早、沿用时间最长、使用次数最多、保存最完好且文化内涵最丰富的古城址，对于吴国早期都城的研究有极为重要的意义。[①]

除了句吴、姑吴外，传世文献还有吴国曾建都于其他地点的记载。如《世本·居篇》载："吴孰哉居藩篱，吴孰姑徙句吴，诸樊徙吴。"宋衷释云："孰哉，仲雍字也"；"孰姑，寿梦也。句吴，太伯始居地名。"张澍稡集补注本按，《诗地理考》引《世本》云："孰姑徙丹徒句吴。"这里提到的"藩篱"、"吴"，都是吴国早期的都城。有学者甚至推测，有关文献中提到的鸠兹城、

---

① 张敏：《吴国都城初探》，《南方文物》2009年第2期。

固城、朱方城、吴城、吴大城等，其先秦古音均与句吴相同或相近，这些读音与句吴相同或相近的古城，皆有可能系吴国都城。如张敏认为，前述葛城城址可能是史书中提到的句吴城、朱方城或者是曲阿城，也就是吴国早期都城。①也有一些学者基于春秋墓葬在今苏州西部山区的分布情况加以分析，认为吴国中期至晚期都城也存在迁移的现象。这一地区春秋墓葬形成两个明显的分布区域：一是以浒关及通安为中心的北区，以吴国中期墓葬为主，发现了真山、树山等高级别的王室贵族墓地；二是以木渎灵岩山为中心的南区，以吴国晚期墓葬为主，已发现黄山、何山、虎丘山等一批吴国贵族墓葬。由此可以推论，在今苏州西部山区存在两个吴国聚落中心，一个是寿梦从无锡梅里迁徙过来的吴国中期都城，此都城历经寿梦、诸樊、余祭、余昧、王僚等5位吴王；一个是吴王阖闾时期建造的吴大城，历经吴王阖闾和夫差。②

围绕越国早期都城的情况，也存在类似的问题。对于句践筑山阴城之前的越国都城，诸文献有不同说法。有的说越国都城最初在秦望山南，如《越绝书》卷八载："无余初封大越，都秦余望南。"有的说无余之都在会稽山南，如《太平寰宇记》卷九六《越州》"会稽县"载："秦望山，在县南二十七里"；《水经注·渐江水》进一步说，会稽山南有嶕岘，岘里有大城，为"越王无余旧都"；《史记正义》引《越绝书》亦云："无余都会稽山南，故越城是也。"有的说早期越国都城在今诸暨市北部，如《水经注·渐江水》载："句践称王，都于会稽。《吴越春秋》所谓越王都埤中，在诸暨北界"；《元和郡县志》亦云："诸暨县……越王允常所居。"另外，《嘉泰会稽志》卷一载："旧经（指宋真宗大中祥符年间《会稽图经》——引者）越王城在县东南一十里。句践为夫差所败，以甲楯五千保于此城也。"又载："旧经吴王城在会稽县东一十里。夫差围句践于会稽山，伍员筑此城以屯兵。"有学者以为，这里所说与越王城埤中为同一地。③还有句践前期建都会稽山上城的记载，如《越绝书·外传记地传》："会稽山上城，句践与吴战，大败，栖其中。"凡此种种，不一而举。上面所说越国早期都城的地点，有的的确发现了散布的印纹陶、

①　张敏：《吴国都城初探》，《南方文物》2009年第2期。
②　姚瑶、金怡：《从苏州春秋晚期聚落形态看灵岩大城址》，《苏州科技学院学报》2003年第4期。
③　曲英杰：《越城复原研究》，《浙江学刊》1992年第4期。

原始青瓷器残片等春秋时期的遗物，但是否能够确认为越国早期都城，考古上仍有相当的难度。也有研究者从考古调查和文献考证两方面入手，推测位于今浙江安吉的春秋时期古城，应为越国早期都城。①

不过，透过传世文献的纷杂记载，我们至少可以明确一点：在吴、越两国的历史上，其早期的政治中心一直处于迁徙不定的状态，这应与其族群的迁徙、定居状况的变化有着密切的关系。纵观两国都城由早期到晚期的迁徙路线——吴国都城自西北而迁东南，早期可能在宁镇地区建都，晚期则立都于太湖之东的阖闾城、姑苏城；越国都城则自南而迁北，句践听从范蠡建议，"徙治山北"，建都山阴，后来灭吴后，又迁都姑苏、迁都琅琊——正反映了吴、越两国扩张发展的大致方向。

（二）军事城邑

此类城邑为了军事目的而建，或位于边境地区，或位于要塞之地。如发生过吴楚、吴越大战的鸠兹、固城、檇李、夫椒等，基本属于这一类。

1. 吴国的军事城邑

（1）鸠兹

《左传》襄公三年载："春，楚子重伐吴，为简之师，克鸠兹，至于衡山。"鸠兹位于今安徽芜湖县境内，俗称楚王城。作为吴、楚边境重镇，鸠兹城南扼水阳江，东连太湖，北通长江，地理位置十分重要，应是防御功能很强的军事城邑。现存遗址城垣保存较好，有四座城门，系汉代所筑芜湖县遗存，估计是在先秦鸠兹城的基础上重建的。

（2）固城

《太平寰宇记》卷九〇"溧水县"下有"古固城"条，其略云：

> 按《滕公庙记》云，其城是吴濑渚县地，楚灵王与吴战，遂陷此城，吴移濑渚于溧阳十里。改陵平县。灵王崩，平王立，使苏乃为将，战于吴。吴军败，收吴陵平县，改为平陵县。自平王听费无极佞言，伍员奔吴，阖庐用为将军，举兵破楚，楚奔南海。固城宫殿逾月烟焰不息，其城从兹废矣。城广二千七百五十步。②

---

① 程亦胜：《早期越国都邑初探——关于古城遗址及龙山墓群的思考》，《东南文化》2006 年第1 期。

② 乐史：《太平寰宇记》卷九〇《江南东道二·昇州》，中华书局 2007 年版，第 1793 页。

　　该城位于今江苏高淳县固城镇，也俗称楚王城。它南面濒临胥河（古濑水），胥河向东流入太湖，向西经固城湖可通青弋江，周围群山环抱，西北是浩瀚的固城湖。城邑分为外城和内城两重，其中外城东西长约 1 450 米，南北宽约 800 米，城垣周长 3 915 米，北城垣保存较好，为夯土堆筑，墙基宽41 米、顶宽 25 米，残高 4—6 米，城外有护城坡；内城呈长方形，东西长196 米，南北宽 121 米。城垣的四面均有城门。固城遗址仅作过考古调查和勘探，在内城曾出土过西周时期的青铜戈，内城西部和西北部曾出土过春秋时期的青铜剑、青铜编钟、青铜镞等，南部出土过楚郢爰等。值得注意的是，内城现存有高土台，可能为宫殿遗址。有学者认为，该城当为吴国濑渚邑。[①]

　　（3）卑梁

　　为吴边邑，曾与楚边邑钟离相争，引发两国举兵相伐。[②]

　　（4）东顾

　　顾祖禹《读史方舆纪要》卷九一载，东顾在嘉兴县北三十八里，"相传春秋时阖闾使伍员筑以备越，即檇李四城之一也"。

　　（5）娄北武城

　　《越绝书·外传记吴地传》载："娄北武城，阖庐所以候外越也，去县三十里。"

　　（6）宿甲

　　《越绝书·外传记吴地传》载："宿甲者，吴宿兵候外越也，去县百里。"

　　（7）下菰城

　　位于今浙江省湖州市云巢乡。城北靠和尚山，东依金盖山，城南有里江河，城东北有东苕溪，坐北朝南。该城平面近似三角形，有双重城垣，外城东西约 800 米，周长约 1 800 米；内城位于外城南部偏东，东西约 400 米，周长约 1 200 米。城墙为泥土堆筑而成，底宽 30 米左右，上部宽 5—6 米，断面略呈梯形，内侧坡度较缓，外侧十分陡峭。两城均有缺口，可能是城门所在，其中外城 3 个，内城 6 个。在城墙内发现西周至春秋时期的印纹硬陶

---

　　① 光绪《溧阳县志》载："周景王四年，筑古城为濑渚邑。七年，楚伐吴，灭濑。"这里将赖、濑渚合二为一，恐误。《左传》桓公十三年杜预注云，"赖国在义阳随县"，为楚之附庸。《春秋》昭公四年亦载："秋，七月，楚子、蔡侯、陈侯、许男、顿子、胡子、沈子、淮夷伐吴，执齐庆封，杀之。遂灭赖。"《左传》又有"赖子面缚衔璧，士袒，舆榇从之，造于中军"的记载，明显为一国之君，不当为吴国之邑。

　　② 司马迁：《史记》卷六六《伍子胥列传》，中华书局 1982 年版，第 2174 页。

罐、瓿和夹砂陶鼎、甗的残片以及原始青瓷器残片等，推测筑城时代在春秋。此城位于吴、越边境，当为军事性城邑。

（8）淹城

位于今江苏省武进市湖塘镇南。城址有三重城垣和三道城河，分为外、内、子城。外城又称外罗城，平面为不规则的圆形，周长 2 580 米，城墙残高 10 米左右，底宽 25—50 米，城外护城河环绕，周长 3 000 米左右，河宽 40—50 米。内城又称中城或内罗城，平面呈方形，周长 1 252 米，城墙残高 7—10.5 米，底宽 20 米左右，墙外亦有护城河，周长 1 500 米，河宽 40 米。子城又称王城，呈方形，周长 457 米，城墙残高 10—11 米，底宽 7—10 米，环绕的内城河周长约 500 米，河宽约 40 米。外城之外还有一道外郭，周长为 3 500 米。三道城河均有水道相连，在子城的南城垣中部、内城西南角和外城的西北角，都设置有水门出入；在其周围还有 6 条水道与外城河连通，并经大通河、古运河流向太湖、滆河和长江。除水门外，三道城垣还各有城门，分别设于子城正南、内城西南和外城的西北。（图：淹城遗址图）

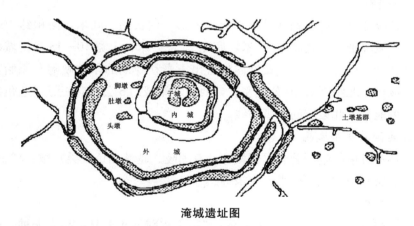

淹城遗址图

（许宏：《先秦城市考古学研究》，北京燕山出版社 2000 年版，第 124 页。）

淹城遗址四周及城内分布大量土墩墓，城外 200 多座，城内 4 座，由东至西分别称为磨盘墩、头墩、肚墩和脚墩。《越绝书·外传记吴地传》载："东南大冢，淹君子女冢也。去县十八里，为吴所葬。"考古发掘证实，头墩为春秋时期土墩墓。子城内发现过与建筑有关的遗迹，但未发现宫殿类的大型建筑基址。

淹城及护城河内历年出土过大量西周晚期至春秋时期的文化遗物，包括青铜器如兽首三轮盘、牺匜、蟠螭纹尊、勾镶、矛、镞、剑等，印纹陶器有罐、瓿、瓮、钵等，原始青瓷器有鼎、尊、簋、碗、豆、钵等。还先后出土过 4 条独木舟，其中一条长 11 米、宽 0.9 米、内深 0.45 米，另一条长 7.4 米、宽 0.75 米、内深 0.45 米。

虽然文献对淹城的性质有不同记载，但从考古资料来看，可确定不是西周初年曲阜奄国的南迁遗迹，而是春秋吴国的一个军事城邑。[①]也有学者认为，该城可能是吴王寿梦之子季札受封之延陵。[②]

（9）胥城

位于今江苏武进市马杭镇东南。一重城垣，平面呈长方形，城内面积约 5 000 平方米。现存西、南、北三面城垣，城墙堆筑，残高 4—5 米，底宽约 25 米，上宽 10—12 米。有宽约 20 米的护城河环绕，东城垣下有长沟河北通长江。城内出土春秋晚期的原始青瓷器和印纹硬陶器的残片，相传为伍子胥屯兵之地，故名。

（10）留城

位于今江苏武进市湖塘镇。平面呈方形，周长约 500 米，面积约 10 000 平方米。城墙堆筑，残高 4—5 米，底宽 25—30 米，上宽 10—15 米。城南有大河，其余三面有护城河。城址内外曾出土春秋晚期的印纹硬陶和原始青瓷残片。该城东北距胥城 10 公里左右，西南距淹城约 5 公里，三城呈三角形分布，有可能是彼此策应的军事防线。

2. 越国的军事城邑

文献中可稽的越国著名军事城邑，有固陵、越城和鱼（吴）城、越王峥、会稽山上城和山北城、樵李、夫椒等。

（1）固陵

《吴越春秋·句践入臣外传》载："越王句践五年五月，与大夫种、范蠡入臣于吴，群臣送至浙江之上，临水阻道，军阵固陵。"《越绝书·外传记地传》载："浙江南路西城者，范蠡敦兵城也。其陵固可守，故谓之固陵。所以然者，以其大船军所置也。"由此可知，固陵系越国建以屯兵抗吴的一座军事

---

① 江苏省考古学会：《改革开放以来江苏考古的新成果与新理念》（载《东南文化》2009 年第 1 期）认为，"淹城遗址可能是春秋战国时期越国边邑重镇，即军事性小城堡"。

② 许宏：《先秦城市考古学研究》，北京燕山出版社 2000 年版，第 124 页。

城堡。

　　有关该城的具体位置，历来有多种说法。一说在今杭州市萧山区西兴镇，其依据是《水经注·浙江水》所载"浙江又径固陵城北，昔范蠡筑城于浙江之滨，言可以固守，谓之固陵，今之西陵也"。西陵后又改名西兴，五代十国时吴越国亦曾在此建城，以"西陵非吉语"，故改称西兴。[①]一说今萧山区湘湖瓦窑村后城山上的越王城，才是固陵城的真正所在。该城址城垣保存基本完好，系利用马山和仰天田螺山两座山的山脊走向依山而建，蜿蜒于山岗之巅。其中北城墙筑于马山峰脊，长约250米；南城墙沿仰天田螺山而筑，长约270米；西城墙长60米，东长约120米。城墙由泥土夯筑，几与山脊浑然一体，高3—8米不等，底宽约8米，上宽2米。其内壁为缓坡，便于军士上下，而外壁则十分陡峭，某些地点还可见当年特意把山坡劈成陡壁的痕迹，确实是易守难攻。东城墙中的山谷（即"马门"）不筑城墙，是当时唯一的城门通道。城堡平面范围略呈梯形，城内低而平坦，四周（除马门外）高起宛如小盆地。从城墙夯土中和城内地面常可发现春秋末期至战国时的印纹陶与原始青瓷片。[②]

　　（2）越城、鱼（吴）城

　　《左传》哀公二十年载，"十一月，越围吴"，至哀公二十二年十一月丁卯，终灭吴。"越围吴"，当为越军围困吴国都城。《史记正义》引《吴俗传》云："越从松江北开渠至横山东北，筑城伐吴。"[③]《吴越志》云："（越城）在胥门外，吴王在姑苏，越筑此城以追之。"《吴地记》云："（胥门）南三里有储城，越王储粮处。十五里有鱼城，越王养鱼处。门西南有越来溪。"在今苏州市西南郊越来溪东西两侧发现有两处春秋晚期城址，东侧的遗址现高出地面1.5米的土墩，推测原高5米左右，南北长约450米，东西宽约400米，面积约18万平方米。平面呈不规则长方形，西、北两面残留夯土城垣，高4.5米。西侧城址在上方山上，现存1 000米左右的北城垣，高3—5米，底宽30

　　① 王炜常：《越国固陵城考辨》，《浙江学刊》1992年第4期。
　　② 方杰：《越国文化》，上海社会科学院出版社1998年版，第176—177页。另，林华东《越国固陵城再辨——兼与王炜常商榷》（载《浙江学刊》1993年第3期）确定的固陵地点与方书同，对于其规模，则认为"其中东城墙长353.70米、南城墙256.50米、西城墙65米、北城墙416米"，与方书不同。
　　③ 司马迁：《史记》卷三一《吴太伯世家》，中华书局1982年版，第1472页。

米，夯筑而成。两城相距 200 米。①在越来溪附近出土了不少青铜兵器，说明这两处城址很可能是与灭吴战争有关的军事城堡。

（3）越王峥

又名栖山，相传为越王句践兵败栖兵之处，俗称越王寨，在今浙江绍兴县钱清镇北坞村，地处绍兴与萧山分水岭，为交通咽喉之地。山顶及周围发现有春秋晚期印纹硬陶和原始青瓷器碎片，但尚未发现城墙等建筑遗迹。

（4）会稽山上城、山北城

《越绝书·外传记地传》载，山上城，"句践与吴战，大败，栖其中。因以下为目鱼池，其利不租。"山北城，"子胥浮兵以守城是也。"另，《太平寰宇记》"上元县"条下有"故越城"，"在县西南七里"，"即周元王四年，越相范蠡所筑。在今瓦官寺东南，国门桥西北。又《曹氏记》云：'在秣陵西十五里，昔句践平吴后，遣兵戍之，仍筑此城，去旧建康宫八里。'"②或也是此类。

（5）檇李

《左传》定公十四年云："吴伐越，越子句践御之，陈于檇李。"《吴越春秋·夫差内传》云："越王兴师伐吴，吴与越战于檇李，吴师大败。"《越绝书·外传记吴地传》云："柴辟亭到语儿就李，吴侵以为战地。"同书《外传记地传》又说："语儿乡，故越界，名曰就李。吴疆越地以为战地，至于柴辟亭。"就李，即檇李。《国语·吴语》云："吴王夫差还自黄池，息民不戒，越大夫种乃唱谋曰：'……其至者亦将不能会也已，吾用御儿临之。'"又云："（越）明日徙舍，至于御儿，斩有罪者以徇。"御儿，即《越绝书》所说语儿，也就是檇李。此城位于吴、越边境，系兵家必争之地。

（6）夫椒

《史记·吴太伯世家》载："夫差……二年，吴王悉精兵以伐越，败之夫椒，报姑苏也。"司马贞《索隐》引贾逵说："夫椒，越地。"

（三）专业性城邑

专业性城邑是指具有某一专门功能的城邑，或者承担某一单一行业的城

---

① 姚瑶、金怡：《从苏州春秋晚期聚落形态看灵岩大城址》（载《苏州科技学院学报》2003 年第 4 期）所述吴城情况略有不同：南北宽 180 米，东西长 200 米，西南城墙仅剩残墙痕迹，北面城墙轮廓清晰，有 6—7 米高。依山脊夯筑，与石室土墩相连接，一直向西沿着山脉走向延伸 600 余米。

② 乐史：《太平寰宇记》卷九〇《昇州》，中华书局 2007 年版，第 1790 页。

邑。从有关历史文献的记载来看，吴、越时期，江南地区就已经出现专业性
分化明显的聚落和城邑。

据《越绝书·外传记吴地传》载，吴国有巫欐城，专以安置诸侯远客，
"阖庐所置诸侯远客离城也，去县十五里"；千里庐虚，系吴国官营的青铜剑
铸造中心，"千里庐虚者，阖庐以铸干将剑。欧冶僮女三百人。去县二里，南
达江"；欐溪城，系吴王制船工坊所在，"欐溪城者，阖庐所置船宫也，阖庐
所造"。另外，《太平寰宇记》载，昇州上元县有"古冶城"，"在今县西五里。
本吴铸冶之地，因以为名"①。

《越绝书·外传记地传》也记录了不少越国的专业性城邑，主要有麻林
山、葛山、鸡山、豕山、姑中山、练塘、官渎、朱余、巫里等。麻林山和葛
山是种植麻、葛以制弓弦和织葛布的聚落或邑，鸡山、豕山是以养殖业为主
的聚落或城邑。"鸡山、豕山者，句践以畜鸡豕，将伐吴，以食士也。鸡山在
锡山南，去县五十里。豕山在民山西，去县六十三里。"姑中山、练塘、官
渎、朱余等则系官营手工业中心。"姑中山者，越铜官之山也，越人谓之铜姑
渎"；"练塘者，句践时采锡山为炭，称'炭聚'，载从炭渎至练塘，各因事名
之。去县五十里"；"官渎者，句践工官也。去县十四里"；"朱余者，越盐官
也。越人谓盐曰'余'。去县三十五里。"这些冶铜、采炭、制盐等手工业生
产地，都发展为专业性邑落。《水经注·浙江水》称练塘为"练塘里"，正说
明此地亦是居民聚落。另外，《越绝书·外传记地传》又载越国有巫里，是从
事巫蛊、术数为职的巫师集中居住的聚落。"巫里，句践所徙巫为一里，去县
二十五里。其亭祠今为和公群社稷墟。"

从考古学方面来看，也有专业性城邑遗址发现。安徽牯牛山古城遗址，
便是这方面的一个典型。该古城位于今安徽南陵县境内，城址南北长约 900
米，东西宽约 750 米，面积近 70 万平方米。四周有古河道环绕，河道宽
20—30 米。城内有五个高土台，高台内有大范围的红烧土堆积分布，并有大
面积的夯土遗迹。在古城址的西南角和东南角，各有一个面积为 100 余平方
米的小土台。城外分布着密集的西周时期的土墩墓。在城内高土台发掘出土
陶器、原始青瓷器、石器和青铜器等文化遗物，年代为西周晚期，其文化面
貌既与宁镇地区相同，然又有一定的地方特征。牯牛山西周古城地处山地与

---

① 乐史：《太平寰宇记》卷九○《昇州》，中华书局 2007 年版，第 1790 页。

平原的交界地带，环境优越，其周围河网密布，交通十分便利。在古城址以西 20 公里便是大工山古铜矿遗址群分布的中心地带，牯牛山古城应与当时大规模地开采铜矿有着密切的关系。这座古城未见历史文献记载，可能为西周时期吴国经营铜矿开采和冶炼的管理中心。[1]

另外，在今浙江萧山的席家、观潭和绍兴的富盛都发现了春秋战国时期规模较大的窑场，印纹陶和原始瓷同窑合烧，遗物堆积丰富，富盛窑址还有长条形斜坡窑床的残迹。[2]这些窑址的所在，也可能形成与制陶业有关的城邑或聚落。

（四）封邑

西周以分封方式建立起全国性统治秩序，所谓"天子立国，诸侯立家，卿立贰室"，正体现了这种统治体系。至春秋战国之际，各国均加强君主集权，开始普遍实行县制，但分封活动一直存在。吴、越两国也不例外，由此形成不少封邑。

就吴国而言，其封邑有：延陵，在今江苏省常州市。《史记·吴太伯世家》载："季札封于延陵，故号延陵季子。"《越绝书·外传记吴地传》载："毗陵，故为延陵，吴季子所居。"朱方，大体位于今江苏镇江市东南谏壁镇至丹徒镇一带。史载，鲁襄公二十八年，齐庆封奔吴，"吴句余予之朱方，聚其族焉而居之，富于其旧"[3]。《史记·吴太伯世家》云："王余祭三年，齐相庆封有罪，自齐来奔吴。吴予庆封朱方之县……十年，楚灵王会诸侯而以伐吴之朱方，以诛齐庆封。"该城至今未有发现，学者推测由于长江南北摆动，或许已在江中而未可知。[4]余暨，是吴王阖闾征服越国后封给弟弟夫概的封邑。《水经注·浙江水》云："故余暨县也，应劭曰：阖闾弟夫概之所邑。"《元和郡县志·江南道·越州》也说："萧山县，本曰余暨，吴王弟夫概邑。"同书《江南道·湖州》又载有长城，"昔阖闾使弟夫概居此，筑城狭而长，因

---

① 张敏、毛颖：《长江下游的徐舒与吴越》，湖北教育出版社 2005 年版，第 140 页。《安徽考古》言此古城由四个高台地组成，城址西南 1 公里处的千峰山土墩墓群，分布密集的西周至春秋时期土墩墓，与张、毛说有所不同。参见周崇云主编：《安徽考古》（《安徽文化精要》丛书之一），时代出版传媒股份有限公司暨安徽文艺出版社 2011 年版，第 78—84 页。

② 浙江省博物馆：《三十年来浙江文物考古工作》，文物编辑委员会编：《文物考古工作三十年（1949—1979）》，文物出版社 1979 年版，第 221 页。

③ 杨伯峻：《春秋左传注（三）》，中华书局 1990 年版，第 1149 页。

④ 张敏、毛颖：《长江下游的徐舒与吴越》，第 136 页。

以为名。"在今湖州长兴县境内，可能亦系夫概封邑，故又名夫概城。前述淹城，可能亦系封邑性质。《越绝书·外传记吴地传》载："毗陵县南城，故古淹君地也。东南大冢，淹君子女冢也。去县十八里。吴所葬。"同书又载有摇城，当属同类。"摇城者，吴王子居焉。"

就越国而言，据《越绝书·外传记地传》所载，其封邑有阳城、北阳里城、苦竹城等："阳城里者，范蠡城也。西至水路，水门一，陆门二";"北阳里城，大夫种城也，取土西山以济之。径百九十四步。或为南安";"苦竹城者，句践伐吴还，封范蠡子也。"《水经注·渐江水》也提到："会稽山阴县有苦竹里。里有旧城，言句践封范蠡子之邑也。"可能分别是范蠡、大夫种和范蠡儿子的封邑，其中苦竹城在今绍兴兰亭镇境内。

（五）普通城邑

作为一般性的统治据点，吴、越两国此类城邑当有不少，但是史书中对此记录并不太多。吴国有通陵乡，"以取长之柞碓山下，故有乡名柞邑。吴王恶其名，内郭中，名通陵乡"①。"内郭中"，说明此乡亦是城邑形态。对于越国而言，如《国语·越语》载："句践之地，南至于句无，北至于御儿，东至于鄞，西至于姑蔑。"除了北部御儿是吴、越边邑外，其他三地可能都是一般性的统治据点，其中，句无在今浙江省诸暨县南，鄞在今浙江宁波市内，姑蔑在今浙江衢州。另，《元和郡县志·江南道·苏州》提到长水："嘉兴县，本春秋时长水县。"不知是否为吴或越所设。《太平寰宇记》记有石头城，相传为楚威王灭越后所设金陵邑："战国时越灭吴，为越地；后楚灭越，其地又属楚，初置金陵邑。《金陵图经》云：'昔楚威王见此有王气，因埋金以镇之，故曰金陵。'"② 故越城，"在（上元）县西南七里。……即周元王四年，越相范蠡所筑。在今瓦官寺东南，国门桥西北。又《曹氏记》云：'在秣陵西十五里，昔句践平吴后，遣兵戍之，仍筑此城，去旧建康宫八里。'"③ 越国平吴之后所筑，当为一般性的统治据点。若溪城，"利城县，在奉国寺南。战国时筑，名若溪城"。④

军事征伐兼并时代"保民"的必需，导致春秋战国时期城邑大量增加，

① 《越绝书·外传记吴地传》，张仲清：《越绝书译注》，人民出版社2009年版，第40页。
② 乐史：《太平寰宇记》卷九〇《江南东道二·昇州》，中华书局2007年版，第1788页。
③ 乐史：《太平寰宇记》卷九〇《江南东道二·昇州》，第1790页。
④ 乐史：《太平寰宇记》卷九二《江南东道四·江阴军》，第1853页。

同时市场也得到了发展，出现许多"城市邑"，即城邑与市场的结合。在中原地区，《战国策·赵策》记赵王一次就割让济东三城令庐、高唐、平原陵地所属的"城市邑五十七"与齐，又有"今有城市之邑十七"的表述，可见数量极多。而且从"城市邑五十七"与济东三城令庐、高唐、平原的关系可以看出，这些"城市邑"从属于济东三城，应该属于赵国的地方基层聚落。江南地区也有类似现象。《越绝书·外传记宝剑》记有客欲酬湛卢之剑，以"有市之乡二、骏马千匹、千户之都二"；《吴越春秋·阖闾内传》中记作"有市之乡三十、骏马千匹、万户之都二"。"千/万户之都"自是人数众多的大城邑，而文中的"有市之乡"当与"城市邑"近似，说明吴、越两国社会基层也可能存在与市场相结合的城邑。但这些与市场结合的城邑，是前文所述城邑中的哪种类型，尚不可得知。陈国灿、奚建华认为，"作为统治中心的都邑和一般性统治据点的城邑最接近城市形态"，随着社会经济的发展和人口的增加，它们便逐渐发展成为"历史上的第一批城市"。[1]

四、先秦时期江南城邑的一般特征

如上所述，吴、越两国已经建立起各自的城邑体系，城邑间也已具有一定程度的功能和性质分工。相比夏商时期的江南聚落和城邑，不仅数量增多，而且在规模、等级上都有突破，可以看出春秋时期的确是先秦江南城邑大发展的阶段。

吴、越的地方城邑形制多样。以吴国为例：有一重城垣者，如牯牛山古城、胥城、留城、平陵城；有双重城垣者，如固城、阖闾城、下菰城；还有三重城垣者，如淹城。城邑平面并不规整，平面有方形、近圆形或长方形，下菰城则近似三角形。城邑的选址多依山傍水，例如吴国的鸠兹城、固城、朱方城、吴大城，越国的固陵等。吴国的淹城、胥城、留城四面环水，而吴国下菰城、越国固陵较特殊，完全依山而建。

虽然形制多样，但"重防御"则是它们的共同特征。子贡说田常，曰"夫吴，城高以厚，地广以深"，正是吴、越两国城邑的写照。城垣本就是防御的工事，双重甚至三重，表明军事防御性的加强。不规整的城邑平面，则是各地因地制宜修筑的结果。尤其是多重护城河的构造（多重城垣者），明显

---

[1]　陈国灿、奚建华：《浙江古代城镇史》，安徽大学出版社2003年版，第39页。

继承和发展了史前水乡聚落以水为壕的建筑特色。

对照中原和楚国城邑，我们可以进一步认识吴、越城邑的特点及其所受到的影响。中原对都邑的建设曾有严格的礼制规定："都，城过百雉，国之害也。先王之制：大都，不过参国之一；中，五之一；小，九之一。"①吴国虽然受到中原礼制较多影响，但是都邑之间规模呈比例的差异，则是不存在的。越国在这方面，受到礼制的约束更少。

从已发现的楚国地方城邑的城址来看，其规模大小悬殊。其中面积在1平方公里以上者只有6座，即黄城、蓼城、云梦楚王城、鄂陵城、扶沟古城和季家湖古城。楚国地方城邑中的绝大多数面积在10万至50万平方米之间，少数城邑面积甚至不足10万平方米。《国语·楚语》记范无宇对楚灵王说："国有大城，未有利者。"他举了"郑有京、栎，卫有蒲、戚，宋有萧、蒙，鲁有弁、费，齐有渠丘，晋有曲沃，秦有征、衙"而威逼君权的实例，强调"制城邑若体性焉，有首领股肱，至于手拇毛脉，大能掉小，故变而不勤"。尤其是边境城邑，"国之尾也"，是国防所在，不能有尾大不掉的威胁。因此，楚国一方面在"大力发展地方城邑建设的同时，又对地方城邑的规模予以控制"，"这种小规模的城邑建设周期短、耗资少、见效快，更能适应春秋战国时期争城掠地和民间商贸往来的需要"。②这种出于统治利益和现实的考虑，对吴、越两国也是适用的。

楚国城邑在性质上可以分为都城、陪都、县邑、军事城堡等不同类别，铜矿资源产地如大冶铜绿山、阳新下等遗址附近也设有楚城。③与之对照，吴、越城邑也具有类似的分类。

有学者指出，楚城建筑的具体方位要根据地理形势、水陆交通、乃至自然防御条件来确定，地形上的选择则首先考虑到瞭望、防守、传递信息和出入方便等条件。④吴、越城邑的选址也与此相同。

不过，中原、楚国城邑建筑平面多成规整的方形或长方形，而吴、越城邑平面多不规整，可知吴、越由于地理环境的不同（太湖流域水乡环境和浙北部分山地环境），因地制宜，并不拘于固定的形制，同时更多考虑到借助自

① 《左传》隐公元年，《十三经注疏·春秋左传正义》，北京大学出版社1999年版，第52页。
② 刘玉堂：《试论楚国地方城邑建设的若干问题》，《荆州师专学报》1993年第1期。
③ 《五十年来湖北省文物考古工作》，《新中国考古五十年》，文物出版社1999年版，第281—283页。
④ 马世之：《楚城试探》，《楚文化研究论集》（第一集），荆楚书社1987年版。

然条件（山和河流）来构筑防御体系的坚固性。

有学者统计，春秋战国时期楚国地方城邑可能达 350 座，其中 100 余座是原吴、越和鲁国的城邑。[①] 鉴于鲁国地域不少被齐国吞并，所以这 100 多座城邑中，大多数应是原吴、越所筑。这一数量，不及楚国原有地方城邑数的 1/2。数量有限的原因，应该与吴、越两国相对建国时间不长、疆域不大、城邑发展程度相对有限有关。至越被楚灭，"吴、越之城皆为楚之都邑"[②]。

第三节　城市的出现与发展

史载吴国在商周之际立国，其标志就是筑城。《吴越春秋·吴王寿梦传》云："太王改为季历，二伯来入荆蛮，遂城为国。"按同书《吴太伯传》所载，周太伯奔吴后，"荆蛮义之，从而归之者千有余家，共立以为句吴。数年之间，民人殷富。遭殷之末世衰，中国侯王数用兵，恐及于荆蛮，故太伯起城，周三里二百步，外郭三百余里。在西北隅，名曰故吴，人民皆耕田其中。"显然，吴太伯所修筑的城垣，是把所有的生产生活设施全部包围起来，只是起到防御保卫的作用，类似后世"土围子"的功能，并没有真正地反映出社会复杂化程度，与前文所讨论的"城市"所应具有的多种特征并不相符。同样，《吴越春秋·越王无余外传》记越先王无余夏时受封，也没有任何社会层级分化的迹象："人民山居，虽有鸟田之利，租贡才给宗庙祭祀之费，乃复随陵陆而耕种，或逐禽鹿以给食，无余质朴，不设宫室之饰，从民所居，春秋祀禹墓于会稽。"可以说，所谓吴、越建国之初的"城"，只是一般聚落性质，跟真正的城市还距离尚远。直到春秋战国时期，在区域开发与战争需要的直接推动下，吴、越地区才出现了真正意义上的城市，其代表就是两国的都城。

一、吴国都城

有关文献记载，吴王阖闾时，任用伍子胥修筑都城。《越绝书·外传记吴地传》云："阖庐之时，大霸，筑吴越（越系衍字——引者）城。城中有

---

① 刘玉堂：《试论楚国地方城邑建设的若干问题》，《荆州师专学报》1993 年第 1 期。
② 司马迁：《史记》卷七一《樗里子甘茂列传》张守节《正义》，中华书局 1982 年版，第 2317 页。

小城二，徙治胥山。"《吴越春秋·阖闾内传》云："子胥乃使相土尝水，象天法地，造筑大城。"《史记》张守节《正义》亦说："寿梦卒，诸樊南徙吴。至二十一代孙光，使子胥筑阖闾城都之，今苏州也。"

阖闾城的规模非常大，由大城和小城组成，大城有八个陆门和八个水门。"周回四十七里，陆门八，以象天八风，水门八，以法地八聪。筑小城，周十里，陵门三，不开东面者，欲以绝越明也。立阊门者，以象天门，通阊阖风也。立蛇门者，以象地户也。阖闾欲西破楚，楚在西北，故立阊门以通天气，因复名之破楚门。欲东并大越，越在东南，故立蛇门以制敌国。吴在辰，其位龙也，故小城南门上反羽为两鲵鳐，以象龙角。越在巳地，其位蛇也，故南大门上有木蛇，北向首内，示越属于吴也。"后又立北门。"吴王因为太子波聘齐女。女少，思齐，日夜号泣，因乃为病。阖闾乃起北门，名曰望齐门，令女往游其上。"①还有匠门。"本名干将门，门外有干将墓，后语讹呼为匠门。其言剑匠，因名之。又《郡国志》云：'申公巫臣冢，亦在匠门西南。'"②《越绝书·外传记吴地传》进一步详细记录了阖闾城的结构和规模：

> 阖庐宫，在高平里。射台二，一在华池昌里，一在安阳里。南城宫，在长乐里，东到春申君府。
>
> 吴大城，周四十七里二百一十步二尺。③陆门八，其二有楼。水门八。南面十里四十二步五尺，西面七里百一十二步三尺，北面八里二百二十六步三尺，东面十一里七十九步一尺。阖庐所造也。吴郭周六十八里六十步。
>
> 吴小城，周十二里。其下广二丈七尺，高四丈七尺。门三，皆有楼，其二增水门二，其一有楼，一增柴路。东宫周一里二百七十步。路西宫在长秋，周一里二十六步。
>
> 邑中径从阊门到娄门，九里七十二步，陆道广二十三步，平门到蛇门，十里七十五步，陆道广三十三步。水道广二十八步。

---

① 《吴越春秋·阖闾内传》，《吴越春秋辑校汇考》，第66页。
② 乐史：《太平寰宇记》卷九一《江南东道三·苏州》"匠门"条，中华书局2007年版，第1823页。
③ 曲英杰认为"四十七"为"三十七"之误。参见曲英杰：《吴城复原研究》，《东南文化》1989年第4、5期。

阖闾城内外还修筑了很多的附属建筑："立射台于安平里，华池在平昌，南城宫在长乐里。阖闾出入游卧，秋冬治于城中，春夏治于城外姑苏之台。"①《史记·春申君列传》唐张守节《正义》也说："阖闾于城内小城西北别筑城居之，今圮毁也。又大内北渎，四纵五横，至今犹存。又改破楚门为昌门。"阖闾在胥门外30里建有姑胥台，又称姑苏台，并作九曲路登之，以望太湖，中窥百姓。另在距吴都70里的石城建有离宫别馆，以置美人。后来吴王夫差又进一步扩建。《艺文类聚》引《吴地记》曰："吴王阖闾十一年，起台于姑苏山，因山为名，西南去国三十五里，春夏游焉。后夫差复高而饰之，越灭吴，遂见焚。"《太平广记》卷二三六引《述异记》则称："吴王夫差筑姑苏台，三年乃成。周环诘屈，横亘五里，崇饰土木，殚耗人力，宫妓千人。又别立春宵馆，为长夜饮，造千石酒锤，又作大池，池中造青龙舟，陈妓乐。日与西施为水嬉。又于宫中作灵馆、馆娃阁，铜铺玉槛，宫之栏楯，皆珠玉饰之。"

具有如此规模的吴国都城阖闾城到底在哪里呢？童书业认为，吴国都城当在淮南长江之附近，"不然，何以用师辽远如此？"② 但对此说法，多数学者并不赞成。近年来，较为流行的主要有三种观点。

一种观点认为，阖闾城就在今苏州城。

这种观点的依据，主要来源于唐代陆广微的《吴地记》，《太平寰宇记》从之："吴县，本秦旧县也，吴王阖庐所都。……今按阖庐城，周回三十里，水陆十有二门。"③今人曲英杰、林华东即持此说。④如林华东认为，阖闾小城故址在今苏州市区大公园和体育场一带，其中心范围大致南至十梓街，北到言桥下塘，东抵公园路，西达锦帆路。当时此处地势较高，史称高平里，正是阖闾宫故址所在。直至新中国成立后，在公园内北面还可见有一个东西长72米、南北宽51米、高3米的大土墩，考古工作者曾采集到许多印纹硬陶片、陶豆把、残纺轮等，证实该处确是一处东周遗址。⑤当年城门有陆门三、

① 《吴越春秋·阖闾内传》，《吴越春秋辑校汇考》，第66页。
② 童书业：《春秋左传研究》，上海人民出版社1980年版，第240页。
③ 乐史：《太平寰宇记》卷九一《江南东道三·苏州》"吴县"下，中华书局2007年版，第1819页。
④ 曲英杰：《吴城复原研究》，《东南文化》1989年第4、5期；林华东：《苏州吴国都城探研》，《南方文物》1992年第2期。
⑤ 南京博物院：《苏州市和吴县新石器时代遗址调查》，《考古》1961年第3期。

水门二，有的还设有城楼。另一小城不排除就是伍子胥城，当然也可能是阖闾间别筑的小城。关于阖闾大城，《吴地记》称其为"亚"字形，今人曲英杰持城角折曲说。林华东认为，其形制应略近西北—东南向，平面形制呈西、北稍短而东、南较长的不规则四边形，其西北和西南角还可能略呈圆角状。参照宋淳熙年间《平江图碑》，林氏认为吴大城确有陆门、水门共16座，即每面城垣各开二门，自西而北、东、南，依次为胥门、阊门、平门、齐门、娄门、匠门、蛇门和盘门。林氏并认为《吴地记》、《述异记》所称"姑苏山"、"姑苏台"就在灵岩山上，至今山上仍保留有馆娃宫、吴王井、玩花池、玩月池、响屧廊、琴台、梳妆台、西施洞等古迹。①

对于此种观点，一些学者持有异议，认为今苏州城不可能是古姑苏城。苏州城出土文化遗物的年代最早为战国晚期，因此苏州城应初为秦至西汉时的会稽郡城，东汉时由会稽郡分置的吴郡城。而今天的苏州城，基本上沿袭了南宋平江府城。②

一种观点认为，阖闾城在今苏州西部山间盆地，很可能就是新发现的灵岩春秋城址（木渎古城）。

根据对《越绝书》、《吴越春秋》有关记载的分析，钱公麟等提出，阖闾城就在今天苏州附近灵岩山、姑苏山、胥山之间的山间盆地一带。③通过对早期遥感图像的调查和预测，地理学家在今苏州西部木渎地区发现了高大的人工台基分布。④2000—2002年，苏州博物馆通过考古调查和发掘证实，地处观台山、大山头、天平山、灵岩山、上方山、七子山、姑苏山、尧峰山、清明山、穹窿山之间的木渎盆地的确有一座春秋古城。2009年11—12月期间，考古人员对灵岩山西面的山间盆地再次进行区域考古调查，涉及面积达25平方公里，结果在这块盆地的南北两端发现了城墙遗址。（图：灵岩木渎古城示意图）

①　林华东：《苏州吴国都城探研》，《南方文物》1992年第2期。

②　《苏州真山墓地出土大量珍贵文物》，《中国文物报》，1995年11月19日；苏州博物馆：《江苏苏州浒墅关真山大墓的发掘》，《文物》1996年第2期。

③　钱公麟：《春秋时代吴大城位置新考》，《东南文化》1989年第4、5期；《论苏州城最早建于汉代》，《东南文化》1990年第4期；陆雪梅、钱公麟：《春秋时代吴大城位置再考——灵岩古城与苏州城》，《东南文化》2006年第5期。

④　张立、吴健平：《春秋时期吴国都城遗迹位置的遥感调查及预测》，《遥感学报》2005年第5期。

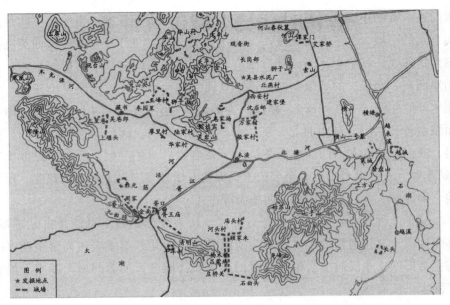

灵岩木渎古城示意图

（陆雪梅、钱公麟：《春秋时代吴大城位置再考——灵岩古城与苏州城》，《东南文化》2006 年第 5 期。）

　　2000—2002 年的发掘发现，灵岩古城依山势高下而建，呈不规则四边形。四面都有局部保存较好的城墙，西墙残长约 800 米，南墙残长约 1 400 米，东墙残长约 800 米，北墙残长约 350 米，墙宽 10—20 米，残高 0.5—1.6 米。山与山之间的豁口可能有城门，初步可以认定的有南门、北门和西门。城内有两处高土台，边长 50—60 米，高 1.3—1.5 米。在狮子山与何山之间，还发现一小段保存较好的城墙。胥江自东北至西南穿城而过，注入太湖，灵岩山上还有馆娃宫等遗迹。

　　2009 年的考古调查，发现了古城墙、护城河和水城门，还有高等级建材——瓦。此外，在这一区域内还确定了 5 处古代遗址，即马巷上石器作坊遗址、南野竹制陶遗址、廖里村遗址、横泾郎遗迹、上堰头遗迹。[1]根据调查成果，中国社会科学院考古研究所与苏州考古研究所联合发掘，其中在木渎镇五峰村发现北城墙长 1 150 米，残存墙体上宽约 13 米，下宽约 22 米，最高约 3

---

　　① 《苏州西部确证曾有春秋晚期大城》，来源《城市商报》，摘自名城新闻网，http：//xw. 2500sz. com/news/szxw/307881 _ 2. shtml，2010 年 6 月 13 日。

米，分段分块筑成。城墙外侧为护城河，宽 14 米以上。胥口镇新锋村发现城墙、河道等遗迹。其中河道位于两段城墙之间，宽约 14 米，深 1.9 米以上。城墙与河道之间存在间距，估计是水门遗迹所在。另外，穹窿山风景区堰头村南北两侧有多处断续分布的土墩遗迹，木渎盆地东部的木东路一带地势高于两侧、且与新锋南城墙相接，这两处遗迹推测与古城的西、东城墙有关。据现有资料，南北两城墙间距离为 6 728 米。①

2011 年发掘的合丰小城，在灵岩西南部的香山东麓，地处胥口镇合丰村、仇家村和下场村，西侧被高速公路所破坏。小城略呈圆角长方形，南北长约 500 米，东西宽约 450 米，面积约 22 万平方米。小城的北墙和东墙在地面仍有残存，下有基槽，堆筑而成。城墙内出土春秋时期的遗物。城墙外侧环绕宽约 10 米的城壕。在五峰段城墙外侧确认有长约 1 050 米、宽约 15 米的城壕。城墙东南处的豁口宽约 24 米，设有水门，水道宽约 13 米，护城河由此流入城内。确认新峰段河道贴城墙边缘分布，总长约 855 米。河道上部呈大敞口形，坡度较平缓，下部坡安陡直，为人工挖掘而成。河道深约 2.3—2.5 米，底部较平。新峰地点东南发现的大片自然水面，估计与城址同时存在。②

从考古调查情况分析，上述城址的布局复杂而零乱，显然为多次复建所致。有学者进一步解读灵岩春秋大型城址，认为该城在布局上形成小城、大城、郭城三重套叠结构，其中大城与小城相互依靠。小城无西垣而利用西边山脉作依靠，东南垣为弧线形，总体呈南北向不规则长方形。在小城内发现有大量台基，可能是宫殿区。小城东垣上发现三个门址，门址缺口宽约 20 米，小城垣宽 15—25 米，内城河宽约 25 米，深 1.5 米。大城位于以木渎为中心的山间平地上，总体呈东西向不规则长方形，北垣中段向北凸出，发现两处明显的门址，一处位于东南方向，门址缺口宽 30 米；一处位于北垣中段凸出处，缺口宽约 30 米。大城垣宽约 20 米，外城河宽约 25—68 米，大城内普遍分布方形或长方形台基。郭城由四周群山构成，山的缺口处补筑郭城垣，郭城垣宽 35—50 米。在大城东南方，郭城与大城间有两道宽约 15 米的墙体构成的复道连接大城门与郭城门，形成安全的外出通道。郭城外分布着一些

①　《江苏苏州市木渎春秋城址》，http：//www. kaogu. cn/cn/detail.asp? Productid = 12564，2011 年 1 月 14 日。

②　苏州古城考古队：《2011 年度苏州木渎古城考古的新进展》，http：//www. kaogu. cn/cn/detail. asp?ProductID = 14414，2012 年 2 月 6 日。

相关遗迹，在胥口清明山南侧有一小型城址——千年寺古城址，在东南方向的郭城外也同样有一个小型城址——长头古城址，加上已发现的吴城、越城遗址，整个东南方在地势险要的地点分布着几个小型军事城堡。

从整个聚落分布情况看，小城址位于灵岩大城的东南方向，据记载，吴越两国临近，相互征伐频繁，吴国东南临水线长，在东南方布防目的在于发展水军，用以控越。大城址西北方山峦重叠、地势险要，是相对安全的区域，大量高等级贵族墓葬在此区域发现，便充分说明了这一点。春秋村落遗址分布于大城周围，一方面是大城址形成的基础，同时也是大城址人口膨胀的外溢。由此不难看出，聚落群之间有着军事、政治、生活等方面的联系，灵岩大城址应是春秋晚期吴国的中心都城。①

此外，在苏州西郊发现了吴国贵族的大型墓葬——真山墓群，包括土墩墓 6 座。其中 9 号墩位于真山主峰，为春秋中晚期墓，封土达上万立方米，凿山为穴，有棺床和二层台，有斜坡墓道和排水沟设施，规模较大。棺椁漆皮重叠十层，大量玉器中有玉覆面、玉牌饰和一万多粒串珠，可能是"珠襦""玉柙"。一已朽漆箱内，装海贝数千枚，玉贝 112 枚。此墓推测为吴国王室大墓，这一带可能是吴国王室的一处墓地。②高等级墓葬与木渎盆地灵岩古城相对应，古城很可能就是吴国晚期的都城。

不过，对于灵岩古城的国属，一些学者有不同看法，认为该城年代最早为春秋晚期，应为楚威王灭越前的越国都城遗存。该城先后为吴王夫差和越王句践的都城，现存的城址应为越王句践、越王翳至越王无疆多次改扩建后的遗存。③

一种观点认为，位于今江苏常州市雪堰桥镇与无锡市胡埭镇之间的春秋城址才是阖闾城真正的所在。

该城东临太湖，北靠仆射山、胥山、虾笼山等。2007—2008 年，江苏省考古研究所对该城遗址进行了考古调查、勘探和物探，发现该城有外城和内城两重。外城即大城，其高出地面的部分现已不存。城墙的墙基宽约 34 米，

---

① 姚瑶、金怡：《从苏州春秋晚期聚落形态看灵岩大城址》，《苏州科技学院学报》2003 年第 4 期。

② 《苏州真山墓地出土大量珍贵文物》，《中国文物报》，1995 年 11 月 19 日；苏州博物馆：《江苏苏州浒墅关真山大墓的发掘》，《文物》1996 年第 2 期。

③ 张敏：《吴国都城初探》，《南方文物》2009 年第 2 期。

整体呈长方形，东西长约 2 100 米，南北宽约 1 400 米，面积约 2.94 平方公里，外有保存完好的城壕。内城分为东、西两小城，两城的东西长约 1 300 米，南北宽约 500 米，面积约 0.65 平方公里，城墙高出地面 2—3 米，墙基宽约 20 米，东城墙和南城墙保存较好，西城墙和北城墙已不存在。东城内，发现春秋时期的水井 1 口。西城的北半部有一道东西向的土墙，将西城分为南区和北区。南区内有高台建筑遗迹 5 处，其中西面的 3 号台长约 70 米，宽约 35 米。以 3 号高台为中心，坐西朝东，呈对称分布。北区内有高台建筑遗迹 1 处。西城与东城之间有陆门 1 座，并有长约 10 米的道路。西城南区与北区之间有陆门 1 座，南面发现水门 2 座，水门两侧有成排的木桩。在城北胥山以北临太湖的龙山山脉山顶和山脊之上，沿十八湾分布着蜿蜒起伏的石城，依山势高下而筑，两面用大石块垒砌，中部填土，宽约 1.0—1.1 米，残高约 0.4—0.7 米，已调查的长度为 2 000 米。

考古钻探结果表明，该城年代的上限晚于春秋中期，下限早于汉代，大致为春秋晚期。根据考古调查并结合历史文献分析，有学者推测，此城应为春秋晚期吴王阖闾的都城。[①]但也有部分学者认为，该城面积仅 3 平方公里，规模太小，与史书记载不完全吻合，作为都城还有很多疑点，应该只是吴国后期的一个军事基地。

由上可知，在今太湖东部发现的这些春秋城址，孰为阖闾城，学界意见并不一致。[②]从规模看，灵岩古城大于锡、常间古城，与文献记载相合之处更多。但要将其确定为阖闾城，仍然有一些问题需要解决：一是该城的形制和布局究竟如何？二是史载该城在吴国灭亡后，成为了越国都城，如今所存是吴国城址还是越国城址？该城址是否能有吴国特征的器物、甚至书写（铭刻）有吴国国号或国君名的器物出土？如果能够有文字发现，这应是证明其为吴国都城最过硬的证据。前文已提到，吴越两国文化颇多共同点，包括土墩墓、印纹硬陶器和原始青瓷等，要证其为吴国都城，吴国特征尤其是贵族阶层体现的吴国特征必不可少。三是其与锡、常间春秋古城关系如何？是反映了自

---

① 张敏：《吴国都城初探》，《南方文物》2009 年第 2 期。

② 黄锡之：《阖闾城址辨析及标注》，《苏州大学学报》1985 年第 2 期；钱公麟：《春秋时代吴大城位置新考》，《东南文化》1989 年第 4、5 期；潘力行、邹志一：《吴地文化一万年》，中华书局 1994 年版；张立等：《春秋时期吴国都城遗址位置的遥感调查及预测》，《遥感学报》2005 年第 9 卷第 5 期；姚瑶、金怡：《从苏州春秋晚期聚落形态看灵岩大城址》，《苏州科技学院学报》2003 年第 4 期。

吴寿梦至阖闾之间几代吴王都城变迁的情况，还是同时期不同功能和等级的城邑间关系？由于对灵岩古城的发掘尚在进行之中，上述问题的答案或可拭目以待。

二、越国都城

公元前 494 年，越王句践入吴称臣，三年后始归越。《吴越春秋・句践归国外传》记载，句践归国后，与谋臣范蠡商议，要在会稽山上再筑都城，以作为抗吴的中心。范蠡则建议，如果要建立新都与吴国对抗，就应该建在地势低平、交通便利的地点。最后句践采纳范蠡的建议，在会稽山北麓平地修筑山阴城，并命范蠡主持：

> 范蠡乃观天文，拟法于紫宫，筑作小城。周千一百二十二步，一圆三方。西北立龙飞翼之楼，以象天门；为两螭绕栋，以象龙角。东南伏漏石窦，以象地户。陵门四达，以象八风。外郭筑城而缺西北，示服事吴也，不敢壅塞；内以取吴，故缺西北，而吴不知也。北向称臣，委命吴国，左右易处，不得其位，明臣属也。城既成，而怪山自至。……名东武，起游台其上，东南为司马门，立增楼冠其山巅以为灵台。起离宫于淮阳，中宿台在于高平，驾台在于成丘，立苑于乐野，燕台在于石室，斋台在于襟山。句践之出游也，休息石台，食于冰厨。

关于山阴小城情况，其他文献也有提及。《越绝书》卷八云："句践小城，山阴城也，周二里二百二十三步，陆门四，水门一"；《嘉泰会稽志》引《旧经》曰："西北两面皆因重山以为城，不为壕堑。"根据这些记载中所提及的位置和规模，考古调查发现，山阴小城位于今绍兴市城区，其西、北利用府山为城墙，西城墙从府山西尾至今日旱偏门，长约 110 米；北城墙即府山山体，自东北向西延伸；南城墙由旱偏门至凤仪桥，长约 820 米；东南角连接东城墙，自酒务桥始，沿着作揖坊、宣化坊一直与府山东北端的宝珠桥连接，长约 1 030 米，正好是"一圆三方"。城墙周长 3 华里左右，与文献记载大体相似。小城有两个南城门，为陆门；两个东城门，水、陆各一；东城墙的镇东阁还有一个陆门，正好与"陆门四、水门一"相应。在府山附近，出土了大量春秋战国的印纹陶、原始青瓷和泥质黑陶等，其中印纹陶器形多罐、坛之类的盛储器，原始青瓷多为碗、杯、盅等生活用具，泥质黑陶器包括罐、盆、豆等。①

山阴小城之外有大城，即所谓的郭城。《越绝书》载："山阴大城者，范蠡所筑治也，今传谓之蠡城。陆门三、水门三，决西北，亦有事"；"大城周二十里七十二步，不筑北面"。前引《吴越春秋·句践归国外传》也说："外郭筑城而缺西北，示服事吴也"，"北向称臣，委命吴国。左右易处，不得其位，明臣属也"。有学者推测，山阴大城平面略呈南北扁长方形，东北城角、西南城角向内折曲，东南城角向外凸出。其东西长约 2 500 米，南北长约 2 000 米，扣除西北角所缺（府山长约 800 米），四边长度相加得 8 200 余米，与《越绝书》所记"周二十里七十二步"基本相吻合。②另有学者推测，原山阴大城西城墙可能自句践小城（今府山一带）南城墙沿绍甘公路至鲍郎山一带，南城墙当在绍兴人民大会堂至浙江涤纶厂宿舍一带，东城墙可能自浙江涤纶厂宿舍转向花园阪、福利院、黄琢山至五云门一带，北城墙可能在小江桥以南、大城湾向西一带。③

山阴大城有陆门三、水门三，见于记载的有北郭门、东郭门及东郭水门等。《越绝书》卷八云："东郭外南小城者，句践冰室，去县三里。句践之出入也，齐于穆山，往从田里。去从北郭门，焰龟龟山，更驾台，驰于离丘，游于美人宫"；"山阴古故陆道，出东郭，随直渎阳春亭。山阴故水道，出东郭，从郡阳春亭，去县五十里"。其陆门之北郭门，当与小城雷门相对，位于北垣中部。东郭门当即后世称五云门者，在东垣略偏北部。另一陆门有可能即后世称稽山门者，在南垣偏东部。其水门之东郭门当即后世称东郭门者，在东垣中部。北垣水门当在今广宁桥，位于北垣偏东部。另一水门当即后世称水偏门者，在西垣中部。此三座水门，连通城内外河道。《越绝书》卷八载："故禹宗庙，在小城南门外，大城内。禹稷在庙西，今南里。"可知小城南有禹庙。《水经注》又记小城东有越之祖庙，西南有怪山，山上筑有灵台。城内客馆设于都亭桥附近，在大城之内，小城外之东南部。城内有市，在都亭之南，亦在小城的东南部。（图：越国山阴都城示意图）

---

①　林华东：《越国都城探研》，《中国古都研究》第四辑，浙江人民出版社 1989 年版。

②　曲英杰：《越城复原研究》，《浙江学刊》1992 年第 4 期。

③　林华东：《越国都城探研》，《中国古都研究》第四辑。

越国山阴都城示意图

（曲英杰：《越城复原研究》，《浙江学刊》1992 年第 4 期。）

山阴大城之外，遍设离宫园囿。《吴越春秋》卷八载："起离宫于淮阳，中宿台在于高平，驾台在于成丘，立苑于乐野，燕台在于石室，斋台在于襟山。"《越绝书》卷八载：

> 驾台，周六百步，今安城里。
>
> 离台，周五百六十步，今淮阳里丘。
>
> 美人宫，周五百九十步，陆门二，水门一，今北坛利里丘土城。句践所习教美女西施、郑旦宫台也。女出于苧萝山，欲献于吴，自谓东垂僻陋，恐女朴鄙，故近大道居，去县五里。
>
> 乐野者，越之弋猎处。大乐，故谓乐野。其山上石室。句践所休谋也，去县七里。
>
> 中宿台马丘，周六百步，今高平里丘。

东郭外南小城者，句践冰室，去县三里。

阳城里者，范蠡城也。西至水路，水门一，陆门二。

北阳里城，大夫种城也。取土西山以济之，径百九十四步。或为南安。

北郭外路南溪北城者，句践筑鼓锺宫也，去县七里。其邑为龚钱。

　　此类建筑各有其用途，修筑于城外而又彼此间相隔不甚远，为都城之从属部分。这一特点与吴国都城有相似之处。[①]

　　1996—1998 年，考古工作者发掘了绍兴里木栅的印山大墓。墓葬开凿在山丘的中心部位，墓坑上口长 46 米，宽 14—15 米，坑底长 40 米，宽 12 米，深 14 米，东壁正中设有长达 54 米的宽大墓道。用巨大的枋木构件墓室，分前中后三室，中室放置独木棺一口。墓室横截面呈三角形，面积达 160 平方米，估计木材用量在 430 立方米以上。坑底铺设厚达 1.65 米以上的木炭层，墓室顶部纵向压盖半圆形厚木。整个墓室先用 140 层树皮包裹，再填筑 1 米左右的木炭层，炭层外表再用数层树皮包护。墓坑填筑青膏泥，墓坑以上筑有长径 70 米、短径 30 米、中心部位高 10 米的巨型封土墩，并经分层夯筑。墓道周围挖有隍壕，形成 6 万平方米的陵园空间。依据学者初步研究，认为此大墓虽经盗掘，仍显示出"高等级的王陵规格"，当是文献记载的"木客大冢"，亦即越王句践之父允常的陵寝。[②]

三、战国时期江南城市的发展

　　越灭吴后，句践"徙治姑胥台"[③]，将都城由山阴迁至姑苏。随后北上争霸，继续向北方扩张，并再次迁都琅琊。今本《竹书纪年》记载，贞定王元年（前 468），"於越徙都琅玡"。《越绝书·外传记地传》载："句践伐吴，霸关东，从琅琊起观台。"《吴越春秋》亦载："句践二十五年，霸于关东，从琅琊起观台，周七里，以望东海。"越国都琅琊 89 年后，因受楚国的逼迫，再次将都城迁回姑苏。古本《竹书纪年》云："元王二年，於粤灭吴。七年，於粤徙都琅琊……魏武侯十八年（公元前 397 年——引者），於粤迁于吴。"今本《竹书纪年》亦载，安王二十三年（前 397），"於越迁于吴"；安王二十六

---

① 曲英杰：《越城复原研究》，《浙江学刊》1992 年第 4 期。

② 《浙江省考古五十年主要收获》，《新中国考古五十年》，文物出版社 1999 年版，第 175 页。

③ 《越绝书·外传记地传》，张仲清：《越绝书译注》，第 168 页。

年（前 376），"於越太子诸咎弑其君翳。十月，越人杀诸咎越滑，吴人立孚错枝为君"。《史记·越世家索隐》引《纪年》云："翳三十三年，迁于吴。"

公元前 306 年，楚灭越国。楚幽王时，公子春申君黄歇（？—前 238）受封吴地。《史记·春申君列传》载："（春申君）请封于江东。因城故吴墟，以自为都邑。"《越绝书·外传记吴地传》云："春申君，楚考烈王相也。烈王死，幽王立，封春申君于吴。三年，幽王征春申为楚令尹，春申君自使其子为假君治吴。十一年，幽王征假君与春申君，并杀之。二君治吴凡十四年。后十六年，秦始皇并楚，百越叛去，更名大越为山阴也。"

春申君受封后，江南地区的社会开发仍在继续，城市也获得进一步发展。《太平寰宇记》卷九一《江南东道三·苏州》载："无锡湖者，春申君治以为陂，凿语昭渎以东到大田，田名胥卑。凿胥卑下以南注大湖，以写西野。去县三十五里。无锡西龙尾陵道者，春申君初封吴所造也。"他还在原吴都的基础上大兴土木。"今太守所居屋，即春申君令子假君之殿也。因数失火，故涂以雌黄，令子以此守母，故曰黄堂。"①对此，《越绝书》有更为具体的描述：

> 今太守舍者，春申君所造，后殿屋以为桃夏宫。今宫者，春申君子假君官也。前殿屋盖地东西十七丈五尺，南北十五丈七尺。堂高四丈，十霤高丈八尺。殿屋盖地东西十五丈，南北十丈二尺七寸。户霤高丈二尺。库东乡屋南北四十丈八尺，上下户各二。南乡屋东西六十四丈四尺，上户四，下户三。西乡屋南北四十二丈九尺，上户三，下户二。凡百四十九丈一尺。檐高五丈二尺。溜高二丈九尺。周一里二百四十一步。春申君所造。②

春申君所兴建筑气势之雄伟壮丽，于斯可见一斑。难怪司马迁南游时，观春申君故城宫室，不禁赞叹："盛矣哉！"

据《越绝书·外传记吴地传》载，吴故都"城中有小城二"，又谓其后春申君"阙两城以为市"，可知两小城相距不远。有学者认为，一小城即为原越国宫殿所在，后为春申君所承袭；另一小城疑即子胥城，或为阖闾别筑居之

---

① 乐史：《太平寰宇记》卷九一《江南东道三·苏州》"吴县"下，中华书局 2007 年版，第 1822 页。

② 《越绝书·外传记吴地传》，张仲清：《越绝书译注》，第 51 页。

小城。《越绝书》所记汉高帝时刘贾所筑的定错城，正是在春申君所承袭、兴建的小城（即吴市西城）基础上兴建的。[①]如果此说不误，那么这座小城应在子城北至平门之间偏西。另据《吴郡志》载，小城中曾建有"升月"、"写鹊"、"江风"三所豪华的馆舍。

春申君封吴期间，在城内设有市场、仓廪、兵库、手工业作坊、监狱等等，并有专职官吏管理。《越绝书》载：

> 吴两仓，春申君所造。西仓名曰均输，东仓周一里八步。后烧。更始五年，太守李君治东仓为属县屋，不成。吴市者，春申君所造，阙两城以为市。在湖里。吴诸里大闹，春申君所造。吴狱庭，周三里，春申君时造。土山者，春申君时治以为贵人冢次，去县十六里。楚门，春申君所造。楚人从之，故为楚门。[②]

第四节　先秦时期江南城市的基本特征

如前所述，春秋战国时期，江南地区出现了真正意义上的城市。相对于新石器时代晚期体现出较高"社会复杂化"程度、作为区域文化中心的"早期城市雏形"，以吴、越国都为代表的城市，所反映的"社会复杂化程度"已经毋庸置疑，而且在城市的选址、规划布局、功能设置、城乡关系、建设理念方面，都体现出了更为成熟的特点。

一、初步成型的城市格局、交通与市场

先秦时期，各国城郭布局的突出特点是内城（小城或宫城）、外郭（大城或郭城）的区分和并存。内城是国君或贵族居住的宫殿所在，外郭则分布着各级官吏和普通民众的居住区，以及手工业作坊和商业集中的市场。例如，楚郢城的宫城位于郭的东南部，外面大城及郭的配置采取环城套列的方式，保持着营国制度中城郭配置的传统格局。[③]《世本·作篇》引《吴越春秋》云："筑城以卫君，造郭以守民。"文献中所记吴、越的都城都有大城和小城

---

① 林华东：《苏州吴国都城探研》，《南方文物》1992年第2期。
② 《越绝书·外传记吴地传》，张仲清：《越绝书译注》，第52页。
③ 湖北博物馆：《楚都纪南城调查简报》，《考古学报》1982年第3、4期。

的设计，而考古发掘的无锡、常州间春秋城址有内外城，苏州木渎的灵岩古城更有小城、大城、郭城三重套叠结构，这些都表明，吴、越两国都基本遵守这一规则，并有所创新。

阖闾城内道路宽广，有陆路和水路。"邑中径从阊门到娄门，九里七十二步，陆道广二十三步，平门到蛇门，十里七十五步，陆道广三十三步。水道广二十八步。"①结合春秋列国都城情况分析，小城有宫殿区，一般为王族聚居区，国君宫室所在；大城为贵族官僚聚居区，而郭城则以手工业工场及平民住宅等为主。从《越绝书》所记吴、越都城的有关情况来看，也是如此。《吴越春秋》载伍子胥语："凡欲安君治民、兴霸成王、从近制远者，必先立城郭，设守备，实仓廪，治兵库。"除了作为军事防御"守备"的城郭之外，都城内还应有粮仓、兵库等设施。

在都城中设有商品交换买卖的市场，这在西周和东周时期的城市建设中已极为普遍。《考工记》即有"前朝后市"的说法。《管子·揆度》言："百乘……千乘……万乘之国，中而立市。"春秋战国时期各国都城工商业都相当活跃，吴、越都城也不例外。如吴都即有"吴市"，《吴越春秋·王僚使公子光传》言，公子光"命善相者为吴市吏"，表明吴都城不仅有市场，而且有专门的管理机构，同时收取相应的市场商税。《越绝书·外传记吴地传》载，吴王阖闾女死，阖闾使"舞鹤吴市"，"市"不仅是商品交易的场所，也具备公共娱乐空间的性质，人们在市场上可以观看表演。这里还是犯人公开处决的地点，如吴王阖闾欲刺杀庆忌，为了使庆忌不怀疑他派遣的杀手要离，"乃取其妻子，焚弃于市"②。市场上的来往人员非常庞杂，伍子胥奔吴之初，就曾"被发佯狂，跣足涂面，行乞于市"③。

二、较为完整的城市附属体系

吴、越都城并非孤立的城市。在都城周围，都建设有许多附属建筑、小城邑，以扩大完善都城的功能，并作为都城的保障体系。这些附属建筑有的是君主的宫室、园囿，如阖闾在都城外30里建姑苏台，胥门外筑九曲路通

① 《越绝书·外传记吴地传》，张仲清：《越绝书译注》，第28页。
② 《吴越春秋·阖闾内传》，《吴越春秋辑校汇考》，第50页。
③ 《吴越春秋·王僚使公子光传》，《吴越春秋辑校汇考》，第29页。

之，"阖庐以望太湖中，窥百姓"①。在阊门和巫门外，分别建有冰室。在城南太湖北岸一带，辟有规模巨大的长洲苑，作为驰猎场所。夫差又在今吴县洞庭西山消夏湾，辟有消夏避暑场所。此外，吴都周边有王田："吴北野禺栎东所舍大疁者，吴王田也，去县八十里。吴西野鹿陂者，吴王田也。今分为耦渎，胥卑虚，去县二十里。吴北野胥主疁者，吴王女胥主田也，去县八十里。"②又建有畜牧业基地。如娄门外 20 里的鸡陂墟辟有养鸡场，在桑里东建有畜牛、羊、猪、鸡等的大型畜牧场，城东 5 里的猪坟建有畜猪之所，东 2 里的豆园有养马处，另有鸭城、麋城、牧马城、养鱼城等③，分别作为养鸭、豢鹿、牧马和养鱼场所。作为都城的附属，这些生产地点为都城主要是居住在都城中的君主，提供生活物资上的支持和保障。

　　吴国都城周围兴建的小城邑，包括伍子胥城、复城、巫欐城、欐溪城、北武城、摇城、鸿城、干城、麋湖西城、莫城、储城、酒城等，它们在功能上也往往各有侧重。如巫欐城，系阖闾安置诸侯远客的离宫；储城，位处胥门南 3 里，传称吴王储粮处；位于娄门外今吴县、昆山一带的北武城和《汉书·地理志》所提到的南武城，是阖闾所建以防外越的军事据点；欐溪城位处无锡梁溪北岸，是阖闾所置船宫故址，属于吴国规模较大的造船工场所在。④又有居东城，"阖庐所游城也，去县二十里"；石城"吴王阖庐所置美人离城也，去县七十里"⑤；养鱼城，在吴江县"西二十五里，即吴王养鱼所也"⑥。

　　越王句践所建造的都城山阴，附近同样有许多附属聚落和建筑。《越绝书·外传记地传》载：

　　　　稷山者，句践斋戒台也。

　　　　龟山者，句践起怪游台也。东南司马门，因以炤龟，又仰望天气，观天怪也。高四十六丈五尺二寸，周五百三十二步，今东武里。一曰怪山。怪山者，往古一夜自来，民怪之，故谓怪山。

① 《越绝书·外传记吴地传》，张仲清：《越绝书译注》，第 37 页。
② 《越绝书·外传记吴地传》，张仲清：《越绝书译注》，第 38 页。
③ 养鱼城见于《太平寰宇记》卷九一《江南东道三·苏州》"常熟县"条下，中华书局 2007 年版，第 1829 页。
④ 林华东：《苏州吴国都城探研》，《南方文物》1992 年第 2 期。
⑤ 《越绝书·外传记吴地传》，张仲清：《越绝书译注》，第 32 页。
⑥ 乐史：《太平寰宇记》卷九一《江南东道三·苏州》"吴江县养鱼城"，第 1829 页。

驾台，周六百步，今安城里。

离台，周五百六十步，今淮阳里丘。

美人宫，周五百九十步，陆门二，水门一，今北坛利里丘土城，句践所习教美女西施、郑旦宫台也。女出于苧萝山，欲献于吴，自谓东垂僻陋，恐女朴鄙，故近大道居。去县五里。

乐野者，越之弋猎处，大乐，故谓乐野。其山上石室，句践所休谋也。去县七里。

中宿台马丘，周六百步，今高平里丘。

东郭外南小城者，句践冰室，去县三里。

句践之出入也，齐于稷山，往从田里，去从北郭门。炤龟龟山，更驾台，驰于离丘，游于美人宫，兴乐中宿，过历马丘。射于乐野之衢，走犬若耶，休谋石室，食于冰厨。领功铨土，已作昌土台。藏其形，隐其情。一曰冰室者，所以备膳羞也。

…………

这里所提到的稷山、龟山、驾台、离台、美人宫、乐野、台马丘等，都是句践出入都城常经游历的地方。此外都城周围还有"北郭外路南溪北城者，句践筑鼓钟宫也。去县七里，其邑为龚钱"，"舟室者，句践船宫也，去县五十里"。

从考古遗址方面来看，前文提到的灵岩古城，地处木渎盆地，周围多山地，是金属矿藏所在地。遥感调查发现，西部玉屏山、查山、五龙山、小茅山、团鱼山等山麓附近有许多可能是洗矿、铸铜等冶铸留下的池塘。[1]另外，"北阳山有丰富的白泥矿用于制作瓷器；西有铜矿、铁矿用于制作兵器、礼器、乐器；南有太湖提供丰富的水产资源；大城四周的坡地十分有利于农业生产"[2]。这些既是城市选址的经济因素，同样也反映了都城与周边经济性城邑或聚落之间，的确存在着互补一体的关系。

三、因地制宜的军事防御系统

先秦吴、越国城市具有非常强烈的军事防御性，这与当时战争不断的社

---

① 张立、吴健平：《春秋时期吴国都城遗迹位置的遥感调查及预测》，《遥感学报》2005 年第 5 期。

② 邬岭、张照根：《试论春秋时期吴国都城的规划理念》，《规划师》2003 年第 6 期。

会背景是紧密相关的。

吴国早期都城可能在今宁镇一带，阖闾时期迁至今太湖东部苏州附近，其攻伐越国的目的非常明确。《吴越春秋·阖闾内传》载，伍子胥建阖闾城，"欲东并大越，越在东南，故立蛇门以制敌国"，可以看出其制越、攻越的目的。

同样，越王句践听从谋臣范蠡建议，将都城从会稽山上迁至北麓的平原地带，其向北攻伐吴国的目的也十分显明。《吴越春秋·句践归国外传》载，范蠡筑山阴城，"外郭筑城而缺西北，示服事吴也，不敢壅塞，内以取吴，故缺西北"，正是此种用意的体现。

在城市选址与建设上，吴、越两国都按照因地制宜的原则，构建相应的防御系统。

一是利用周边山水地形。如越国山阴城背靠会稽山北麓，杭州湾为其北面天然屏障，东西两翼又分别有东小江（曹娥江）和西小江（浦阳江）作为天然防线。城市建设，利用由会稽山脉没入山会平原后崛起的种山、蕺山和怪山等大小九座孤丘，其中小城西、北两面均借府山山体为城墙，此山"自东北向西南呈圆弧状延展，宛如卧龙，故又名卧龙山。山之西、北两坡陡峭，而南坡较缓，是理想的天然屏障"[1]。

灵岩城位于群山环绕的木渎盆地，其最外围的太湖、吴淞江、长江，可谓城市防卫的第一天然防线，盆地周边群山则构成了城市坚固的第二防线。随四周地形变化分布的城墙，三重套叠的布局，无疑更加强了防御外敌入侵、保卫城内安全的功能。城内又设小城，进一步体现了安全上的考虑。此外，城外东南方分布的吴城等几座小城，同样具有军事防御的作用。

有学者以常州、无锡附近春秋古城为阖闾城。该城水系为闾江，引闾江入大城和东西小城后，形成城外的环壕和城内的水系，出大城后流入太湖。其大城北面有胥山，胥山下的胥山湾，在春秋时期为通太湖的湖湾。胥山北面是临太湖的龙山山脉。龙山上长达 2 公里的龙山石城，应属阖闾城的一部分。此"为阖闾城遗址第一道防御工事，并与阖闾大城、东城、西城和胥山湾构成了完整的军事防御体系：石城立于太湖之滨，为阖闾城第一道防御；胥山湾为训练和驻扎水军之湖湾，构成阖闾城的东部水域防御；阖闾大城居住兵士和民众，构成阖闾城的第二道防御；东城居住兵士或民众，形成西城

---

① 曲英杰：《越城复原研究》，《浙江学刊》1992 年第 4 期。

的外藩；西城的南区为大型建筑群（宫殿区），北区则加强了南区（宫殿区）防御的纵深"①。（图：常州、无锡附近春秋古城（阖闾城）示意图）

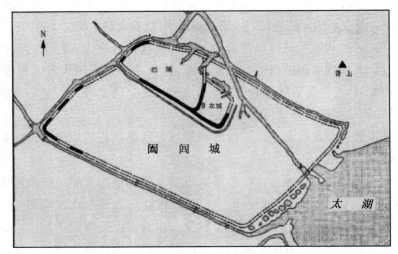

常州、无锡附近春秋古城（阖闾城）示意图

（张敏：《吴国都城初探》，《南方文物》2009年第2期。）

二是城市的城垣、内外城位置因地制宜，并不规则。这也是由江南地理环境的特点所决定的。

三是城市选址考虑交通因素。《吴越春秋·句践归国外传》谈到范蠡说服句践建都选址的时候说："今大王欲国树都，并敌国之境，不处平易之都，据四达之地，将焉立霸王之业？"可知，交通是选址的重要考虑因素。吴阖闾城亦位于水陆交通要道之上，史称：

> 吴古故陆道，出胥门，奏出土山，度灌邑，奏高颈，过犹山，奏太湖，随北顾以西，度阳下溪，过历山阳、龙尾西大决，通安湖。吴古故水道，出平门，上郭池，入渎，出巢湖，上历地，过梅亭，入杨湖，出渔浦，入大江，奏广陵。吴古故从由拳辟塞，度会夷，奏山阴。辟塞者，吴备候塞也。②

---

① 张敏：《吴国都城初探》，《南方文物》2009年第2期。
② 《越绝书·外传记吴地传》，张仲清：《越绝书译注》，第30页。

从前面提到的太湖东部两座春秋城址来看，四周水域发达，大城外各山口则形成天然的陆路通道和要塞。[①]越国山阴城也是如此："山阴古故陆道，出东郭，随直渎阳春亭。山阴故水道，出东郭，从郡阳春亭。去县五十里。"[②]

四、成熟的都城建设理念

《世本·作篇》引《吴越春秋》载伍子胥曰："凡欲安君治民、兴霸成王、从近制远者，必先立城郭，设守备，实仓廪，治兵库。"《吴越春秋》记范蠡言："今大王欲国树都，并敌国之境，不处平易之都，据四达之地，将焉立霸王之业？"[③] 从中都可以看出，吴、越两国修筑都城，已经具有非常明确且自觉的建设理念。

从城市选址上看，吴、越都城均选择了依山近水的地点，其平面亦因地形而稍许变化，充分体现了因地制宜的现实态度，与《管子·乘马》所言极近："凡立国都，非于大山之下，凡于广川之上。高毋近旱而水用足，下毋近水而沟防省。因天材，就地利，故城郭不必中规矩，道路不必中准绳。"从城市形制上看，吴、越都城均采取了内外城制。《管子·度地》云："内为之城，城外为之郭，郭外为之土阆；地高则沟之，下则堤之。"《墨子·非攻》云："三里之城，七里之郭。"与之对照，不难看出，吴、越两国都城的建设理念与中原城市建设理论有着相似的意识。

吴、越两国城市的建造，在形式上还都体现出非常浓厚的天人一体观念和阴阳厌胜之术的运用。《吴越春秋·阖闾外传》载，吴王阖闾问："夫筑城郭、立仓库，因地制宜，岂有天气之数，以威邻国者乎？"伍子胥对此做了肯定的回答。所谓"天气之数"，就是伍子胥在建造阖闾城时候所贯彻的"象天法地"，以及通过方位、设门、置象征物等方法，用以寄寓破楚、并越目标的阴阳厌胜之术：

> 子胥乃使相土尝水，象天法地，造筑大城。周回四十七里，陆门八，以象天八风，水门八，以法地八聪。筑小城，周十里，陵门三，不开东面者，欲以绝越明也。立闾门者，以象天门通阊阖风也。立蛇门者，以

---

① 邬岭、张照根：《试论春秋时期吴国都城的规划理念》，《规划师》2003 年第 6 期。
② 《越绝书·外传记地传》，张仲清：《越绝书译注》，第 189 页。
③ 《吴越春秋·句践归国外传》，《吴越春秋辑校汇考》，第 130—131 页。

象地户也。阖闾欲西破楚，楚在西北，故立阊门以通天气，因复名之破楚门。欲东并大越，越在东南，故立蛇门以制敌国。吴在辰，其位龙也，故小城南门上反羽为两鲵鲩以象龙角。越在巳地，其位蛇也，故南大门上有木蛇，北向首内，示越属于吴也。

《吴越春秋·句践归国外传》所记述的越国山阴城建造过程，同样体现了拟法天地的理念，以及表面臣吴、实则暗含取吴的意识象征：

> 范蠡乃观天文，拟法于紫宫，筑作小城。……一圆三方。西北立龙飞翼之楼，以象天门；为两螭绕栋，以象龙角。东南伏漏石窦，以象地户。陵门四达，以象八风。外郭筑城而缺西北，示服事吴也，不敢壅塞；内以取吴，故缺西北，而吴不知也。北向称臣，委命吴国，左右易处，不得其位，明臣属也。

《太平寰宇记》引《郡国志》说："雷门，句践所立。以吴有蛇门，得雷而发，表事吴之意。吴以越在辰巳之地，作蛇门焉。有蛇象如龙，象越以鼓威于龙也。"《舆地志》也说："句践应门之上有大鼓，名之曰雷鼓，以威于龙也。"同样反映出建造过程中浓厚的象征意味。

吴、越的城市建设，还可以看到明显的地域特色：城外环绕护城河，城内水道纵横，有水门与护河连通，城市水系与周边水系连成一体。这种充分利用和适应环境特色的建设方式，在史前诸如寺墩遗址就早有体现，应是传承江南水乡环境下城邑建设传统理念的反映。同时，也能看到楚都郢城的影响。

春秋时期楚国郢都位于今湖北荆州市江陵旧城北[①]，南距长江约 7 000 米。城址东西长约 4 450 米，南北约宽 3 588 米，面积约 16 平方公里。城垣走向基本平直，除东南角外，其余三城角均为切角，城垣周长约 15 506 米。发现城门 5 座，水门 2 座。经发掘的西垣北门和南垣西部水门，均为一门三道结构。城垣外有护城河遗迹，宽 40—80 米。西南城角一带地势低平，河宽

---

① 一般观点认为，纪南城即是春秋楚国郢都。也有学者认为，纪南城应是战国时期楚国的郢城。本书采用前者较流行的看法。参见尹弘兵：《纪南城与楚郢城》，《考古》2010 年第 9 期。

至 100 米；西北、东北城角地势较高，河床仅宽 10 米左右。城内发现夯土台基 84 座。其城区布局，东南部有 61 座夯土台基，为主要宫殿区，还发现了一段宫城城墙。东北部为另一重要建筑群。城内有两处集中的手工业作坊区，一在龙桥河两岸，集中制瓦和制陶器的手工业作坊；一在西南部陈家台遗址，以冶铸金属为主。西北部早期遗存的性质尚未确定。朱河、新桥河分别由自北而南、自南而北流入城内，在偏北出板桥一带汇合成龙桥河，折向东流，出城注入邓家湖。根据遥感资料，有学者推测，该城四面当各设八陆门、八水门，与后来寿春郢城类似，且利用自然水系，于城内形成四通八达的水上交通网。[1]城南有许多夯土台基，可能是祭祀或防御建筑遗迹。城西、城北有密集的村落遗址，是居民区。[2]城东潜江龙湾遗址又发现有大型的宫殿基址，范围东西长 2 000 米，南北宽约 1 000 米，可能属于楚王离宫别馆性质。[3]

有学者将越国山阴城与吴国都城和楚国都郢城进行比较分析，指出："除为示臣服而改面向北和规模略小外，在平面形制及布局诸方面均与二者极为相似。这或许是由于范蠡原为楚人，又曾游于吴及随句践入臣于吴三年（吴城为楚逃臣伍子胥所造），故所筑越城仿同于吴城及楚都郢城。"[4]

---

①　曲英杰：《长江古城址》，湖北教育出版社 2004 年版，第 121 页。

②　湖北省博物馆：《楚都纪南城的勘查与发掘》，《考古学报》1982 年第 3、4 期。

③　荆州地区博物馆等：《湖北潜江龙湾发现楚国大型宫殿遗址》，《江汉考古》1987 年第 3 期。

④　曲英杰：《越城复原研究》，《浙江学刊》1992 年第 4 期。

第四章　郡县城市体系的初步确立

县和郡，早在春秋时期就已经出现，原先都是由国君直接控制的邑地。当时楚、晋等大国为了加强中央集权，增强边地防守力量，往往把新兼并的小国设为县，不作为卿大夫的封邑。郡最初设在边地，因为地广人稀，虽然面积比县大得多，但其行政地位却比县低。《吴越春秋·夫差内传》载："吴王果兴九郡之兵，将与齐战。"由此看来，在春秋晚期，吴国也曾实行郡制。进入战国时期，随着边地逐渐繁荣，各诸侯国开始在郡下分设若干县，于是产生了郡、县两级的地方行政体制。在这种体制下，郡县的土地由国君直接控制，不作封赏，官员由国君直接任免、考核，不得世袭，地方行政和军事权力实际上都掌握在国君手里，从而适应了国君集中统治权力的需要。因此，秦始皇统一六国后，为加强专制主义中央集权，遂废除封建，在全国范围推行郡县制，将天下四方纳入到有效的专制主义统治体系之中。在此基础上，构建起"都城—郡城—县城"的城市等级体系，并在两汉得到进一步的加强和完善。江南地区作为秦汉帝国版图的一部分，也初步形成区域性的郡县城市体系。

第一节　秦汉对江南地区的军事征服和经济开发

南方越族的存在，在很长一段时期内，秦汉帝国把江南地区作为边郡所在。同时由于北方匈奴的持续威胁，帝国军事力量的布局和对边地的开发，又主要是重北轻南的。事实上，在很长一段时期内，秦汉帝国一直把江南地区视为边郡荒蛮之域，从而影响到江南区域经济的开发和发展。直到东汉时期，这种情况才有较大改观。

一、秦朝、西汉对江南地区的控制

秦朝和西汉对江南地区的控制与开发，是伴随着军事征服和郡县设置的过程逐渐展开的。

秦王政二十五年（前222），秦将王翦平定楚国长江以南地区，继而进军今江苏、浙江一带，"降越君，置会稽郡"①，江南地区纳入秦朝的统治版图。三十七年（前210），秦始皇南下巡视，"浮江下，观籍柯，渡海渚。过丹阳，至钱唐。临浙江，水波恶，乃西百二十里从狭中渡。上会稽，祭大禹，望于南海，而立石刻颂秦德"②。始皇帝巡行郡县的目的，在于"以示强，威服海内"，而此次之所以选择巡视东南，则主要因为社会上有"东南有天子气"的传言。因此，在一路南下的行程中，他"凿地脉，断连冈，因改金陵为秣陵"③，"凿北岗，以破坏其形势，截直道，使其阿曲，改称曲阿县"④。另一方面，建设道路网，将各县连接起来："秦始皇造道（寿春东皃——引者）陵南，可通陵道，到由拳塞，同起马塘，湛以为陂，治陵水道到钱唐、越地，通浙江。秦始皇发会稽适戍卒，治通陵高以南陵道，县相属。"⑤同时，迁徙钱塘江以南原越地居民至太湖流域："乌程、余杭、黝、歙、无湖、石城县以南，皆故大越徙民也。秦始皇帝刻石徙之。"⑥这客观上促进了江南地区的人员流动和地方文化交流。

西汉初期，对江南地区采取"以诸侯镇之"的办法，先分封宗室刘贾置荆国。《史记·荆燕世家》载，汉高祖六年（前201），"立刘贾为荆王，王淮东五十二城"。《汉书·高帝纪》载，该年正月，"韩王信等奏请，以故东阳郡、鄣郡、吴郡五十三县，立刘贾为荆王"。至汉高祖十一年（前196），淮南王黥布反，杀荆王刘贾。次年，汉廷又封立高祖兄子沛侯刘濞为吴王，"王故荆地"⑦。《史记·吴王濞列传》载："上（即汉高祖——引者）患吴、会稽轻悍，无壮王填之，诸子少，乃立濞于沛为吴王，王三郡五十三城。"刘

---

① 司马迁：《史记》卷六《秦始皇本纪》，中华书局1982年版，第234页。
② 司马迁：《史记》卷六《秦始皇本纪》，第260页。
③ 乐史：《太平寰宇记》卷九〇《江南东道二·昇州》引《金陵图经》，第1772页。
④ 李吉甫：《元和郡县图志》卷二五《江南道一》，中华书局1983年版。
⑤ 《越绝书·外传记吴地传》，张仲清：《越绝书译注》，第54—55页。
⑥ 《越绝书·外传记吴地传》，张仲清：《越绝书译注》，第44页。
⑦ 司马迁：《史记》卷五一《荆燕世家》，中华书局1982年版，第1994页。

濞吴国的封域同于原荆国，包括东阳郡、鄣郡和会稽郡的 53 座郡县城。经过 40 多年的经营，吴国逐渐发展成为实力强大的地方诸侯。汉景帝前元三年（前 154），吴王刘濞起兵于广陵，"七国之乱"爆发。汉室发兵平乱，数月后，刘濞败亡。景帝遂除吴国，以其故地徙封原汝南王刘非为江都王。及汉武帝元狩二年（前 121），江都王谋反败亡，"国除，地入于汉，为广陵郡"①。至此，西汉王朝才终于真正控制了江南大部分地区，将其分隶于丹阳郡和会稽郡。

在会稽郡以南，秦朝设闽中郡。西汉初，通过分封越人首领闽越王和东海（瓯）王两个外族诸侯，获得了暂时的稳定。史称："汉五年，复立无诸为闽越王，王闽中故地，都东冶。孝惠三年，举高帝时越功，曰闽君摇功多，其民便附，乃立摇为东海王，都东瓯，世俗号为东瓯王。"②"七国之乱"爆发，东越实参与其事，只是当吴王濞亡走丹徒，在西汉政府的利诱之下，东越又转而袭杀了刘濞。刘濞之子逃奔闽越，于建元三年（前 138）唆使闽越发兵围东瓯，东瓯被迫内迁江淮之间。元鼎六年（前 111），闽越再反，汉帝国东南持续动荡。汉武帝决心彻底解决东南越族问题，遂发兵攻闽越。元封元年（前 110），汉军兵分三路，"故龙额侯韩说为横海将军，出会稽；楼船将军杨仆出豫章，中尉王温舒出会稽"，三路兵马"皆破东越"。③汉廷将当地居民强制迁徙至江淮之间，最终解除了东越对中央政府的威胁。

二、西汉时期江南经济的恢复与停顿

西汉初期，在吴王刘濞治下，江南地区经济有一段较为迅速的恢复时期。这是因为江南地区自然资源丰富，"东有海盐之饶，章山之铜，三江五湖之利"④，在春秋末吴越相争时期，已经显示出较雄厚的经济实力。秦统一后至汉初，该地区并没有遭受大的战争破坏。加之汉初诸侯国的政治经济都比较独立，因此地方经济得以较快重振。

吴王濞充分利用江南地区丰富的矿业和盐业资源，"招致天下亡命者盗铸

---

① 司马迁：《史记》卷五九《五宗世家》，第 2096 页。
② 司马迁：《史记》卷一一四《东越列传》，第 2979 页。
③ 司马迁：《史记》卷二二《汉兴以来将相名臣年表》，第 1140 页。
④ 司马迁：《史记》卷一二九《货殖列传》，第 3267 页。

钱，煮海水为盐"①。汉初对于民间私铸钱币的政策曾多次反复，文帝前元五年（前175），"除盗铸令"，放开铸币权，仅对四铢钱的币制进行严格规定。这进一步推动了吴国铸钱业的发展，吴国钱币在天下郡县、王国大量流通，从而也获得了丰厚的经济回报。《史记·淮南衡山列传》中谈到，吴王濞时，有"三四郡之众，地方数千里，内铸消铜以为钱，东煮海水以为盐，上取江陵木以为船，一船之载当中国数十两车，国富民众"。同书《平准书》称吴王濞"以即山铸钱，富埒天子"，"吴……钱布天下"。在今江苏六合县城东约5 000米处曾发现一处吴国铸钱作坊遗址，范围约1 000—1 500米，发掘出大量汉代绳纹瓦片和陶片。在中心房址周边发现了废铜钱、铜锭、铜块、铜镞、铁斧、铁锛等生产材料、工具，以及吴王濞时期所铸"半两"钱、武帝元狩五年至元鼎四年之间所铸"五铢"钱等。②除了铸钱，吴国官营冶铜作坊还铸造铜器。如在今高邮发现的天山一号汉墓曾出土铜钫，上刻"吴大官容器口"、"第廿二"等铭文。吴国的冶铁和铁器制造业、造船业等也有较大发展。今广西罗泊湾发现的一号墓是西汉初期的墓葬，其中出土自题为《东阳田器志》的木牍，记有铁锄、铁锹、铁杭等铁制农具。东阳郡为当时吴国所辖，这封木牍证明吴国铁器已流通至南越，可见其产量之大。《史记·淮南衡山列传》中说，吴王"上取江陵木以为船，一船之载当中国数十两车"，显示了吴国所造船只规模庞大。

随着经济实力的增强，吴国还免除了国内居民的赋税，给服徭役的百姓发工钱，大量招徕和收留流亡人口，增加了劳动力，人口得到很大增长，其所属会稽郡城吴县也成为"江东都会"。正如《汉书·荆燕吴传》所言："其居国以铜盐故，百姓无赋。卒践更，辄予平贾。岁时存问茂材，赏赐闾里。它郡国吏欲来捕亡人者，讼共禁不与。如此者三十余年，以故能使其众。"曾在吴王濞属下任郎中的枚乘，甚至认为吴国已经比汉朝中央政府还要富裕："吴有诸侯之位，而实富于天子；有隐匿之名，而居过于中国。夫汉并二十四郡、十七诸侯，方输错出，运行数千里不绝于道，其珍怪不如东山之府。转粟东乡，陆行不绝，水行满河，不如海陵之仓。"③吴王濞叛乱时，发书给各国诸侯，声称："寡人金钱在天下者往往而有，非必取于吴，诸王日夜用之弗

① 司马迁：《史记》卷一○六《吴王濞列传》，第2822页。
② 吴学文：《江苏六合李岗楠木塘西汉建筑遗迹》，《考古》1978年第3期。
③ 班固：《汉书》卷五一《贾邹枚路传》，中华书局1982年版，第2363页。

能尽。有当赐者告寡人，寡人且往遗之。"①说明经过汉初几十年发展，江南经济所积累起来的大量财富，为吴国提供了叛乱的实力。

"七国之乱"平定之后，西汉中央政府加强中央集权，逐步废削王国，武帝时期又完成了对东越地区的军事征服，江南地区的丹阳、会稽郡归中央直接管辖，并在丹阳郡设置铜官，会稽郡海盐县设置盐官，实行工矿业的国家垄断经营。《后汉书·百官志》本注云："凡郡县出盐多者置盐官，主盐税；出铁多者置铁官，主鼓铸；有工多者置工官，主工税物；有水池及鱼利多者置水官，主平水收渔税。"丹阳郡的冶铜业非常出名，《史记·平准书》有"金有三等，黄金为上，白金为中，赤金为下"之语，裴骃《集解》引《汉书音义》说："赤金，丹阳铜也。"当时流行的铜镜上，就有"汉有善铜（嘉铜）出丹阳，炼冶银锡清而明"、"杜氏作镜大毋伤，新有嘉铜出丹阳"之类夸赞丹阳铜的铭文。②不过，较之其他地区，西汉政府在江南地区设置专营管理的地点，数量上还是有很大差距。西汉在各地设置盐官35处，江南地区仅有海盐1处；全国铁官49处，工官9处，江南地区一处都没有。另外，西汉政府还在全国设有服官、木官、橘官、羞官、陂官、湖官、楼船官、涅浦官、圃羞官、家马官、均输官、牧师官之类，当时江南地区都没有设置。这些官员的设置，既是区域性生产资料丰饶的反映，也能一定程度上反映出当地的经济和技术能力。这说明，在手工业的技能水平方面，当时的丹阳与会稽两郡，与其他地区整体上还是有相当的差距。

西汉时期，虽有移民南下，如汉武帝元狩四年（前119），"有司言，关东贫民徙陇西、北地、西河、上郡、会稽，凡七十二万五千口"③，但政府主导的移民方向主要还是西北边地。为了削弱江南地区土著越人的反抗，汉武帝多次强制越人外迁。如建元三年（前138），"东瓯请举国徙中国，乃悉举众来，处江淮间"；元封元年（前110），"诏军吏皆将其民徙处江淮之间，东越地遂虚"。④因此，整体而言，西汉时期江南地区一直处于地广人稀的状态。从江南各地郡县人口数量来看，除吴县外，没有居民达万户以上的大县。当时只有万户以上的大县，其官长才称作县令，而"荆扬江南七郡，唯有临湘、

① 司马迁：《史记》卷一〇六《吴王濞列传》，第2829页。
② 连云港市博物馆：《江苏东海县尹湾汉墓群发掘简报》，《文物》1996年第8期。
③ 班固：《汉书》卷六《武帝纪》，第178页。
④ 班固：《汉书》卷九五《闽粤传》，第3863页。

南昌、吴三令"①。显然，西汉时期江南地区的开发与经济增长是非常有限的。《史记·货殖列传》说："江南卑湿，丈夫早夭。"又言：

> 楚越之地，地广人希，饭稻羹鱼，或火耕而水耨。果隋蠃蛤，不待贾而足。地势饶食，无饥馑之患，以故呰窳偷生，亡积聚而多贫。是故江淮以南，无冻饿之人，亦无千金之家。

《汉书·食货志》也有类似的描述。这些记载，可以看作是秦至东汉初期人们对江南区域经济和社会发展状况的基本认识：气候潮湿，地域广大，民以鱼、稻为主要食物，从事水稻种植，渔猎山伐的比重也很大，虽然食物来源比较充足，但是生产技术落后，居民仅能保持温饱而已。

西汉时期江南地区之所以没有获得大规模开发，一是受制于生产力水平低下，二是当时帝国重心在北方而不在南方。汉武帝在册命广陵王刘胥的诏书中，引古人之言说："大江之南，五湖之间，其人轻心。扬州保疆，三代要服，不及以政。"②这或许可以看出西汉时期中央政权对江南地区政治地位的基本看法。所谓"要服"，是对王室服从程度较差的夷狄所在，出自《国语·周语》"五服"之说——"先王之制：邦内甸服，邦外侯服。侯、卫宾服，夷蛮要服，戎狄荒服。甸服者祭，侯服者祀，宾服者享，要服者贡，荒服者王。"东越相攻，汉武帝派大臣汲黯前去了解。汲黯只到吴县，就回去报告说："越人相攻，固其俗然，不足以辱天子之使。"③《汉书·严助传》载，淮南王刘安上书劝谏不要发兵闽越，其中提到对越人的看法：

> 越，方外之地，劗发文身之民也，不可以冠带之国法度理也。自三代之盛，胡、越不与受正朔，非强弗能服，威弗能制也。以为不居之地，不牧之民，不足以烦中国也。

正因为有这样的基本看法，西汉政府一直将江南地区作为边郡看待，设置了

---

① 范晔：《后汉书》卷一一八《百官志五》注引应劭《汉官》，中华书局1982年版，第3621页。
② 司马迁：《史记》卷六二《三王世家》，中华书局1982年版，第2113页。
③ 司马迁：《史记》卷一二〇《汲郑列传》，第3105页。

多个都尉，以加强其军事防务的功能。这种看法延续至王莽新朝时期。《汉书·王莽传下》载王莽诏书，其中云："其在缘边，若江南，非诏所召，遣侍于帝城者。"显然，在王莽看来，当时的"江南地区"（包括今江南地区在内的广大南方地区）仍属于王朝的边缘地带。

三、东汉时期江南地区的经济开发

进入东汉时期，江南地方的政治和经济地位都得到了很大提高。这一方面是因为江南地区一直保持较为稳定的社会环境，经济得以持续、自然地增长。与此同时，中原地区在两汉之际则遭受了巨大打击。先是王莽改制致使"四海之内……中外愤怨，远近俱发，城池不守，支体分裂，遂令天下城邑为虚"①，随后是更始之乱导致"郡县残荒"②。中原民众为避战乱，纷纷迁徙江南，东汉王朝建立之后，仍有不少人选择留下。《后汉书·任延传》云："时天下初定，道路未通，避乱江南者皆未还中土。"北方移民的南下，给江南地区带来了新的劳动力和开发动力。《后汉书·李忠传》载，东汉初年，李忠任丹阳太守，"垦田增多，三岁间流民占著者五万余口。十四年，三公奏课，为天下第一"。及至东汉后期，中原又陷入混乱之中，人口南移出现了加速的态势。

另一方面，东汉时循吏对江南地方的持续开发，起到了非常重要的作用。会稽等地原先"俗多淫祀，好卜筮。民常以牛祭神，百姓财产以之困匮，其自食牛肉而不荐祠者，发病且死先为牛鸣，前后郡将莫敢禁"。第五伦出任会稽太守后，以行政命令强行改变这一陋俗："伦到官，移书属县，晓告百姓。其巫祝有依托鬼神诈怖愚民，皆案论之。有妄屠牛者，吏辄行罚。民初颇恐惧，或祝诅妄言，伦案之愈急，后遂断绝，百姓以安。"③牛不再作为祭品，保证了农业耕作的畜力，大大提高耕田效率。江苏泗洪重岗曾出土一幅西汉画像石《农耕图》，上刻农夫五人正在进行牛耕：二牛抬杠，共拉一犁，前有一人牵牛，后有一人扶犁，另有一人手挎笆斗，右手播种，身后紧随两人，用耙平土盖种。睢宁出土的东汉《耕播图》，仍是二牛抬杠，但仅需一人扬鞭扶犁，一小儿下种。④虽然这两幅画像石都是反映淮北一带旱地耕作的情形和

---

① 班固：《汉书》卷九九《王莽传》，中华书局 1982 年版，第 4194 页。
② 范晔：《后汉书》卷三六《郑兴传》，中华书局 1982 年版，第 1223 页。
③ 范晔：《后汉书》卷四一《第五伦传》，第 1397 页。
④ 南京博物院、泗洪县图书馆：《江苏泗洪重岗汉画象石墓》，《考古》1986 年第 7 期。

牛耕技术的进步，但随着地区交流的日趋频繁，江南地区应该已拥有此类牛耕技术。

循吏还大量兴修水利设施。顺帝永和五年（140），会稽太守马臻创立镜湖，在会稽、山阴两县界筑塘蓄水。"水（高）田余丈，田又高海丈余。若水少，则泄湖灌田；如水多，则开湖泄田中水入海，所以无凶年。堤塘周回三百一十里，溉田九千余顷。"①熹平二年（172），余杭县令陈浑修筑南湖："移筑南城，县后溪南大塘，即浑立以防水也。"②南湖的建成，既阻滞了南苕溪山洪，减轻余杭及下游的洪水威胁，同时蓄水灌溉农田千余顷。③《钱唐记》记载钱唐故县东1里左右有防海大塘："为郡议曹华信家议立此塘，以防海水。始开募，有能致一斛土者，即与钱一千，旬月之间来者云集，塘未成而不复取，于是载土石者皆弃而去，塘以之成，故改名钱塘焉。"④水利设施的大量兴建，在防洪、灌溉方面起到了巨大的作用，更多的土地得到开垦和利用。学界传统观点认为，江南地区农耕活动中的"火耕水耨"系原始粗放的耕作方式。然据陈国灿考证，所谓"火耕水耨"是在"水耕水种"的基础上，水稻田逐渐由沼泽、水边向坡地、旱地发展，同时耕作技术不断发展的结果。⑤应该说，与上述牛耕技术和水利设施大量使用相配合，东汉时期江南地区的农业技术始终在不断进步。

循吏大力发展教育，传播中原礼义教化，提升了江南的文化地位。如李忠在丹阳，"以丹阳越俗不好学，嫁娶礼仪，衰于中国，乃为起学校，习礼容，春秋乡饮，选用明经，郡中向慕之"⑥。《后汉书·张霸传》："举孝廉光禄主事，稍迁，永元中为会稽太守。表用郡人顾奉、公孙松等。……其余有业行者，皆见擢用。郡中争厉志节，习经者以千数，道路但闻诵声。"⑦循吏们以儒教化地方，兴学校，举人才，移风易俗，造就了大量江南人才任职中

① 李昉：《太平御览》卷六六引《会稽记》，转引自臧知非等：《周秦汉魏吴地社会发展研究》，群言出版社2007年版，第132页。

② 陈桥驿：《水经注校证》，中华书局2007年版，第938页。

③ 中国农业科学院中国农业遗产研究室太湖地区农业史研究课题组：《太湖地区农业史稿》，农业出版社1990年版，第51页。

④ 陈桥驿：《水经注校证》，第939页。

⑤ 陈国灿："火耕水耨"新探——兼谈六朝以前江南地区的水稻耕作技术》，《中国农史》1999年第1期。

⑥ 范晔：《后汉书》卷二一《李忠传》，中华书局1982年版，第756页。

⑦ 范晔：《后汉书》卷三六《张霸传》，第1241页。

央，在朝廷中政治地位大大提高，有力地促进了江南地区的发展。

正由于以上原因，东汉时期江南地区的经济和社会，较之西汉有显著的发展。粮食生产得到很大提高。汉武帝时，"江南之地，火耕水耨"，常须"下巴蜀之粟致之"[1]；到东汉晚期，江南粮食已经有剩余，能够反过来向中原提供帮助。汉安帝时，就曾两次调拨江南租米救济中原受灾郡县。一次是在永初元年（107）九月，"调扬州五郡租米，赡给东郡、济阴、陈留、梁国、下邳、山阳"；一次是在永初七年（113）九月，"调零陵、桂阳、丹阳、豫章、会稽租米，赡给南阳、广陵、下邳、山阳、庐江、九江饥民"。[2]

在此基础上，江南人口的增长不断加速。由下表可见，东汉前后期丹阳郡、会稽郡户口增殖的变化情况：（表：《汉书》、《后汉书》所载丹阳郡、会稽郡户口变化）

《汉书》、《后汉书》所载丹阳郡户口变化

	属县	户	口	县均户数	户均口数
《汉书》	17	107 541	405 171	6 326	3.77
《后汉书》	16	136 518	630 545	8 532	4.62
增　长	− 1	28 977	225 374	2 206	0.85
增长率	− 5.88%	26.95%	55.62%	34.87%	22.55%

《汉书》、《后汉书》所载会稽郡户口变化

		属县	户		口		县均户数	户均口数
《汉书》		26	223 038		1 032 604		8 578	4.63
《后汉书》	吴郡	13	164 164	287 254	700 782	1 181 978	10 639	4.11
	会稽	14	123 090		481 196			
增　长		1	64 216		149 374		2 061	− 0.52
增长率		3.85%	28.79%		14.47%		24.03%	− 11.23%

另据梁方仲研究，西汉元始二年（2），全国县均户数为7 835，全国户均口数为4.67；东汉永和五年（140）全国县均户数为8 097，全国户均口数为5.13。[3]从上表所列情况来看，东汉时期丹阳郡的县均户数，由西汉时期低于

---

① 班固：《汉书》卷六《武帝纪》，中华书局1982年版，第182页。
② 范晔：《后汉书》卷五《孝安帝纪》，第208页。
③ 梁方仲：《中国历代户口、田地、田赋统计》，上海人民出版社1980年版。

全国平均水平（6 326 户/县），发展到超出全国平均水平（8 532 户/县）；会稽郡在西汉时期的县均户数就已经超出全国平均水平（8 578 户/县），东汉时期更是超出全国平均水平 2 542 户左右（10 639 户/县）。

东汉时期，江南地区的工商业也有很大发展。越布作为会稽郡特产，多次被光武帝征献。①史称江南"楠梓豫章之木"，"伐之高山，引之穷谷，入海乘淮，逆河泝洛，工匠雕刻，连累日月，会众而后动，多牛而后致，重且千斤，功将万夫，而东至乐浪，西达敦煌"②，丰富资源行销全国各地。此外，传统的造船业、制陶业、冶炼业（冶铜、铸铁等）、纺织业、煮盐业等也继续得到发展。其中，吴县成为著名的铜镜铸造中心之一。③制瓷业兴起，在今浙江上虞、宁波、慈溪、永嘉等地，先后发现大量汉代的瓷窑遗址，出土众多瓷器，既有青釉，也有黑釉，在中国陶瓷史上有着独特的地位。

不过，尽管江南经济在东汉时期得到较快发展，但直到汉末，就总体水平而言，其经济仍远低于中原地区，甚至仍未能超过淮北地区。④前文所列表亦显示，虽然东汉时期江南县均户数有所提高，但其户均口数仍然低于全国平均水平。事实上，在东汉时期中原地区的人们眼里，江南地区仍是环境较为恶劣、不适宜生活之处。尽管土地广阔，资源丰富，但是陆路交通不便。尤其是南部会稽地区（东汉中期由原会稽郡分置），"以地图察其山川要塞，相去不过寸数，而间独数百千里"⑤，限制了区域社会开发的广度和深度。由于气候温湿，极易导致"欧泄霍乱之病相随属"，对劳动力造成很大的伤害。《后汉书·钟离意传》载，汉光武帝建武十四年（38），"会稽大疫，死者万数"。范晔《后汉书·五行志》注引《古今注》亦云："建武十三年，扬、徐部大疾疫，会稽江左甚。"汉安帝元初六年（119），"夏四月，会稽大疫"⑥。同时，山高林深水长，多虎患、蛇患、蛟龙之患，无疑也增加了地区开发的难度。这些自然环境的诸多不利因素，一直是东汉时期江南地区进一步开发的巨大障碍。直至汉末以降，孙吴势力在江东崛起，江南地区才迎来了更大规模的开发和发展高潮。

---

① 范晔：《后汉书》卷八一《陆续传》，中华书局 1982 年版，第 2682 页。

② 范晔：《后汉书》卷四九《王符传》，第 1636 页。

③④ 苏文：《从考古资料看两汉时代的江苏经济》，《东南文化》1989 年第 3 期。

⑤ 班固：《汉书》卷六四《严助传》，中华书局 1982 年版，第 2778 页。

⑥ 范晔：《后汉书》卷五《孝安帝纪》，第 230 页。

第二节　秦汉时期江南地区郡县的设置

一、秦代江南地区郡县的设置

公元前221年，秦始皇统一六国，建立了中国历史上第一个大一统的中央集权国家。秦朝全面废除分封制，广泛推行郡县制。《汉书·地理志》云："（秦始皇）以为周制微弱，终为诸侯所丧，故从廷尉李斯之议，不立尺土之封，分天下为郡县。"郡置守、尉、监，县设令或长，对地方实施二级行政管理。

江南作为秦帝国的统治区域，也不例外。早在统一战争结束之前，秦政权于公元前222年控制江南后，便设郡进行管理。"王翦遂定荆江南地，降越君，置会稽郡。"[1]会稽郡治所在吴，即今江苏苏州。秦统一六国之后，又析会稽西部为故鄣郡。[2]《史记正义》引《括地志》云："丹阳郡故在润州江宁县东南五里，秦兼并天下，以为鄣郡也。"《后汉书·郡国志》"丹阳郡"下刘昭注："秦鄣郡。""故鄣"条下刘昭注："秦鄣郡所治。"至于会稽郡与鄣郡的边界，《太平寰宇记》卷八九引《吴地志》曰："自句容以西属鄣郡，以东属会稽郡。"[3]辛德勇以为，秦分置鄣郡的时间在秦始皇二十六年（前221），因为该区域控制着闽越北出中原的长江渡口，分置此郡有助于保障秦朝南部疆土的安全。[4]有学者认为，秦会稽郡的西界"当有《汉志》丹阳之东境，辨见九江"，南界不包括今浙江南部地区（当时设有闽中郡），大致在太末、鄞县一线。[5]

由于资料的匮乏，秦时所设江南各县已大多无法详考。今将故鄣与会稽

---

① 司马迁：《史记》卷六《秦始皇本纪》，中华书局1982年版，第234页。

② 周振鹤：《西汉政区地理》附篇第二章第二节《项羽西楚国封域》，人民出版社1987年版，第255—257页。按：对此观点，学界有不同意见。如谭其骧即同意清儒说法，以为鄣郡为秦末或楚汉间诸侯王所增置，见《长水集》，人民出版社1987年版，第17页。

③ 乐史：《太平寰宇记》卷八九《江南东道一·润州》，中华书局2007年版，第1757页。引文中"鄣郡"皆为"故鄣郡"之误，参见辛德勇：《秦汉政区与边界地理研究》，中华书局2009年版，第37—42页。

④ 辛德勇：《秦汉政区与边界地理研究》，第72页。

⑤ 谭其骧：《秦郡界址考》，《长水集》，第18页；周振鹤：《西汉政区地理》第二章第一节《刘贾荆国与刘濞吴国》，第36页。

两郡可考的秦县分列如下。①

首先来看鄣郡属县：

鄣县——今浙江安吉西北。

秣陵——《郡国志》刘昭注云："其地本名金陵，秦始皇改。"西安相家巷出土秦封泥"秣陵丞印"，"秣陵"即秣陵。《太平寰宇记》卷九〇《江南东道二·昇州》引《金陵图经》曰："昔楚威王见此有王气，因埋金以镇之，故曰金陵。秦并天下，望气者言江东有天子气，乃凿地脉，断连冈，因改金陵为秣陵。"

江乘——《史记正义》曰："江乘故县在润州句容县北六十里，本秦旧县也。"《太平寰宇记》卷九〇《江南东道二·昇州》"溧阳县"条下"江乘城"云："秦旧县也。"

歙县——《元和郡县志》卷二九云："歙县本秦旧县，县南有歙浦，因以为名。"

黟县——《太平寰宇记》卷一〇四云："黟县，本秦旧县，置在黟州，因名之。"

再来看会稽郡属县：

吴——《史记·秦始皇本纪》云，始皇三十七年（前210），"还过吴，从江乘渡，并海上，北至琅邪"。《太平寰宇记》卷九一云："吴县，本秦旧县也，吴王阖庐所都。"

丹阳——《史记·秦始皇本纪》云：始皇三十七年，"过丹阳，至钱唐，临浙江"。

钱唐——《史记·秦始皇本纪》云：始皇三十七年，"过丹阳，至钱唐，临浙江"。又，《太平寰宇记》卷九三《江南东道五·杭州》云："钱塘县，本秦旧县。"

余杭——《水经注·浙江水》云："浙江又东迳余杭故县南、新县北，秦始皇南游会稽，途出是地，因立为县。"②《史记集解》引顾夷说："余杭者，秦始皇至会稽经此，立为县。"《太平寰宇记》卷九三《江南东道五·杭州》

---

① 除文中所列诸县，另有延陵、余姚、上虞、鄞县等，恐亦为秦县。参见后晓荣：《秦代政区地理》第七章《淮汉诸郡置县》，社会科学文献出版社2009年版，第413—421页。

② 陈桥驿：《水经注校证》，中华书局2007年版，第937页。

"余杭县"条云："本秦旧县也。山谦之《吴兴记》云：'秦始皇三十七年，将上会稽，涂出此地，因立为县。'"

太末——《水经注·浙江水》："谷水……水源西出太末县，县是越之西鄙，姑蔑之地也，秦以为县。"[1]《太平寰宇记》卷九七云："龙游县……秦汉太末县地。"

海盐——《水经注·沔水》云："谷水又东南迳盐官县故城南……东出五十里有武原乡，故越地也，秦于其地置海盐县。"《太平寰宇记》卷九五《江南东道七·秀州》云："海盐县，本吴县武原乡，秦置海盐县。"

山阴——《水经注·浙江水》云："大越之国，秦改为山阴县。"[2]《太平寰宇记》卷九六《江南东道八·越州》云："山阴县，本秦旧县，置在会稽山北、龟山西。"

丹徒——《史记·吴太伯世家》云："齐庆封奔吴，吴予之朱方之县。"《史记集解》引《吴地记》曰："朱方，秦改曰丹徒。"

乌程——《元和郡县志》卷二六《江南道·湖州》云："乌程县，本秦旧县。《越绝书》曰：始皇至会稽，徙于越人于乌程。"《太平寰宇记》卷九四《江南东道六·湖州》同，并载："废菰城县，在州南二十五里。《郡国志》云：'春申君立菰城县，秦改为乌程。'"

诸暨——《元和郡县志》卷二六载："诸暨县，秦旧县也。"

娄县——《元和郡县志》卷二六载："昆山县，本秦汉娄县，其城吴子寿梦所筑。"

曲阿——《元和郡县志》卷二五载："曲阿，原称云阳。秦始皇信望气者言，以其地有天子气，因凿北岗，以破坏其形势，截直道，使其阿曲，改称曲阿县。"

阳羡——《太平寰宇记》卷九二《江南东道四·常州》云："宜兴县，本秦阳羡县。"

于暨——《太平寰宇记》卷九三《江南东道五·杭州》引《吴越春秋》云："秦徙大越鸟语之人置暨。"

由拳——《太平寰宇记》卷九五《江南东道七·秀州》云："嘉兴县，本秦由拳县地。《吴录·地理志》：'吴王时本名长水，秦改曰由拳。'"《水经

---

[1] 陈桥驿：《水经注校证》，第 937 页。

[2] 陈桥驿：《水经注校证》，第 943 页。

注·沔水》注引《神异传》曰："由卷县，秦时长水县也。"

郾县——《名胜志》引陆云集云：秦始皇南巡会稽，留郾县三十余日。①

句章——《清一统志》卷二九二云："故城在宁波府慈溪县界。……秦置句章县。"

二、汉代江南地区封国的兴废与郡县演变

（一）西汉时期江南的封国与郡县

汉高祖重新统一天下后，认为秦朝速灭是没有分封亲戚子弟以藩屏护卫的结果，因此采取了郡县和封国并行的地方行政制度。

在江南地区，最初是分封刘贾置荆国，继而改封立刘濞置吴国。对此，前文已有介绍，兹不繁述。《史记·吴王濞列传》载，汉高祖"患吴、会稽轻悍"，"乃立濞于沛为吴王，王三郡五十三城"。按此，吴国所属与原荆国同，包括东阳郡、（故）郯郡、吴郡（会稽郡）的 53 个县。清儒以为秦朝无东阳、郯、吴郡。如钱坫、徐松集释《新斠注地理志集释》云："秦无东阳、郯、吴、郯及胶东、胶西、临淄、济北、博阳、城阳诸郡，皆是楚汉之间诸侯王自为割置，非故立也。"②然前文已证秦曾设郯郡；《越绝书·外传记吴地传》又记汉文帝、武帝对郯郡的处置。汉初江南地区有郯郡，应为有据。秦汉叙事，有以郡治县名替代郡名的习惯，如以"河东郡守"称"临汾守"③，东海作郯郡（东海治郯），以江陵代称南郡（南郡治江陵）等。会稽郡治吴，因此也可以称为吴郡。三郡当中，仅东阳郡未见于史书，清人认为是楚汉之间所置，今人周振鹤认为是汉高祖六年（前 201）废楚王韩信之后所析置，其郡境相当于《汉志》临淮郡的淮东部分和广陵国全部。④由此可知，荆国及吴国所属三郡中，郯郡和吴郡（会稽郡）都在江南。另据《越绝书·外传记吴地传》，汉初郯郡曾与会稽郡合并：汉文帝前元九年（前 171），"会稽并故郯郡，太守治故郯，都尉治山阴。"不过，两郡很快又重新分置：文帝前元十六年（前 164），"太守治吴郡，都尉治钱唐"。

---

① 据王先谦《汉书补注》引，转引自周振鹤：《汉书地理志汇释·会稽郡》，安徽教育出版社 2006 年版，第 268 页。

② 转引自后晓荣：《秦代政区地理》，社会科学文献出版社 2009 年版，第 113 页。

③ 杨宽：《战国史》附录一《战国郡表》，上海人民出版社 1980 年版，第 541 页。

④ 周振鹤：《西汉政区地理》第二章《吴国沿革》，人民出版社 1987 年版，第 35—36 页。

汉景帝三年（前154），吴王刘濞起兵于广陵，兴"七国之乱"。汉廷平乱后，除吴国，"徙汝南王非王吴故地，为江都王"①；"治吴故国，以军功赐天子旌旗"②。但实际上，江都国所领只有鄣和东阳二郡，会稽郡收归中央直接管辖。《汉书·地理志下》即云："广陵，江都易王非、广陵厉王胥皆身此，并得鄣郡，而不得吴。"《越绝书·外传记吴地传》更明确地说："汉孝景帝五年五月，会稽属汉。属汉者，始并事也。"至汉武帝元朔二年（前127），江都王建嗣。及元狩二年（前121），江都王谋反，"国除，地入于汉，为广陵郡"③。汉武帝借机将鄣郡收归中央，同时调整郡境，将原属于庐江国东部的四县（宣城、陵阳、泾、春谷）改属鄣郡，④ 又改鄣郡为丹阳郡。⑤

汉初，会稽郡以南地区分别封有闽越和东海（东瓯）两个越人封国。汉武帝建元三年（前138），东海（东瓯、东越）国受到闽越攻击，举国内迁，被安置于江淮之间。元封元年（前110），平定闽越之反后，武帝谓以"东越狭多阻，闽越悍，数反复"，下诏强行"将其民徙处江淮间，东越地遂虚"⑥。后来，西汉政府在东瓯之地置回浦县，在闽越故都置冶县，都归属会稽郡，使该郡辖域向南扩展，包括了今浙江南部和福建北部。

据有关学者考证，《汉书·地理志》所载郡县，系采用汉成帝元延（前12—前9）、绥和（前8—前7）年间版图。⑦其中，丹阳郡辖境约当今安徽长江以南，江苏大茅山及浙江天目山脉以西和浙江新安江支流武强溪以北地区，包括了今天整个皖南地区，并延伸到江苏南京、句容和浙江吴兴一带。下辖17县，分别是：宛陵、于朁、江乘、春谷、秣陵、故鄣、句容、泾、丹阳、石城、胡孰、陵阳、芜湖、黝、溧阳、歙、宣城。其郡治屡有变更。汉武帝之前为鄣郡时，曾沿袭秦代治鄣（今浙江安吉西北），武帝时改称丹阳，徙治丹阳（今安徽当涂东），后又徙治宛陵（今安徽宣城）。⑧会稽郡辖境约当今江

---

① 司马迁：《史记》卷一〇六《吴王濞列传》，中华书局1982年版，第2836页。

②③ 司马迁：《史记》卷五九《五宗世家》，第2096页。

④ 参见周振鹤：《西汉政区地理》第二章《吴国沿革》、第四章《淮南国沿革》，第38—39、53页。

⑤ 《越绝书·外传记吴地传》谓改"故鄣以为丹阳郡"的时间为汉武帝元封二年，然江都国本有故鄣，其国除在元狩二年，故鄣入汉、改名的时间应该亦在此年。清人钱坫有考，参《西汉政区地理》引。

⑥ 司马迁：《史记》卷一一四《东越列传》，第2984页。

⑦ 据周振鹤相关考证，见《西汉政区地理·引论》第三节《复原西汉政区的前提》，第23页。

⑧ 严耕望：《汉书地志县名首书者即郡国治所辨》，《严耕望史学论文选集（上）》，中华书局2006年版，第96—121页。

苏省长江以南，茅山以东，浙江省大部（仅天目山、淳安县以西小部地区除外）和福建一部。下辖26县分别是：吴、曲阿、乌伤、毗陵、余暨、阳羡、诸暨、无锡、山阴、丹徒、余姚、娄、上虞、海盐、剡县、由拳、大末、乌程、句章、余杭、鄞、钱唐、鄮、富春、冶、回浦。其郡治吴（今江苏苏州市），一直较为稳定。

丹阳和会稽两郡又各设都尉。按汉制，都尉为郡守副贰，是专管本郡军事戍防的官员，比二千石，别置治所。丹阳郡只设一都尉，治所在歙县。会稽郡起初也只设一都尉，先治山阴，后治钱唐。史载，汉文帝前元九年（前171），会稽郡"太守治故鄣，都尉治山阴"；至文帝前元十六年（前164），"太守治吴郡，都尉治钱唐"①。《汉书·地理志》则记录会稽郡有多个都尉治所，其中，西部都尉治钱唐，南部都尉治回浦②，东部都尉治鄞县。③这应该是西汉郡县体系稳定之后，因会稽为边郡，辖域广阔，军事防务和治安事务繁重，因此设立了多个部都尉以加强控制。此外，《水经注·浙江水》又载录会稽郡有司盐都尉，治上虞。汉武帝时始实行盐铁专营，对重要的国家物资进行垄断性经营，在会稽郡海盐县设有盐官，丹阳郡设有铜官，应是分别管理盐业和铜的生产。江苏盱眙东阳汉墓中，还曾出土有"会稽盐官"的木牍。④

从秦朝至西汉在江南地区所设之县来看，很多都是之前春秋战国时期吴、越两国和楚国重要的统治据点。如会稽郡的吴县、山阴县分别沿用了吴、越国的都城，丹徒是春秋时期的朱方，毗陵为吴公子季札所居延陵邑，大末为春秋姑蔑之地，无锡系春申君在历山原范蠡城基础上为"岁祠以牛"而更筑⑤，由拳即吴、越两国激战的檇李，余杭系"襄王时神女所葬"⑥，娄县"有南武

---

① 《越绝书·外传记吴地传》，张仲清：《越绝书译注》，人民出版社2009年版，第59页。

② 王国维以为《汉书·地理志》以回浦为南部都尉治所当为"东部都尉"之误，且谓武帝时初置东部都尉，治所在冶县，后徙回浦。参见《观堂集林·汉会稽东部都尉治所考》《后汉会稽郡东部侯官考》，《王国维全集》第八卷，浙江教育出版社、广东教育出版社2009年版，第373、375页。

③ 《三国志·虞翻传》注曰："鼎五年，除东越，因以其地为治，并属于此，而立东部都尉，后徙章安（即回浦——引者）。阳朔元年，又徙至鄞。或有寇害，复徙句章。"又，《宋书·州郡志》云："临海太守本会稽东部都尉，前汉都尉治鄞。"

④ 南京博物院：《江苏盱眙东阳汉墓》，《考古》1979年第5期。

⑤ 乐史：《太平寰宇记》卷九二《江南东道四·常州》"无锡县"条下，中华书局2007年版，第1842页。

⑥ 《越绝书·外传记吴地传》，张仲清：《越绝书译注》，第34页。

城，阖闾所起以候越"，句章系越王句践灭吴后，"因大城句，章伯功以示子孙，故曰句章"①。此外，曲阿为"故云阳"，海盐为"故武原乡"，乌程则为春申君所立菰城县改称。②

（二）东汉时期江南郡县设置的变化

东汉建立后，江南地区的郡县设置基本沿袭西汉后期格局。至汉顺帝永建四年（129），阳羡令周嘉上奏朝廷，认为会稽郡辖域广阔，人口繁多，不易管理，建议分设两郡。汉廷采纳此议，决定以浙江为界，"浙江西为吴，以东为会稽"。③由是江南地区由原来的丹阳、会稽两郡，析置为丹阳、吴郡、会稽三郡。

《续汉书·郡国志》记录了东汉中期以前江南各郡所辖县的具体情况，较西汉时期变化不大。其中，丹阳郡辖16县：宛陵、溧阳、丹阳、故鄣、于朁、泾、歙、黝、陵阳、芜湖、秣陵、湖熟（侯国）、句容、江乘、春谷、石城。会稽郡辖14县：山阴、鄮、乌伤、诸暨、余暨、太末、上虞、剡、余姚、句章、鄞、章安、永宁、东部（侯国）。吴郡辖13县：吴、海盐、乌程、余杭、毗陵、丹徒、曲阿、由拳、安、富春、阳羡（邑）、无锡（侯国）、娄。

东汉末年，孙氏势力崛起，江南地区的郡县设置发生较大变化。

一是设新郡。东汉建安十三年（208），丹阳郡歙县分设始新、新定、犁阳、休阳四县，合黝（黟）县和歙县，新置新都郡，丹阳郡辖地缩小。

二是徙郡治。建安十六年（211），孙权将丹阳郡治徙至秣陵（今江苏南京市），次年又改秣陵名为建业。

三是析旧县，置新县。在丹阳郡，汉灵帝中平二年（185），分故鄣县置安吉县、原乡县；建安八年（203），孙权再析故鄣县置广德县；建安十三年（208），孙权分宛陵县南部置怀安、宁国两县；孙吴期间，还析泾县置安吴县。在吴郡，兴平二年（195），分乌程置永县；建安十六年（211），分余杭置临水县。在会稽郡，顺帝永和元年（136）增置永嘉县；永和三年（138）分章安县东瓯乡置永宁县；献帝初平三年（192）分太末县置新安县，分乌伤县南乡置长山县；兴平二年，分诸暨置吴宁县；建安四年（199），孙权分太

---

① 范晔：《后汉书》卷五八《臧洪传》注，中华书局1982年版，第1884页。
② 王先谦《汉书补注》引，转引自周振鹤：《汉书地理志汇释·会稽郡》，安徽教育出版社2006年版，第266页。
③ 《水经注·浙江水》，陈桥驿：《水经注校正》卷四〇，中华书局2007年版，第944页。

秦汉时期江南地区郡县设置一览表

时代	郡	县（旧制）	县（新设）	备注	出处
秦、西汉	会稽	吴、曲阿①、乌伤、毗陵、余暨、无锡、阳羡、山阴②、诸暨、丹徒、娄、上、剡、海盐③、余姚、虞、由拳、海盐④、大末、句章、郫、余、乌程、钱唐⑥、富春、鄞、冶、回浦⑤		①故云阳。 ②汉郡都尉所居。 ③故武原乡。有盐官。 ④故敦孚乡。 ⑤南部都尉治。 ⑥西部都尉治。	①③④⑥《汉书·地理志》 ②《太平寰宇记·江南东道八·越州》"山阴县"下 ⑤《太平寰宇记·江南东道五·杭州》"临安县"下引《吴志》
东汉	会稽	乌伤、余暨、诸暨、山阴、剡、太末、句章、郫、东部①、东②【冶】、上虞、余姚、章安①②（冶）	永宁③（侯国）[侯官]、长山④、新安、丰安⑤、吴宁⑥、始宁⑦、松阳⑧（部）、建安、汉兴、南平⑨	①《晋太康记》记章和元年分鄞之浦乡立。 ②故冶，光武改名。 ③顺帝永和三年分章安县东瓯乡为永宁县。 ④献帝初平三年分乌伤南乡为长山县。 ⑤献帝初平三年，分太末立新安县。建安四年，孙氏分立丰安县。 ⑥《越绝书》曰：献帝兴平二年，立吴宁县。 ⑦汉末分上虞南乡立始宁县。 ⑧本章安县之南乡，汉献帝八年，吴立松阳木为名。《吴录》曰："取松阳木为名。"	①—⑦、⑩《续汉书·郡国志》及刘昭注，引《太平寰宇记·江南东道十一·处州》"白龙县"条 ⑧《太平寰宇记·江南东道十一·处州》"龙泉县"条 ⑨《吴志·贺齐传》："侯官既平，而建安、汉兴、南平复乱，齐进兵建安，立都尉府。"八年也。《太平寰宇记·江南东道十三·建安》："建安县"条： ⑩"地本孙策于建安初分东候南部地立此邑，即以年号为名。"《贺齐传》：按《三国志·吴主传》，后说见《太平寰宇记·江南东道十三·建州》"建阳县"。

i 杨守敬《三国郡县表补正》，《晦明《郡国志》东治、侯官考》对《郡国志》文进行辨正，认为当作："章安、东治、故治、闽越地，光武更名。永宁、永和三年以章安县东瓯乡为县。侯官。"本表从之。转引自李晓杰：《东汉政区地理》，山东教育出版社 1999 年版，第 232 页。

续表

时代	郡	县		备注	出处
		旧制	新设		
东汉	吴郡①	吴、曲阿、毗陵、无锡③、阳羡②、丹徒、娄、海盐、由拳、乌程、富春、钱唐、杭、安ii	建平⑩ 遂昌⑪ 定阳⑫	⑨ 建安八年前已置。 ⑩ 建安十年，贺齐讨上饶，分以为建平县。一说以本后汉东县地，后设桐乡，兼旧桐乡置建平县。 ⑪ "至十年平东校尉贺齐讨上饶之地⋯⋯建安二十三年立。 ⑫ 建安二十三年，孙氏分信安（即新安）立。	⑫《宋书·州郡志》"东阳太守定阳令"下
			永安④ 永⑤ 临水⑥ 海昌⑦	① 汉顺帝永建年间分会稽郡置。 ② 邑。 ③ 侯国。 ④ 献帝初平四年，分乌程余杭置，吴所置。 ⑤《吴兴记》："兴平二年，太守许贡奏分（乌程）县为永县。" ⑥ 建安十六年分余杭立临水县。 ⑦ "孙权为将军，逐年二十⋯⋯出为海昌屯田都尉，并领县事。"	①-③《续汉书·郡国志》及刘昭注 ④《南史·沈约传》后说见《太平御览·州郡》，为扬守敬《三国郡县表补正》所据 ⑤《续汉书·郡国志》刘昭注引 ⑥《太平寰宇记·江南东道五·杭州》"临安县"下引《吴志》 ⑦《三国志·陆逊传》。孙权为骠骑将军在建安二十四年

i 《续汉书·郡国志》不载。《万历钱唐县志》曰："（钱唐）新莽更名泉亭。东汉建武初复故名。六年，省钱唐。光和二年封朱隽为钱唐侯，地属封内"云云。按，光和二年为179年。而《后汉书·独行传·戴就传》记扬州刺史欧阳参遭部从事薛安"收（戴）就于钱唐县狱"，娶柳芳芳考此事或在水建四年（128）以前（《东汉时期钱唐县之废置》，《历史地理》第二辑，上海人民出版社1982年版，第92～93页）。是东汉建武六年省都尉时曾并钱唐，但至迟建四年之前已经复置。

ii 钱大昕以安县为娄县之讹，曰："前汉书、晋、宋《志》均无此县。本《志》又不言何年所置。前无所布，后无所并。疑即'娄'，之讹。娶'讹为'安'，校书者不能定正，疑有脱漏，又增'十二'无锡'之后，并改'十二'城为'十三'。"（《三史拾遗》卷五）以备一说。转引自牟晓杰：《东汉政区地理》，第236页。

续表

时代	郡	县 旧制	县 新设	备注	出处
秦、西汉	丹阳①	宛陵、于瞀、江乘、春谷、秣陵、句容、泾、故鄣、丹阳、陵阳、石城、胡孰、芜湖、黝、溧阳、歙②、宣城		①故鄣郡。有铜官。②都尉治。	《汉书·地理志》
东汉	丹阳	宛陵、于瞀、江乘、春谷、秣陵、句容、泾、石城、陵阳、芜湖、溧阳、黝、歙①、宣城②	安吉③、原乡④、始安吴⑤、永平⑥、怀安、宁国⑦、始新、新定、犁阳、休阳⑧、广德⑨	①侯国。②先省并,至迟于桓帝时复置。③《吴兴记》:"中平二年,分县南置安吉县……又分立原乡县。"④建安二年前已置。⑤孙策时,程普征泾、陵阳、春谷诸县。⑥"孙策初兴,徙丹阳都尉,居石城,陵阳、冠军履锋,每从征山越、平山越、奸猾故手,迁陵阳校尉为永平长。"又:"吴分溧阳为永平县。"⑦汉末,孙权分宛陵南乡置怀安,又置宁国县。⑧建安十三年,使贺齐讨黟、歙,分歙为始新、新定、犁阳、休阳四县,以六县置新都郡。⑨东汉末,再析故鄣县置广德县。	①《续汉书·郡国志》②《后汉书·度尚传》"初试为宣城长"刘昭注引③《续汉书·郡国志》④《三国志·吴书·孙策传》注引《江表传》:两(陈)……与贼丹杨、宣城、泾、陵阳、始安、黝、歙诸险县大帅祖郎等,使为己应⑤《三国志·吴书·程普传》⑥《三国志·吴书·凌统传》,《吴书·州……志》"丹阳尹永世令"下⑦《太平寰宇记》江南东道十四"泉州""宁安故城"下国县"条,《太平寰宇记》江南西道一"宣州""宁国县"条⑧《三国志·吴书·吴主传》⑨《三国志·吴书·吕蒙传》"从讨丹杨,所向有功,拜平北都尉,领广德长,是建安十三年孙氏讨丹阳之时,应已置。"《读史方舆纪要》卷二十九言置于中平二年(185),《历代地理沿革表》言在灵帝二年(169)

末置丰安县，分章安县南乡置松阳县；建安二十三年（218），又析太末县置遂昌县。此外，汉末还分上虞南乡置始宁县。

谭其骧说："一地方至于创建县治，大致即可以表该地开发已臻成熟；而其设县以前所隶属之县，又大致即为开发此县动力所自来。故研求各县之设治时代及其析置所自，骤视之似为一琐碎乏味的工作，但就全国或某一区域内各县作一综合的观察，则不啻为一部简要的地方开发史。"①东汉后期江南地区析置郡县的活跃，主要由于中原逐渐陷入战乱，北方移民大量南渡，使该地区得以较快开发。尤其是孙吴势力崛起之后，江南地区快速发展。可以说，江南地区郡县设置的变化，正是区域社会不断得以开发、经济持续发展的一种反映。

三、郡县制下的城池与聚落形态

郡县作为秦汉帝国地方管理的两级政治中心，其下还有乡、亭、里等基层管理单位，从而使君主和中央政府的管理触角延伸到社会基层。从管理层级来说，郡、县、乡、亭、里是不同等级的行政网点，但在聚落形态上，却具有很大的相似性。这些行政网点很多都有前代聚落的基础，加上汉高祖六年（前201）发布诏令，要求"天下县邑城"②，更是开启了自西周分封以来又一轮建城高潮的序幕。③于是，作为地方行政管理序列的郡、县、乡、亭，甚至包括部分里，聚落都趋于"城郭里邑"的形态。就江南地区而言，郡县制下的城市与聚落，其形制也与中原地区相似。

（一）郡治和县治

秦汉时期的郡、县、诸侯国，都延续战国以来的传统，普遍筑城。江南地区也不例外。《史记·货殖列传》张守节《正义》云："秦置鄣郡，在湖州长城县西南八十里，鄣郡故城是也。"《太平寰宇记》也说："鄣郡故城，即秦时鄣郡城。"④该城宋时尚存，是秦故鄣郡治有城。《史记·黥布列传》《正义》云："（秦）时会稽郡所理在吴阖闾城中"；"（汉）荆王刘贾都吴，苏州阖庐城

---

① 谭其骧：《浙江省历代行政区域——兼论浙江各地区的开发过程》，《长水集》（上），第404页。

② 班固：《汉书》卷一《高帝纪》，中华书局1982年版，第59页。

③ 周长山：《汉代城市研究》第一章《汉代城市的发展概况》，人民出版社2001年版，第7页。

④ 乐史：《太平寰宇记》卷九四《江南东道六·湖州》"长兴县"下，中华书局2007年版，第1892页。

也。"《续汉书·郡国志》刘昭注云:"吴王濞所都,城周十四里半。"这些都说明,会稽郡治、荆国都、吴国都均是城的形态。

至于县治的形态;据《汉书·高帝纪》载:高祖六年"春正月丙午,韩王信等奏请,以故东阳郡、鄣郡、吴郡五十三县,立刘贾为荆王。"《史记·荆燕世家》载:"汉六年……立刘贾为荆王,王淮东五十二城。"《史记·吴王濞列传》载:"上患吴、会稽轻悍,无壮王填之,诸子少,乃立濞于沛为吴王,王三郡五十三城。"这里所说"五十三县"、"五十二城"、"五十三城"互见,"县""城"互称,很明显,当时故鄣和会稽郡县治普遍筑城。

(二) 乡、亭

乡、亭是县以下的基层行政管理单位。《汉书·百官公卿表》云:"县令、长,皆秦官,掌治其县。……大率十里一亭,亭有亭长。十亭一乡,乡有三老、有秩、啬夫、游徼。……县大率方百里,其民稠则减,稀则旷,乡、亭亦如之,皆秦制也。"江南地区见于史籍的乡,会稽郡有语儿乡(见《越绝书》,《水经注》作"御儿乡"①)、鄞乡(《越绝书》)、娄北武乡②、齐乡(《越绝书》)、回浦乡(《续汉书·郡国志》引《晋太康记》)等;丹阳郡有皋乡(《越绝书》)等。至于亭,有高迁亭(又名柯亭、千秋亭,见《后汉书·蔡邕传》注引《文士传》、《太平寰宇记·江南东道八·越州》)、兰亭(《水经注·浙江水》)、仇亭(《水经注·浙江水》)等。

乡与亭也有筑城的情况。如《越绝书》记载,吴地有当年阖闾所建以防备外越的娄北武城,"今为乡也"。可见,该古城汉时成为乡治所在。同书又载:"齐乡,周十里二百一十步,其城六里三十步,墙高丈二尺,百七十步,竹格门三,其二有屋。"③三国时吴的柴僻亭,据说也是有城的,沿用的是之前的由拳县城。《水经注》引《吴记》即曰:"谷中有城,故由拳县治也,即吴之柴僻亭,故就李乡檇李之地。"④文献中见到的秦汉时期江南地区其他的亭,至少也是居屋的样式。如《后汉书·蔡邕传》注引张骘《文士传》:"邕告吴人曰:'吾尝经会稽高迁亭,见尾椽竹东间第十六可以为笛。'"《陈宠传附子忠传》载:"使入亭,请与饮食。"凡此种种,不一而举。

---

① 陈桥驿:《水经注校证》,中华书局 2007 年版,第 945 页。
② 王国维以为武城乡。参见《王国维全集》卷十一《两汉魏晋乡亭考·卷一》,第 674 页。
③ 《越绝书·外传记吴地传》,张仲清:《越绝书译注》,第 44 页。
④ 陈桥驿:《水经注校证》卷二九《沔水》,第 686 页。

日本学者宫崎市定在解释汉代县、乡、聚、亭有城郭的原因时说："汉代的县、乡、亭是先秦古邑国在聚落形态上的遗留。"①就江南地区而言，秦汉时期的郡、县、乡、亭有城郭，基本上也是先秦吴、越两国国都和城邑的遗留，同时又是受到中原聚落形态影响的结果。正如《盐铁论》引大夫所言："古者，为国必察土地、山陵阻险、天时地利，然后可以王霸。故制地城郭，饬沟垒，以御寇固国。"②尤其是会稽郡，在西汉作为边郡，军事防御功能突出，这也是这一地区普遍筑城的重要原因之一。

（三）里居

里，原本是中原地方居民管理的最基层单位，也是居民聚居的一种形式。《汉书·食货志》曰："在野曰庐，在邑曰里。"颜师古注云："庐各在其田中，而里聚居也。"说明里是城邑当中居民聚居的所在。秦汉时期，江南某些城市中也设有若干的里。如《越绝书·外传记吴地传》载，"阖庐宫，在高平里。射台二，一在华池昌里，一在安阳里。南城宫，在长乐里，东到春申君府"；"阙两城以为市，在湖里"。这里提到的高平里、华池昌里、安阳里、长乐里、湖里等，就是汉代吴县城内的里名。《水经注》有"山阴康乐里"（"邑中"地名所在）、"城东明里"（句践立宗庙所在），则是山阴县城内的里名。

其实，江南地区这种在城中设里以聚居民的形式，早在先秦吴、越时期就已经出现。《吴越春秋·句践归国外传》载越王句践言："欲筑城立郭，分设里间。"其他文献也有吴、越都城中设里的记载。例如东武里，"龟山之下有东武里，即琅琊东武县山一夕移于此，东武人因徙此故里不动"③。武里，"巫门外麋湖西城，越宋王城也。时与摇城王周宋君战于语招，杀周宋君。毋头骑归，至武里死亡，葬武里南城"④。

这一时期不仅郡城、县城内设里，一般的居民聚居点也设里。如《水经注》云："浦阳江水……迳剡县东……江边有查浦……浦里有六里，有五百家，并夹浦居，列门向水，甚有良田。"⑤查浦为一渡口，并非县城、乡、亭

① 〔日〕宫崎市定：《中国における聚落形体の变迁について——邑·国と乡·亭と村とに对する考察》，《アジア史论考》中卷，第3页。转引自张继海：《汉代城市社会》，社会科学文献出版社2006年版，第61页。
② 王利器：《盐铁论校注·险固第五十》，中华书局1992年版，第525页。
③ 乐史：《太平寰宇记·江南东道八·越州》引《会稽志》，中华书局2007年版，第1925页。
④ 《越绝书·外传记吴地传》，张仲清：《越绝书译注》，第34页。
⑤ 陈桥驿：《水经注校证》，中华书局2007年版，第945页。

所在，但其"浦里有六里"，百姓也是分里而居。

　　还有一些里，本身就是独立的居民聚居点。如《水经注·渐江水》载："东有铜牛山……山北湖下有练塘里。《吴越春秋》云，句践练冶铜锡之处"；"（浦阳）江水东迳上虞县南……江南有上塘、阳中二里，隔在湖（白马潭——引者）南，常有水患"①。练塘里、上塘里、阳中里，明显是散居湖边和浦阳江南的小聚落，类似于后来的村落。又如兰亭也是聚居在兰溪湖口的居民点："兰亭，亦曰兰上里。"②这种城外之里，吴、越时期也已经出现。《越绝书》上所说巫里，即是如此："巫里，句践所徙巫为一里，去县二十五里。其亭祠今为和公群社稷墟。"③1973 年，长沙马王堆出土汉初《驻军图》，图上绘制了 50 多个城外之里，也证实了汉代此类独立聚居点的大量存在。

　　正因为里本身就是有围墙围绕的居民居住单位，所以江南地区的一些里，本身就有城的形制："北阳里城，大夫种城也，取土西山以济之。径百九十四步。或为南安。"④《水经注·渐江水》云："又迳会稽山阴县，有苦竹里。里有旧城，言句践封范蠡子之邑也。"⑤有的里除陆门之外，还设有水门。如《越绝书·外传记地传》云："阳城里者，范蠡城也。西至水路，水门一，陆门二。"

　　联系到秦汉对江南地区的军事征服、经济开发及多次移民的情况，可以认为，此期江南地区出现的许多"城郭里邑"，既是先秦吴、越城邑的延续，也受到中原居住传统的影响。不过，除了郡县治所所在的城池之外，其他乡、亭、里之城，虽然都有城墙，但规模都极有限。如齐乡的城墙周长六里三十步，而北阳里的城，直径也就一百九十步。《水经注·湘水》所记春陵县，本泠道县春陵乡，"县故城东又有一城，东西相对，各方百步"，其城的面积更小。

（四）其他聚落

　　除乡、亭、里，《太平寰宇记》还记录了秦汉时期江南地区其他一些筑城的情况。如莫宠为"捍海贼翟马"，筑莫城⑥；东汉青州刺史姚恢筑女狱城，又称囚女城⑦；长兴县有"大骑城"、"小骑城"，《吴地记》云："吴王濞筑此

---

①　陈桥驿：《水经注校证》，第 942、946—947 页。

②⑤　陈桥驿：《水经注校证》，第 940 页。

③　《越绝书·外传记地传》，张仲清：《越绝书译注》，第 184 页。

④　《越绝书·外传记地传》，张仲清：《越绝书译注》，第 177 页。

⑥　乐史：《太平寰宇记》卷九二《江南东道四·江阴军》"古暨阳城"条下，第 1852 页。

⑦　乐史：《太平寰宇记》卷九四《江南东道六·湖州》"德清县"条下，第 1897 页。

二城，为马厩"①；武康县有"石城山"，"汉末赤眉之乱，邑人于山上累石为城，因以为名"②。估计这些所谓"城"，规模都极小，类似城堡。

同时，江南地区还有不以"里"名的城外村落。如《太平寰宇记·江南东道八·越州》所记"梅市"，传为汉梅福"遇王莽乱，独弃妻子，之会稽。人多依之，遂为村落井鄌"。也有一些专业生产的地点，例如手工业作坊，同样可能配套有居所，从而形成小的生产型聚落。考古工作者在江苏宜兴丁蜀镇一带，发现了至少16处汉窑址③；在浙江上虞、余姚、宁波和永嘉等地，发现有东汉陶瓷窑址，仅上虞一县就有37处之多④；在江苏常州武进县刀绥乡，出土汉代木船地点西南约30米处，发现了汉代笙纹瓦、陶圆井、环首铁刀等建筑和生活遗物，包括造船原木等等，极有可能是汉代修船或造船工场的遗址。⑤这些较大规模的手工业工场附近，应该有一定规模的居住区与之配套。但是这些"村落井鄌"或生产性聚落是否筑城，尚不清楚。

另据《汉书·朱买臣传》称："越，非有城郭里邑也，处溪谷之间，篁竹之中，习于水斗，便于用舟，地深昧而多水险。"同书《严助传》引淮南王上武帝书也说："臣闻越非有城郭邑里也，处溪谷之间，篁竹之中。"说明在西汉时期，越人一直保持着"处溪谷之间，篁竹之中"、不修筑城墙的聚落形态。直至东汉，也有一些山民，并不生活在城郭里邑之中。如《后汉书·刘宠传》载，刘宠任会稽太守期间，"山民愿朴，乃有白首不入市井者"。注引《风俗通》进一步解释说："八家而九顷二十亩，共为一井。庐舍在内……私田在外……因井为市，交易而退，故称市井。"唐人尹知章注《管子·小匡》"处商必就市井"云："立市必四方，若造井之制，故曰市井。"王符《潜夫论》也说："天下百郡千县，市邑万数。"是有"市井"者，必为有市之邑落。那么，这些不入市井的山民，不少实际上是东汉时仍未完全归化、且散居山林的诸越遗民。

---

① 乐史：《太平寰宇记》卷九四《江南东道六·湖州》，第1896页。

② 乐史：《太平寰宇记》卷九四《江南东道六·湖州》，第1887页。

③ 《江苏宜兴丁蜀镇附近汉代窑址调查》，《中国古代窑址调查发掘报告集》，文物出版社1984年版。

④ 浙江省博物馆：《三十年来浙江文物考古工作》，《文物考古工作三十年（1949—1979）》，第221页。

⑤ 《江苏武进县出土汉代木船》，《考古》1982年第4期。

第五章 早期郡县城市的
发展形态与特点

秦汉以降的郡县治所，是大一统体制下行政系统的网点，或是重兵驻守的战略要地，它们取代先秦时期的都邑城市，成为中国古代前期城市的主体。江南地区作为秦汉帝国大一统版图的一部分，其郡县城市与同期其他地区城市有着相同的基本特征，但也呈现出某些自身的区域特性。

第一节 城市性质与等级体系

秦汉时期江南地区的城市，是帝国郡县制度设计下的产物，其城市性质与等级、规模，与郡县行政体系是紧密结合在一起的。

一、"政治性"特征

由于汉代居民生活普遍处于"城郭里邑"的聚落形态，如何判断其中哪些城邑是城市，就成为秦汉史学界争论的一个问题。有学者认为，秦汉时期城乡界限十分模糊，很难明确判定。如日本学者西嶋定生提出，汉代的城市与农村很难进行严密的区分，因为"农民的村庄从外表看来与城镇几乎没有什么不同"[1]。也有学者认为，秦汉时期遍布各地的人口聚居的大小城邑都是城市。如我国考古学家俞伟超指出："人口集中于城市的情况，在战国至汉代

---

① 《剑桥中国秦汉史》，中国社会出版社 1992 年版，第 591—592 页。

（至少至西汉），在我国历史上是仅见的。这样的历史，完全可以说是城市的历史。"①当然，更多的学者仅将郡县政府驻地的聚落称为城市。如陈桥驿即认为："凡是历史上曾经作为县一级政府驻地的聚落，就作为历史城市。"②葛剑雄的《西汉人口地理》、周长山《汉代城市研究》、张继海的《汉代城市社会》、肖爱玲的《西汉城市地理研究》等，均采用这种观点。

之所以采用是否郡县行政中心作为判断城市的标准，不仅因为现代通行认定城市的标准往往是计量指标，如城市规模、人口数量等，而由于古代早期资料缺乏，很多相关数据根本无法获得；更重要的是，从城市起源理论来讨论城市的定义，"高度社会复杂化"和"区域中心"就是判断城市的核心指标。前文曾以此分析史前古城的性质，指出那些古城只能说是城市的萌芽形态，还不是真正意义上的城市。而在秦汉中央集权帝国时期，郡县城的地位虽然不比春秋战国时期吴国、越国都城那样重要，商业上也不及吴、越都城活跃，但作为中央政府对地方统治和管理的据点，其区域政治、军事中心的地位是有制度保障的。同时，郡治和县治的"社会复杂化程度"，相对地方上同时期其他聚落而言，仍然是最为突出和鲜明的。

郡县城内设置有郡或县一级的行政机构和官员。根据《汉书·百官公卿表》记载，郡有郡守、郡尉，边郡还另设长史。其中，郡守掌治其郡，秩二千石，景帝中元二年（前148）改称太守，下有隶官丞，秩六百石。郡尉掌佐守典武职甲卒，秩比二千石，景帝中元二年更名都尉，下有隶官丞，秩六百石。长史掌兵马，秩六百石。县有县令（长），掌治其县。其中居民万户以上为令，秩千石至六百石；不足万户为长，秩五百石至三百石。县令（长）皆有属官，丞、尉之类为长吏，秩四百石至二百石；斗食、佐史之类为少吏，秩百石以下。另据《后汉书·百官志》载，县令（长）和丞各一人，县尉大县二人，小县一人，"各署诸曹掾史"。众多官署和官吏集中于郡县城，正是郡县城作为地方政治军事中心的具体表现。郡县城不仅有行政军事管理所必需的官署、监狱、仓库等一整套机构，居住着官吏及其家属、官私奴婢、士兵以及囚徒，而且，"为了保证这些人的生活和满足官僚地主的享乐需要，又必须有商人和手工匠等人"③。

---

① 俞伟超：《中国古代都城规划的发展阶段性》，《先秦两汉考古学论集》，文物出版社1985年版，第40页。

② 马正林：《中国城市历史地理》，陈桥驿：《序》，山东教育出版社1998年版，第1页。

③ 葛剑雄：《西汉人口地理》，人民出版社1986年版，第114页。

鲁惟一（Michael Loewe）也指出，从战国到汉代，城市与农村存在职业和社会地位的差别，一些农民涌入城市去寻找轻松而收入更高的工作。①这使得郡县城在人口构成、组织结构上的多样性，要远远复杂于同时其他城邑和聚落。郡县城中官员的社会等级、获取社会资源的途径，依赖于他们的政治身份和权力，与吏胥、商人、手工业者、农民等社会其他成员相比，更体现了不平等的特征。很明显，导致这时期郡县城呈现"复杂化社会"现象最重要的原因，就是这些城邑作为地方一级行政区划治所的"政治性"特征。可以说，这是这一时期郡县城可以称为"城市"的根本原因之一。"政治性"特征使得郡县城市有别于其他的一般城邑或聚落，在秦汉时期，这甚至可能是最大的差别。正如日本学者五井直弘所指出的，所谓县城与普通乡或聚的区别，仅在于"政治的重要性及其大小，两者在结构上没有差别，它们几乎都被城郭所包围"②。

　　郡县城市的"政治性"特征，充分体现在城市的功能设置上。所谓城市功能，就是城市职能，是指城市对城市本身以外的区域在经济、政治、文化等方面所起的作用。③

　　首先，郡县城市具有行政管理功能。汉顺帝永建四年（129），"阳羡人周嘉上书，以县远，赴会至难，求得分置，遂以浙江西为吴，以东为会稽"④。山阴得以与吴县一样成为地位对等的郡级统治中心，意味着中央政府对"浙江以东"地区统治的增强。东汉晚期析旧县、建新县的做法，则与孙氏在该地区的势力加强和扩展有着直接的关系。《后汉书·百官志》在"自注"中对郡县长官和属吏的职能有具体说明：

　　　　凡郡国皆掌治民，进贤劝功，决讼检奸。常以春行所主县，劝民农桑，振救乏绝。秋冬遣无害吏案讯诸囚，平其罪法，论课殿最。岁尽遣吏上计，并举孝廉，郡口二十万举一人。

　　　　（县令及长）皆掌治民，显善劝义，禁奸罚恶，理讼平贼，恤民时

　　①　The Heritage Left to the Empires, The Cambridge History of Ancient China, pp.1024—1025.

　　②　〔日〕五井直弘：《东汉王朝与豪强大族》，姜镇庆、李德龙译：《中国古代史论稿》，北京大学出版社 2001 年版，第 119—120 页。

　　③　中国大百科全书出版社编辑部编：《中国大百科全书·地理学》，中国大百科全书出版社 1990 年版，第 42 页。

　　④　陈桥驿：《水经注校证》，中华书局 2007 年版，第 944 页。

务，秋冬集课，上计于所属郡国。

　　丞署文书，典知仓狱。尉主盗贼，凡有贼发，主名不立，则推索行
寻，案察奸宄，以起端绪。

　　这些郡县官吏，除了治民的政治职能外，还要负责本地区的安全防务和
社会治安。例如《后汉书·度尚传》载，抗徐"初试守宣城长"，"悉移深林
远薮椎髻鸟语之人置于县下，由是境内无复盗贼"。所谓"置于县下"，即将
"椎髻鸟语之人"置于县城近郊，分里而居，分片管理，从而杜绝发生盗贼的
隐患。为了治民，郡县城市内驻有军队，设置武库、监狱等设施，不仅保护
城市自身安全，也对所管辖地区提供安全保障。

　　此外，郡县长官有"集课"、"上计"的责任。收取赋税、核实上报，对
郡县内所设盐、铁、工官进行专项管理。不仅如此，郡县城市内还开设市场，
设置市长、市掾、市门卒、市啬夫等管理官员。《汉书》提到，西汉著名经学
家梅福曾"为吴市门卒"①。这些属吏负责按时开启和关闭市门，维护市场秩
序，管理商人市籍，检验商品，评定物价，征收市税，督造某些手工业制品，
检定度量衡等。官员对市场的管理有法可依。出土的睡虎地秦简《秦律十八
种》及张家山法律汉简中都有《关市律》，即为管理市场的专门性法律。郡县
城市因此具有经济管理的功能。

　　郡县城市的"政治性"，还体现在作为教化和文化管理中心的功能上。郡
县长官负有推荐地方人才的职责。元朔五年（前124），汉武帝设立太学，
"为博士官置弟子五十人"，并要求地方举荐人才，凡"郡国县官有好文学、
敬长上、肃政教、顺乡里、出入不悖"者，"诣太常，得受业如弟子"。②与此
同时，又下诏，令"天下郡国皆立学校官"③。平帝元始三年（3），再次下令
天下郡县皆立官学："郡国曰学，县、道、邑、侯国曰校。校、学置经师一
人。"④不仅如此，各地还设立郡文学、郡文学史、郡文学卒史、五经百石卒
史等教官，管理文教以及对百姓施行教化。东汉时期，郡县官学更加发达。
《后汉书》卷四〇下《班固传》引班固《东都赋》云："四海之内，学校如林，

① 班固：《汉书》卷六七《梅福传》，中华书局1982年版，第2927页。
② 班固：《汉书》卷八八《儒林传》，第3594页。
③ 班固：《汉书》卷八九《文翁传》，第3626页。
④ 班固：《汉书》卷一二《平帝纪》，第355页。

庠序盈门。"除了乡、聚的基层学校外，郡学、县校自然都开设在郡县城，对地方文化教化起到引领和辐射作用。这些举措，无疑都使得郡县城市成为区域性的教化中心和文化教育中心。

可见，秦汉时期郡县城市的多种功能，都是以政治方面的功能为基础，而且由此对所在地区的社会形成辐射和影响作用。诚如有学者所指出的："几乎我国所有见诸文字的关于'城市'的数据资料，都不代表城市而代表的是一个广阔的区域。"①《史记》载某郡多少县，亦即《汉书》所载某郡多少城，城与县互用的现象，不但表明县治普遍筑城的现象，也反映出所谓一座"城"，并不是孤零零的城墙围绕的建筑群，还代表了以其为中心，受其控制、影响和辐射的一片区域，即城市腹地。《汉书·百官公卿表》上说："县大率方百里，其民稠则减，稀则旷。"这大概就是当时一座县城大体能够控制和影响到的地域范围。

二、等级体系

作为中央帝国统治地方的行政治所，秦汉时期的郡县城市显然具有行政等级上的区别。这种等级差别，主要是由这些城市在国家统治秩序中的重要性所决定的。

城市的政治等级差别，可以从驻守该城市的最高长官的俸秩方面得到反映。汉代以俸秩的禄石多寡作为官位高低的标志，官位高者，禄石多；反之，则少。按照《汉书·百官公卿表》所载，"掌治其郡"的郡守，秩二千石；"掌佐守典武职甲卒"的都尉，秩比二千石；"掌治其县"的县级长官，"万户以上为令，秩千石至六百石；减万户为长，秩五百石至三百石"。很明显，按照这种行政制度，在地方上，郡守官位最高，秩二千石；都尉次之，秩比二千石。与之对应，郡守所在的郡城和都尉治所的行政等级，也是地方上最高和次之者。而县级最高长官的官秩，则根据所治县的人口数量有很大差异。《汉书·百官公卿表》引《汉官旧仪》云："县户口满万，置六百石令，多者千石；户口不满万，置四百石、三百石长。"县令（长）官秩最高者千石，最低者三百石，彼此间竟有七百石的差距。虽然人口数量并非县级长官秩禄高低的唯一标准，有时会有一些特殊情况，如《后汉书·百官志》注引应劭曰：

---

① 周一星、陈彦光等编著：《城市与城市地理》，人民教育出版社2003年版，第10页。

"三边时孝武皇帝所开，县户数百而为令。……及南阳穰中，土沃民稠，四、五万户而为长。"但整体而言，县级长官的级别以秩六百石为标准线，可分为两个等级：秩六百石以上官员，铜印黑绶；比二百石以上的官员，铜印黄绶。①因此我们可以认为，县令、长的称谓，的确反映了县级长官之间的等级差异，当也同样能够反映县治的行政等级高低。有观点指出，设有盐官、铁官等官职的城市，其管理者的俸禄往往低于所有等级城市行政长官的俸禄。②不过，由于盐官、铁官一般设于县上，这些城市的最高管理者仍是县令（长）。

根据上述等级标准，我们可以将秦汉时期江南地区的郡县城市划分为三个政治等级：

一级城市是郡治所在，包括丹阳郡城（先故鄣、丹阳，后为宣城）、会稽郡城（秦至西汉为吴，东汉中期移至山阴）、吴郡城（吴）。

二级城市是都尉治所，包括丹阳郡歙县和会稽郡西部都尉治所钱唐、南部都尉治所回浦、东部都尉治所鄞县。

三级城市是一般县治所在。《汉书·百官公卿表》注引应劭曰："荆、扬江南七郡，唯有临湘、南昌、吴三令尔。"在江南地区各县中，吴县系郡治所在，属于一级城市。其余县级最高首长，从仅有的文献资料来看，都是"县长"而非"县令"。如《后汉书·度尚传》载，度尚"积困穷，乃为宦者同郡侯览视田，得为郡上计吏，拜郎中，除上虞长"；抗徐"初试守宣城长"，"悉移深林远薮椎髻鸟语之人置于县下，由是境内无复盗贼"。同书《顺帝纪》载，阳嘉元年（132），海贼曾旌等"寇会稽，杀句章、鄞、鄮三县长"；《后汉书·陶谦传》注引《吴书》载，"陶谦父，故余姚长"；《汉溧阳长潘乾校官碑》记潘乾为"溧阳长"等。

随着区域经济社会的发展，出于加强统治管理的需要，江南地区的郡县设置一直处于变动之中。由此，部分城市的政治等级也在发生不断的变化。汉初吴王刘濞建都广陵，虽然此时吴也是会稽郡治，但其政治上的等级在广陵之下。等到"七国之乱"平定之后，故鄣、会稽先后成为中央辖郡，吴县作为会稽郡治，政治等级得到提高。东汉顺帝永建年中，析会稽郡为吴、会稽两郡，山阴从县城上升为郡级城市。丹阳郡治屡有变更：汉武帝之前为鄣

---

① 班固：《汉书·百官公卿表》，中华书局 1982 年版，第 742 页。

② 肖爱玲：《西汉城市地理研究》，陕西师范大学博士论文，2006 年，第 105 页。

郡，沿袭秦代旧制，治鄣县（今浙江安吉西北）。汉武帝时徙治丹阳县（今安徽当涂东），改称丹阳郡，后又徙治宛陵（今安徽宣城）。钱唐县城在西汉时为会稽郡西部都尉治所。《续汉书·郡国志》不载该县，但《后汉书·戴就传》有"收就于钱唐县狱"之语，有学者推测，东汉前期钱唐县一度被省并，但至迟到永建四年（129）吴、会稽两郡分置之前就已经复置。①回浦县城在西汉时期为会稽郡南部都尉所在。《续汉书·郡国志》载有章安县，刘昭注引《晋太康记》云："本鄞县南之回浦乡，章帝章和元年立。"是回浦县经历了设部都尉治、被省并为乡、再次以章安之名重置为县的变化过程。

东汉后期，国势日衰，战乱重开，尤其是孙氏势力崛起于江东，江南地方行政区划和郡县设置发生重大调整，一批原来的郡治、县治和乡邑都发生了政治等级地位的变化。在丹阳郡，先后分故鄣县置安吉县、原乡县和广德县；分宛陵县分置怀安县、宁国县；分歙县置始新、新定、犁阳、休阳四县，连同黝（黟）县、歙县，新置新都郡；徙郡治徙至秣陵。在吴郡，分乌程置永县，分余杭县置临水县。在会稽郡，先后分太末县置新安县和丰安县，分乌伤县置长山县，分诸暨县置吴宁县，分章安县置松阳县，又置遂昌县，分上虞置始宁县。在这样大动作的行政区划的调整当中，丹阳郡宛陵和秣陵的地位对调，一由郡城变成县城，一由县城上升为郡城，还有一大批原来的乡邑升格为县城。政治等级上升，随之而来的是城市建设的加强和城市规模的扩大。

第二节　城市类型与内部结构

一、主要类型及其特点

如前所述，秦汉时期郡县城市具有多种功能。西汉以降，随着政治统治的深化、区域经济的发展、贸易流通的活跃，江南郡县城市逐渐呈现出分化的趋势，初步形成了基本型、经济型、交通型、军事型等几种发展类型，尽管有的发展类型远未达到完全定型和成熟的程度。

---

① 按《水经注·浙江水》载，阳羡人周嘉上书，奏请析置吴、会稽两郡。另据《三国志·虞翻传》注引《会稽典录》："永建四年，刘府君上书，浙江以北以为吴郡，会稽还治山阴。"刘府君即指时任会稽太守的刘宠。因阳羡为会稽郡属县，周嘉奏疏或由太守转达，两说并不矛盾。参见奚柳芳：《东汉时期钱唐县之废置》，注②《历史地理》第二辑（1982 年 11 月），第 93 页。

首先来看基本型城市。

秦汉时期的郡县城市，作为国家对郡县两级进行地方政治管理的治所，其政治功能是最基本的，属于地方性的行政管理中心。江南地区的郡县城市也不例外。大部分郡县城市虽然也同时具有一定的经济、军事和文化功能，但都围绕着政治统治的基本功能来进行，附属于行政统治的基本功能。郡县城市即为地方一级统治机构所在，各自设置官府和军队，官吏聚集，军队驻扎，城市中的农业、手工业、商业及服务业皆相应地以其为中心，为其服务。郡县城市均设有学校，有一定的文化活动，本质上也是地方官员施行教化的手段和结果。

再来看经济型城市。

这类郡县城市具体又可分为两种情况：一是区域性的商贸型都会，一是手工业生产管理中心。

江南地区商贸型都会最典型的，当推秦至西汉会稽郡和东汉吴郡的郡城吴。吴城交通便利，商贸发达，商人和商品云集，故号称"江东都会"。"自京师东西南北，历山川，经郡国，诸殷富大都，无非街衢五通，商贾之所凑，万物之所殖者。"①作为地方性经济贸易中心，经济都会与周边城市有更紧密的经济联系，在区域经济发展中起先导作用，也是秦汉以来区域城市经济功能得到强化的结果。李剑农曾归纳《史记·货殖列传》所载各都会的分布区域，主要在关中区、关外之黄河以北地区和黄河以南地区。②在《史记》所载除京城长安之外的 18 个都会中，北方地区拥有 13 个，江南地区只有吴县 1 个。作为天下都会之一，吴的经贸功能为本地区郡县城市之冠，可谓是本区域内最重要的经济型城市。

手工业生产管理中心往往是铜官、盐官所在的城市。这类城市设有分别管理铜业和盐业生产的官署，其城市主要功能就是作为铜业或盐业的生产基地与管理中心。《汉书》记载会稽郡海盐县设有盐官，丹阳郡设有铜官，但未详具体情况。1984 年，考古工作者在今安徽芜湖南陵县大工山发现古铜矿遗址群，总分布面积达 400 平方公里。初步发掘各类遗迹 66 处，先后发现测定为西周至唐代的炼铜竖炉 19 座，采矿井和硫化矿焙窑 4 座，以及大批铜斧、

---

① 王利器：《盐铁论校注·力耕第二》，中华书局 1992 年版，第 29 页。
② 李剑农：《先秦两汉经济史稿》，三联书店 1957 年版，第 199—224 页。

铜凿等采掘工具和古陶瓷、冰铜锭、粗铜锭等。在这一区域内，围绕铜矿资源布局，山上开采，山下冶炼，形成四个相对集中的采冶中心小区，尤以西周至汉代的江木冲炼铜遗址和汉至宋代的塌里牧遗址最具代表性。江木冲遗址面积仅1.5平方公里，文化层厚度达2米，炼铜弃渣堆积总量达50多万吨。遗址西侧有峨岭河，汇入漳河后在芜湖鲁港口注入长江。塌里牧遗址占地22万平方米，集采矿、冶炼为一体。遗址东部有江木冲河，汇入繁昌黄浒河，由获港入长江。另外在江木冲、西边冲等遗址中，还发现了铜锭、铅块和石质工具范，表明在此地，铜矿从开采、冶炼到铸造，流程完整，且具有相当的规模。学者们认为，大工山古铜矿遗址群经历了西周、东周、汉、唐、宋等多个历史朝代，延续时间达1 000多年，是我国罕见的目前发现的时间最早、规模最大的古采冶铜遗址群，堪称中国冶金史上的奇迹。[1]该地周边矿藏资源丰富，生产流程齐备，规模巨大，且因铜矿而形成分片布局的采冶区、墓葬区、生活区、管理区及水陆运输网络，由此从一侧面证明，汉代丹阳铜的生产地应该就在这里，铜官很有可能就设在附近的春谷县。[2]

再来看交通型城市。

古代城市的选址，往往以交通便捷为基本要求，无论政治管理、军事统治还是经济交流，凡城市种种功能的实现，都有赖于交通条件。至秦汉时期，部分城市由于地利的关系，在与周边城市和地区发生联系的过程中，特别发展了交通方面的功能，从而呈现出朝交通型城市发展的趋势。在江南地区，较典型的有钱唐、句章、鄮、东冶、章安等。

钱唐县城位于钱塘江的入海口，是水陆交通咽喉所在。该县城原在今杭州市城南的灵隐山谷中[3]，东汉初期会稽郡议曹华信募工开建海塘，[4]塘成，县城由山谷迁出，同时在海塘附近兴起了一批新的港埠，如后来的宝石山港、上堤港、前洋街埠、后洋街埠、官港、洋坝头、泛洋湖等，都是在此基础上逐渐形成的。至东汉末，钱唐已发展成为具有一定影响的港口城市。灵帝熙平元年（172），富春人孙坚"与父共载船至钱唐，会海贼胡玉等从匏里上掠

---

① 《南陵发现古铜矿遗址群》，《文汇报》，1993年8月12日。

② 大工山古铜矿遗址群分布范围较广，分属今南陵县和铜陵市。然今南陵、铜陵在汉时都隶属春谷县、陵阳县，铜官归属春谷县的可能性较大。

③ 参见陈国灿：《中国古代江南城市化研究》第一章《早期城市与城市化》，人民出版社2010年版，第88—89页。

④ 《水经注》卷四〇引《钱唐记》，陈桥驿：《水经注校证》，中华书局2007年版，第939页。

取贾人财物，方于岸上分之，行旅皆住，船不敢进"①。这从一个侧面反映出，当时钱唐已有较为活跃的港口贸易活动。

句章和鄞县均在东海之滨。汉武帝派兵平定东海王叛乱的时候，"遣横海将军韩说出句章，浮海从东方往"②，说明该地已经初具港口城市的发展趋势。史称："古鄞县乃取贸易之义，居民喜游贩鱼盐，颇易抵冒。"③东汉时，"会稽东县人海行，亦有遭风流移至亶州者"；亶洲，"在海中……其上人民时有至会稽货布"。④这里所说的"会稽东县人"，就是指句章和鄞县居民。显然，可知江南沿海地区海外贸易有所发展，而句章与鄞县应该是重要的出海港口。

东冶和章安亦为滨海港口。据《后汉书·郑弘传》记载："交趾七郡，贡献转运，皆从东冶泛海而至。"章安即西汉时期的回浦县城，东汉章帝章和元年（87）改名。《后汉书·顺帝纪》载，永建六年（131），会稽人雷旌反叛，从海上向章安发动进攻，说明此城在海上交通上的重要地位。

再来看军事型城市。

这类城市主要是都尉治所。前文提到，西汉设丹阳都尉，治歙；会稽郡设有西部都尉、南部都尉和东部都尉，分治钱唐、回浦和鄞县。此外，《水经注·浙江水》又载会稽郡上虞县有司盐都尉。都尉作为专管军事戍防的官员，其治所城市的军事功能往往较为突出。

总的说来，从城市功能的分化来看，吴城早在汉初吴王刘濞时就已然成为商业都会，其他江南城市在原来郡县城市具有的政治性功能之外，经济、贸易、市场、交通等方面的专业功能也得到一定强化和发展，尤其是一些港口城市发展较为突出。到东汉时期，江南地区的郡县城市体系在继续维系行政管理和统治网络的同时，也在推动地区性经济交流和市场流通的发展。当然，其总体发展水平仍明显落后于同期北方中原地区。

二、空间规模与形制

早期郡县城市的规模与其政治地位有关。郡城是一郡之内行政级别最高的城市，其城市规模也相应较大。不过，较之先秦时期各区域城市的蓬勃发

---

① 陈寿：《三国志》卷四六《吴书一·孙坚传》，中华书局 1982 年版，第 1093 页。
② 司马迁：《史记》卷一一四《东越列传》，中华书局 1982 年版，第 2982 页。
③ 罗濬等：《宝庆四明志》卷一《风俗》，《宋元方志丛刊》本，中华书局 1990 年版，第 4999 页。
④ 陈寿：《三国志》卷四七《吴主传》，第 1136 页。

展，秦汉中央帝国统治秩序下的郡县城，总体而言，其规模受到极大的限制。

秦汉时期各地郡城大多沿用战国时期诸侯国的国都或重要城市，但其空间规模较之先秦时期都普遍呈内缩之势。如战国时期楚国云梦王城规模庞大，城墙周长为 9 700 米。汉初加筑中城垣，仅西部城区得以利用，作为江夏郡郡治所在，东城则被废弃。曲阜汉城亦是如此，仅仅利用了春秋鲁城的西、南两墙。①在江南地区，吴和山阴城也不例外。这两城，春秋战国之际分别为吴国和越国都城，是当时东南地区规模最大的城市。秦汉时成为会稽（吴郡）郡治所在，规模明显缩小。汉初吴王刘濞受封，筑广陵城为国都，按《续汉书·郡国志》刘昭注，"城周十四里半"，其规模明显超过作为郡城的吴和山阴。《越绝书·外传记地传》："句践小城，山阴城也。周二里二百二十三步，陆门四，水门一。今仓库是其宫台处也。周六百二十步，柱长三丈五尺三寸，霤高丈六尺。宫有百户，高丈二尺五寸。"则汉代山阴城仅仅沿用了句践所筑小城。另据有关学者考证，东汉时分置吴郡和会稽郡后，重修山阴城为会稽郡城，东西长约 1 500 米，南北长约 1 200 米，周长约 5 000 余米，只是沿用了原山阴大城的东南部分。②

有学者指出，先秦时期诸多名城的凋落，与秦末战火和秦始皇"堕名城"之举有关，但更主要的原因似乎还在于统治者统治思想的转变。从"大一统"思想出发，对国内秩序重新进行整合，即严格按照首都—郡（国）城—县（侯、邑）城的等级观念，对城市进行重新排列，树立天子至高无上、无与伦比的权威形象。所以，城市规模呈现围绕帝国权力分配的金字塔格局，原有地方的城市基础即使被沿用，但都被限制在极小范围内，很难突破和发展。

与郡城相比，县级城市由于行政等级较低，其规模也要小很多。有学者估算，汉代郡治所在的城市城郭周长约为 3 000—5 000 米，普通县城的城郭周长为 1 000—3 000 米。③根据江苏已发现的 10 余座汉代城址的规模测算，当时的一般县城，如利成、东安、盐渎、凌、城围子、石户城等，其规模大致为东西长 500 米，南北长 300—900 米左右。④另据部分学者对汉代丹阳郡所属县城的考证，其周长约在 1 600—2 800 米之间，面积大体在 0.15—0.45 平

---

① 周长山：《汉代城市研究》，人民出版社 2001 年版，第 38 页。

② 曲英杰：《越城复原研究》，《浙江学刊》1992 年第 4 期。

③ 周长山：《汉代城市研究》，第 36—37 页。

④ 苏文：《从考古资料看两汉时代的江苏经济》，《东南文化》1989 年第 3 期。

方公里之间。其中，丹阳郡春谷县城面积 0.12 平方公里，芜湖县城面积 0.12 平方公里，石城县城面积 0.39 平方公里。①另据有关考古发现，福建崇安县城村汉城推测是会稽郡冶县县治所在，其规模南北长约 860 米，东西宽约 550 米，城址周长 2 820 米，面积 0.48 平方公里左右。②浙江温岭大溪古城推测系汉初东瓯国城址，经考古调查测算，其东西长约 390 米，南北宽 260 米，城址周长 1 300 米，分布面积约 0.1 平方公里。③另有学者指出，军事功能突出的都尉治所，政治等级在县城之上，但其规模却不一定大于县城。④这一点，也值得注意。

前文已指出，秦汉时期的江南郡县城市都有筑城垣。除郡治宣城（丹阳郡）、吴（西汉会稽、东汉吴郡）、山阴（东汉会稽郡）外，县治筑城见于史书者也亦不少。如《史记·吴太伯世家》裴骃《集解》引杜预曰："吴郡嘉兴县南有檇李城也"⑤；同书《绛侯周勃世家》张守节《正义》引《括地志》云："丹徒故城，在润州丹徒县东南十八里，汉丹徒县也。《晋太康地志》云'吴王濞反，走丹徒，越人杀之于此城南。'"⑥《后汉书·显宗孝明帝纪》注云："泾县属丹阳郡，今宣城县，故城在县东"；同书《肃宗孝章帝纪》注云："芜湖，县名，属丹阳，故城在今宣州当涂县东南"；《臧洪传》注云："句章县故城，在今越州鄞县西"。⑦《越绝书·外传记吴地传》记载，"无锡城，周二里十九步，高二丈七尺，门一楼四"；"余杭城，襄王时神女所葬也"。⑧

战国以来，城市多称为"城郭"，城为内城，郭为外城。《管子·度地》曰："内为之城，城外为之郭，郭外为之土阆。"然观察考古发现的诸多古城址，其实并无固定形状和布局。有的大小城相套，小城在大城中心或是一角；有的大小城相邻，成犄角之势；有的由若干小城组成等等，城与郭的位置与布局关系非常复杂。⑨前文已述，秦汉时期江南地区居民聚落多采用城邑形

① 张南等：《安徽汉代城市的分布与建设》，《学术界》1991 年第 6 期。
② 福建省博物馆：《崇安城村汉城探掘简报》，《文物》1989 年第 11 期。
③ 浙江省文物考古研究所、温岭市文化广电新闻出版局：《浙江温岭大溪古城遗址的调查与试掘》，《东南文化》2008 年第 2 期。
④ 肖爱玲：《西汉城市地理研究》，陕西师范大学博士论文，2006 年，第 130 页。
⑤ 司马迁：《史记》卷三一《吴太伯世家》，中华书局 1982 年版，第 1468 页。
⑥ 司马迁：《史记》卷五七《绛侯周勃世家》，第 2076 页。
⑦ 范晔：《后汉书》，第 117、157、1884 页。
⑧ 张仲清：《越绝书译注》，第 34 页。
⑨ 张继海：《汉代城市社会》第一章。

式，那么郡县城市是否也有"内城"、"外城"的设置呢？考古发现的崇安城村汉城，只有一重城墙。而《越绝书》中提到，越王句践冰室在"东郭外南小城"，鼓钟宫在"北郭外路南溪北城"①，无锡城"其郭周十一里百二十八步"②；《水经注·浙江水》也提到，上虞县"县之东郭外有渔浦"③。有学者认为，郭城是城市人口增殖的产物。④城村汉城没有外城，而山阴、无锡和上虞县城都有外郭，或许确实与人口数量有一定关系。

另经考古调查，今江苏地区发现 10 余座汉代城址，包括广陵、盐渎、东阳、吴、赣榆、利成、东安、凌、丹阳、射阳、舆、泗洪城围子、徐州石户城等，这些汉城的形制有正方形，如利成、东安等；有长方形，如赣榆、凌、城围子；也有东西两城并列的形式，如东阳和广陵。⑤由此可以推测，秦汉时期江南郡县城市的形制，大概不出这几种形制之外。

三、功能分区与街区结构

《汉书·食货志》云："圣王域民，筑城郭以居之，制庐井以均之，开市肆以通之，设庠序以教之。"作为综合性的社会实体，城市有着多种功能，有着与乡村不同的空间组织结构。早期郡县城市是以地方行政体系为依托发展起来的，有着强烈的政治特性，因而各种官署所在的政治区便成为各级城市的核心区域，再加上附属的商业区、生活区、文化区以及城郊区域，便构成了完整的城市空间体系。在高度统一的大一统体制下，秦汉时期江南郡县城市的功能分区和街区结构也是如此。

（一）政治区

郡县城市首先充当着地方统治中心的角色，其内部空间布局完全体现了"政治性"的特征。城市中最重要的区域就是官府衙署所在的政治区。20 世纪 70 年代发现的内蒙古和林格尔汉墓壁画，为我们清晰地展现了汉代城市布局的直观图像。其中，宁城图有"护乌桓校尉幕府"、"吏舍"、"宁县寺门"等不同题记，繁阳城图有"繁阳县令官寺"，土军城图有"上郡属国都尉时所

---

① 《越绝书·外传记地传》，李步嘉：《越绝书校释》，第 227 页。
② 《越绝书·外传记吴地传》，李步嘉：《越绝书校释》，第 32 页。
③ 陈桥驿：《水经注校证》，中华书局 2007 年版，第 946 页。
④ 张继海：《汉代城市社会》，社会科学文献出版社 2006 年版，第 40 页。
⑤ 苏文：《从考古资料看两汉时代的江苏经济》，《东南文化》1989 年第 3 期。

治土军城府舍"，离石城图有"西河长史所治离石城府舍"，武成城图有"武成长舍"、"长吏官门"、"尉舍"、"武成寺门"等各种题记。府、寺即郡县衙门官署的名称。《左传正义》隐公七年引《风俗通》曰："府，聚也。公卿牧守府，道德之所聚也。……寺，司也，庭有法度，今官所止皆曰寺。"又引《释名》曰："寺，嗣也，治事者相嗣续于其内。"在上述城图中，府舍、官寺几乎都位于城市中心区域，并且占据很大的空间。如宁城图标记的"护乌桓校尉幕府"，几乎占据了该城空间的绝大部分。①

在江南地区，城市内部同样是由政府衙门官署构成政治活动的中心区。郡城有郡府，又称太守府。《后汉书·孝顺帝纪》载："吴郡丞羊珍反，攻郡府"；同书《天文志》载："羊珍与越兵弟叶、吏民吴铜等二百余人起兵反，杀吏民，烧官亭民舍，攻太守府。"以西汉会稽郡治吴为例，据《越绝书》载，郡城内分布有太守府署、仓库、监狱等众多重要的官府建筑：

今太守舍者，春申君所造，后殿屋以为桃夏宫。

今官者，春申君子假君宫也。前殿屋盖地东西十七丈五尺，南北十五丈七尺。堂高四丈，十霤高丈八尺。殿屋盖地东西十五丈，南北十丈二尺七寸。户霤高丈二尺。库东乡屋南北四十丈八尺，上下户各二。南乡屋东西六十四丈四尺，上户四，下户三。西乡屋南北四十二丈九尺，上户三，下户二。凡百四十九丈一尺。檐高五丈二尺。霤高二丈九尺。周一里二百四十一步。春申君所造。

太守府大殿者，秦始皇刻石所起也。到更始元年，太守许时烧。六年十二月乙卯凿官池，东西十五丈七尺，南北三十丈。

吴两仓，春申君所造。西仓名曰均输，东仓周一里八步。后烧。更始五年，太守李君治东仓为属县屋，不成。

吴狱庭，周三里，春申君时造。……楚门，春申君所造。楚人从之，故为楚门。②

县城同样也有以官署为中心的政治区。发现于福建崇安的城村汉城，

① 内蒙古自治区博物馆工作队编：《和林格尔汉墓壁画》，文物出版社1978年版。
② 《越绝书·外传记吴地传》，李步嘉：《越绝书校释》，第39、40、521页。

有关考古学者推测是西汉闽越国所建"王城",亦即闽越王无诸受封于汉的都城"东冶",汉灭闽越后,又成为冶县治所。该城址平面近似长方形,南北约长860米,东西宽约550米,面积约48万平方米。城墙依山势夯筑而成,周长2 896米,墙面宽4—8米,基宽15—21米,残高4—8米。城墙外除部分地段外,有护城壕,宽6—10米,深5米左右。在城西南角和西北角发现的夯土台基,有一处是烽火台遗址。在城东墙和西墙的南段,各有一座城门,西城门门道宽约22.8米,深20米;东城门门道宽约22米,深18米。东城门外左右两侧各有一高台,可能是"门阙"建筑遗存。城内有五条由河卵石铺设的道路,其中横贯东西城门的主干道,路面宽约10—12米。城内另有两组排水系统和三处进排水口遗存。城内规模最大的建筑群基址,分布于中部的高胡南、北坪。南坪建筑基址面积达到20 000平方米,分为甲、乙两组建筑,其中,甲组建筑群基址是一组"四合院式"的大型建筑群体。北坪建筑基址面积约为10 000平方米,探明大型房基5座,呈中轴线对称布局。[1]以战国阖闾城、会稽城的主要宫殿建筑都先后成为汉代会稽、山阴郡的衙门官署来看,城村汉城内的这些汉代建筑,也当成为后来冶县官署集中地。

(二) 商业区

市场是秦汉郡县城市商业活动的主要区域。左思《蜀都赋》描绘成都的市场,万商云集,商品丰富,一派繁荣景象:"市廛所会,万商之渊,列隧百重,罗肆巨千,贿货山积,纤丽星繁。都人士女,袨服靓妆,贾贸墆鬻,舛错纵横。异物崛诡,奇于八方。"《三辅黄图》提到,长安城有九"市","各方二百六十六步","凡四里为一市"。从考古出土的汉代画像砖所反映的情形看,当时城中之"市"大多确为方形,四周有围墙,围成一个封闭的场所,是为市墙。东、西、南、北各开一市门,设有市门吏,按时开启和关闭市场大门。《汉书·梅福传》提到,梅福曾为吴市门卒。《风俗通义》载:"市买者当清旦而行,日中交易所有,夕时便罢。"市场中间有一市楼,又称"旗亭",管理市场的官吏在此可以俯查整个市场。市场上商肆整齐排列,还有存货的仓房,称作"廛";商肆之间有人行通道,称之为"隧"。如四川成都市郊出土的汉代画像中,城中之"市"有长廊式的建筑,为商肆,每肆三四列,排列整齐,商肆之间有相交为十字形的四条隧。

---

① 福建省博物馆:《崇安城村汉城探掘简报》,《文物》1985年第11期。

秦汉时期江南地区的郡县城市也普遍设有市场。如吴郡城有吴市，《越绝书·外传记吴地传》曰："吴市者，春申君所造，阙两城以为市。在湖里。"会稽郡城（山阴）有会稽市，《后汉书·蓟子训传》提到，子训曾"卖药会稽市"。会稽城的市场还吸引了不少海外客商，《后汉书·东夷传·倭传》载："会稽海外有东鳀人……人民时至会稽市。"从有关画像砖和考古发现来看，这些城中之"市"大多呈方形，比较规整，以便于管理。

此外，由于江南系水乡之地，许多聚落傍河依水，由此形成了独特的"水市"。《太平寰宇记》引《九州岛要记》云："吴主立于长水县，土人谣曰：'水市出天子。'始皇东游从此过，见人乘舟水中交易，应其谣，遂改由拳县。"①这些"水市"，分布在城市近旁的可能性极大。

（三）生活区

前文已经提到，秦汉时期江南郡县城市里的居民一般都分里而居。如《越绝书·外传记吴地传》载："阖庐宫，在高平里。射台二，一在华池昌里，一在安阳里。南城宫，在长乐里，东到春申君府"；"阙两城以为市，在湖里"。这里所说的高平里、华池昌里、安阳里、长乐里、湖里等，就是汉代吴县城内的里名。同书《外传记地传》有"今东武里"、"今安城里"、"今淮阳里"、"今高平里"云云，《水经注》亦有"山阴康乐里"（"邑中"地名所在）、"城东明里"（句践立宗庙所在）等，这些都是汉代山阴城内的里名。

里居的形态，《春秋公羊传注疏》"宣公十五年"条有非常明确的描述："一里八十户，八家共一巷。……田作之时，春，父老及里正旦开门坐塾上，晏出后时者不得出，莫不持樵者不得入。五谷毕入，民皆居宅，里正趋缉绩，男女同巷，相从夜绩，至于夜中。"这是对中原地区百姓里居的典型写照。很清楚，里是由围墙围绕起来的居民生活区，形状为方形或长方形，有里门，夜间关闭。《水经注·泗水》所说的阙里"背洙面泗，南北百二十步，东西六十步，四门各有石阃，北门去洙水百步余"②，可做具体例证。不过，江南地区水网密布，里的设置不一定如此规整有序。如浦阳江边的查浦，"浦里有六里，有五百家，并夹浦居，列门向水"③。

至于里居的人口，上述查浦"六里，有五百家"，每里平均在80—90户

---

① 乐史：《太平寰宇记》卷九五《江南东道七·秀州》，中华书局2007年版，第1915页。
② 陈桥驿：《水经注校证》，中华书局2007年版，第592页。
③ 陈桥驿：《水经注校证》，第945页。

之间，与《公羊传》"一里八十户，八家共一巷"相近同，但与汉文帝时大臣晁错所说的"五家为邻，五邻为里"（即一里二十五家），或"五家为伍，伍有长；十长一里，里有假士"（即一里五十家）有所不同。有学者研究了马王堆三号墓帛书地图记载的一里户数，从 12—108 户皆有，平均每里 45 户左右。另据江苏省连云港东海县尹湾出土汉简《集簿》所记，当时东海郡人口266 290 户，共设 2 534 里，平均每里 105 户。这两地点均与今江南地区相近，或可说明当时对一里人口并没有制度性的全国统一规定，聚居地大小、人口多寡以及为了管理的便利，都可能会对里居的人（户）数产生影响。

郡县城内的生活区应是分布于政治区的外围。如前面提到福建崇安城村汉城，官署（宫殿）区在中部，而一般居住遗址则分布于城内的西部、南部以及城外的东北方和城南等处。①此外，生活区还常与市场或手工业作坊相结合。如上引《越绝书》所说吴市在湖里，《太平寰宇记》引《郡国志》云："阊门内有皋桥，即汉皋伯通居此，桥以得名。梁鸿赁舂之所。"②此桥附近既是生活区所在，又是一处商贸市易场所。

（四）祭祀和文化区

南方俗多淫祀，城邑内外都建有各种祭祀场所。国家和地方政府也兴建了一些官方的祠庙，其中部分建在郡县城内。《史记·封禅书》载，汉高祖时，"令郡国县立灵星祠，常岁时祠以牛"。吴王濞曾在吴县城匠门外信士里东建造宗庙，"太公、高祖在西，孝文在东。去县五里。永光四年，孝元帝时，贡大夫请罢之。"③《太平寰宇记》卷九一亦载："吴太伯庙，在阊阖门之外，后汉桓帝时，太守糜豹所建。"④

郡县城内的文化设施还有学官（校）。所谓学官，即学之官舍。自汉文翁"修起学官于成都市中，招下县子弟以为学官弟子"后，至武帝时，"乃令天下郡国皆立学校官"⑤。汉平帝时，再次下令全国各地郡县设立官学："立官稷及学官。郡国为学，县、道、邑、侯曰校。校、学置经师一人。乡曰庠，聚曰序。序、庠置《孝经》师一人。"⑥《后汉书·文苑传》载，汉桓帝时，

---

① 福建省博物馆：《崇安城村汉城探掘简报》，《文物》1985 年第 11 期。
② 乐史：《太平寰宇记》卷九一《江南东道三·苏州》，中华书局 2007 年版，第 1824 页。
③ 《越绝书·外传记吴地传》，张仲清：《越绝书译注》，第 56 页。
④ 乐史：《太平寰宇记》卷九一《江南东道三·苏州》，第 1823 页。
⑤ 班固：《汉书》卷八九《文翁传》，中华书局 1982 年版，第 3626 页。
⑥ 班固：《汉书》卷一二《平帝纪》，第 355 页。

刘梁任北新城县长，"大作讲舍，延聚生徒数百人"。《三国志·管辂传》引《辂别传》载，东汉末，琅琊国内学官有"远方及国内诸生四百余人"①。这些郡县官学，规模都不小。江南地区部分郡县的官学也相当发达。《后汉书·张霸传》载，东汉和帝时，张霸为会稽太守，力倡经学之风，"郡中争厉志节，习经者以千数，道路但闻诵声"。《后汉书·黄昌传》提到，会稽余姚人黄昌"本出孤傲，居近学官，数见诸生修庠序之礼，因好之，遂就经学"。考古发现的《汉溧阳长潘干校官碑》，其中就有"构修学宫，宗懿昭德"等语。郡县所设学官（校），一般在市中或离生活区不远。如前面提到的文翁所立学官，即在"成都市中"。唐初遗址尚存，"在益州城内"②。

兴办学校对于汉代江南地区的教化作用非常突出。史载，丹阳太守李忠"以丹阳越俗不好学，嫁娶礼仪，衰于中国，乃为起学校，习礼容，春秋乡饮，选用明经，郡中向慕之"③。到东汉时，江南士人以经学名世者不少，如上虞人王充即为其中的典型代表。

（五）城郊区域

古代建筑城郭，"内经闾术，外为阡陌"④。城内为政治区、商业区、生活区和文化区，城郊为农作区，正所谓"种麦之家，多在城郭"⑤。有的城市，部分手工业作坊也分布于城郊地带。如崇安城村汉城郊区发现四处冶铁遗址、一处制陶作坊区。⑥浙江上虞、余姚、宁波和永嘉等地发现有东汉陶瓷窑址，仅上虞一县就有 37 处之多。起初都是陶瓷同窑共烧，逐渐改变为烧瓷为主。1977 年在上虞帐子山发现两座东汉斜坡形龙窑残基，估计长度近 10 米。⑦陶瓷业由于用地和材料的关系，大的作坊区应该都是分布于城郊。

墓葬区大多亦位于城外郊区。如被认为是汉初东瓯国城址的大溪古城，其北侧不足一公里处即发现一座贵族大墓。⑧崇安城村汉城的墓葬区也是分布

① 陈寿：《三国志·管辂传》引《辂别传》，中华书局 1982 年版，第 811 页。
② 班固：《汉书》卷八九《文翁传》颜师古注，中华书局 1982 年版，第 3627 页。
③ 范晔：《后汉书》卷二一《李忠传》，中华书局 1982 年版，第 756 页。
④ 司马迁：《史记》卷一二八《龟策列传》，中华书局 1982 年版，第 3232 页。
⑤ 范晔：《后汉书》卷二六《伏湛传》，第 895 页。
⑥ 福建省博物馆：《崇安城村汉城探掘简报》，《文物》1985 年第 11 期。
⑦ 浙江省博物馆：《三十年来浙江文物考古工作》，《文物考古工作三十年（1949—1979）》，第 221 页。
⑧ 浙江省文物考古研究所、温岭市文化广电新闻出版局：《浙江温岭市塘山西汉东瓯贵族墓》，《考古》2007 年第 11 期。

在城外南部南和溪东郊区。①

四、城市建设

秦汉时期，地方官员的日常政务之一就是要不断维护和修缮城郭。江南地区许多郡县城市都是沿用了战国时期以来遗留下来的城郭，需要根据新的制度和规范进行改建和重建。另一方面，这一时期城墙修建多为用土夯筑，天雨易塌，常需修缮。《后汉书·陆康传》即云："长吏新到，辄发民缮修城郭。"事实上，当时有关城市建设已有相应的法律规定。如《秦律十八种》中有《徭律》，其中规定：

> 未卒堵坏，司空将功及君子主堵者有罪，令其徒复垣之，勿计为徭。县葆禁苑、公马牛苑，兴徒以堑垣篱散及补缮之，辄以效苑吏，苑吏循之。未卒岁或坏决，令县复兴徒为之，而勿计为徭。卒岁而或决坏，过三堵以上，县葆者补缮之；三堵以下，及虽未盈卒岁而或盗决道出入，令苑辄自补缮之。县所葆禁苑之傅山、远山，其土恶不能雨，夏有坏者，勿稍补缮，至秋无雨时而以徭为之。其近田恐兽及马牛出食稼者，县啬夫材兴有田其旁者，无贵贱，以田少多出人，以垣缮之，不得为徭。县毋敢擅坏更公舍官府及廷，其有欲坏更也，必谳之。欲以城旦春益为公舍官府及补缮之，为之，勿谳。县为恒事及谳有为也，吏程功，赢员及减员自二日以上，为不察。上之所兴，其程功而不当者，如县然。度功必令司空与匠度之，毋独令匠。其不审，以律论度者，而以其实为徭徒计。

而张家山出土的汉简《徭律》，其中也有"县道官敢擅坏更官府寺舍者，罚金四两，以其费负之"的规定。

从秦汉《徭律》的规定可以看出，官府维护和修缮的对象包括城墙、道路、公共排水道、官府寺舍等房屋、公有园囿等。以福建崇安城村汉城为例，城墙墙面宽4—8米，基宽15—21米；城墙外的护城壕，宽6—10米，深5米左右。城内五条道路均由鹅卵石铺设而成，主干道路宽度在10—12米

---

① 福建省博物馆：《崇安城村汉城探掘简报》，《文物》1985年第11期。

左右。城内另有两组排水系统和三处进排水口遗存，铺设有陶质排水管道，直径从 16 厘米至 52.6 厘米不等。①与此同时，城市建设还应包括城市间交通网络的维护和建设。这项工作早在秦始皇巡行南方的时候就已经开始。史称："秦始皇造道陵南，可通陵道，到由拳塞，同起马塘，湛以为陂，治陵水道到钱唐，越地，通浙江。秦始皇发会稽适戍卒，治通陵高以南陵道，县相属。"②

至于城内建筑，诸如官署、贵族和豪富的住宅及祠庙，多见高台建筑、瓦顶。江苏省发现的所有汉代城址，都有大量瓦当、板瓦和砖等建筑构件堆积。③官署建筑，有的坐落在夯土台基之上，如赣榆县城西北角一官署台基高 3 米，东西长 160 米，南北宽 110 米。④在多水潮湿地带，可能还有干栏式建筑。江苏六合许喻庄发现过由三排南北向排列的木桩组成的建筑地基，很可能是干栏式建筑的遗迹。今江苏丹阳县松卜、苏州市娄葑、常州市酱品厂汉墓中各出土过一件干栏式房屋模型，有学者认为，当时应能"根据不同地区的环境条件和住宅的不同性能，因地制宜，选择不同的建筑类型"。⑤一般情况下，城内以水井作为饮用水的主要设施。

秦汉时期，江南地区有不少原有城址因各种原因被废，而另建新城。如《水经注·浙江水》多有"故城"之称："浙江又北迳歙县，东与一小溪合。水出县东北翁山，西迳故城南"；"浙江又左合绝溪，溪水出始新县西，东迳县故城南"；"浙江又东迳灵隐山……山下有钱唐故县"。又如《太平寰宇记》卷九五《江南东道七·秀州》载："故由拳县，在今县南五里。……县废后，唯有一岩基在东。"《续汉书·郡国志》"海盐县"条注云："县之故治，顺帝时陷而为湖，今谓为当湖。大旱湖竭，城郭之处可识别。"《水经注·浙江水》"余杭县"条云："汉末陈浑移筑南城，县后溪南大塘，即浑立以防水也。"

还有因城市功能变化而对原有城池进行改建的。前述秦汉时期江南地区的郡县城市多沿用战国时期的城邑，其中有不少原来是军事城邑，如由拳即檇李，娄县"有南武城，阖闾所起以候越"之类。此类城邑在转变为县城之

① 杨琮：《福建崇安汉代城址出土的建筑材料》，《文博》1990 年第 1 期。
② 《越绝书·外传记吴地传》，张仲清：《越绝书译注》，第 54—55 页。
③⑤ 苏文：《从考古资料看两汉时代的江苏经济》，《东南文化》1989 年第 3 期。
④ 武利华：《赣榆故城考》，《徐州博物馆资料》，油印稿，转引自苏文：《从考古资料看两汉时代的江苏经济》，《东南文化》1989 年第 3 期。

后，其城建的重点也会有所变化。这一点，在对长江中游里耶古城的考古发现中，可以得到佐证。

里耶古城位于武陵山脉西侧的里耶盆地中部，东临酉水，地处河旁 I 级阶地的前缘地带。该城始建于战国中期，是楚国兴建的军事性城池。秦统一后，成为秦代洞庭郡的迁陵县城。西汉时再次修筑，是武陵郡下辖的某一县城（与酉阳县或黔阳县有关），东汉以后逐渐废弃。考古发掘表明，该城现存城址为长方形，四角略带弧形，南、西、北面分别有护城壕环绕。南北长210.4 米，东西残宽 103—107 米，现存面积近 2 万平方米。战国中期始建时，修建了基部宽约 26.5 米的夯筑城墙，外侧陡起而内侧坡缓；毗邻城墙外侧的护城壕，宽 15 米，深 6.5 米左右。城门少，现存南城墙的东端建有一城门。该城在秦代未进行大规模修建，西汉初年再次修建，在城墙外侧与护城壕之间拓建了宽 3.5 米左右的环城道路，并在护城壕的局部地段修筑了高 1 米左右的卵石护坡，在西城墙的中部新建了西城门，与城内道路相连。城内东部有一条南北向的道路，其南端与南城门连通；城内中部有一条东西向主干道，宽 10.25 米左右，西段与西城门连通，东端则与连通南城门的南北向道路呈"T"字形交叉，道路的南北两侧分布大量的房屋建筑。[①]

里耶古城从战国至西汉城市功能的发展过程，与由拳、娄县之类江南古城相似。其战国时期的城建，军事防御性质明显，建筑特征较为原始。西汉时期再次修建，城墙与护城壕不再是重点，而是突出了城市道路的修筑，沿道路两侧分布公共建筑、居住建筑和手工业作坊。交通以及居住的便利，得到强调。战国至西汉城建重点的变化，其实正是该城功能由纯军事城邑向政治管理型城市转化的证明。丹阳、会稽郡那些沿用战国时期军事城邑为县城者，其城建亦应有相似的变化。

第三节　城市发展的时空特征

一、空间特征

有学者曾对两汉时期荆州和扬州的县城数量进行比较分析（表：两汉

[①]　湖南省文物考古研究所：《里耶发掘报告》，岳麓书社 2007 年版。

时期荆州和扬州郡国县数比较表），从中可以看出，西汉时期，会稽郡南部平均 12 198 平方公里才分布一县，是荆、扬二州内分布平均密度最低的地区。江南北部的丹阳郡，其辖域面积仅占全国 1.33%，西汉设置县城 17 座，东汉时为 16 座，是荆、扬两州城市分布密度最高的区域。但即使是丹阳郡，西汉时期县城平均密度为 3 092 平方公里一座，与当时全国城市分布密度最高的冀州（每 501 平方公里分布一座城市）相比，仅相当于后者 1/6 左右。另据《汉书·地理志》载，元始二年（2），全国凡郡国 103，县邑 1 314，道 32，侯国 241，合计县级城市 1 587 座，平均 873 平方公里左右就分布一座城市。很显然，扬州长江以南部分的城市分布密度，是全国各州中最低的。

两汉时期荆州和扬州郡国县数比较表

州	郡　国	面积（平方公里）	占全国之比例（%）	西汉县城数（座）	西汉平均密度（平方公里/县）	东汉县城数（座）	东汉平均密度（平方公里/县）
扬州	会稽北部	68 835	1.75	13	5 295	13	5 295
	会稽南部	158 568	4.02	13	12 198	14	11 326
	丹　阳	52 569	1.33	17	3 092	16	3 286
	豫　章	165 915	4.21	18	9 218	21	7 901
	小　计	445 887	11.31	61	7 310	64	6 967
荆州	江　夏	61 569	1.56	14	4 398	14	4 398
	桂　阳	53 609	1.35	11	4 825	11	4 825
	武　陵	122 456	3.11	13	9 420	12	10 205
	零　陵	45 050	1.14	10	4 505	13	3 465
	南　郡	63 919	1.62	18	3 551	17	3 760
	长　沙	80 544	2.04	13	6 196	13	6 196
	小　计	423 607	10.82	79	5 400	80	5 333
荆扬两州合计		872 494	22.13	140	6 355	144	6 150

说明：（1）会稽北部，东汉时设吴郡，下辖 13 县。（2）本表引自陈晓鸣：《汉代江南城市与商业问题述论》，《中国社会经济史研究》2005 年第 4 期。

　　就江南地区内部而言，城市分布的不平衡性同样非常明显。丹阳郡和会稽北部的城市分布密度大，而会稽南部分布的密度小，其中会稽北部的密度要

西汉时期黄淮和江南等地部分城市分布密度

州部名称	总面积 （平方公里）	占全国面积 比例（%）	郡国数	县城数	平均密度 （平方公里/县）
司隶部	155 576	3.98	7	132	1 179
兖　州	80 609	2.05	8	115	701
青　州	51 880	1.31	9	120	647
冀　州	64 584	1.64	10	129	501
豫　州	70 940	1.80	4	102	696
徐　州	89 296	2.25	7	138	647
扬州江南部	445 887	11.31	3	61	7 310
荆州江南部	426 607	10.82	6	79	5 400

（陈晓鸣：《汉代江南城市与商业问题述论》，《中国社会经济史研究》2005 年第 4 期。）

高出南部一倍以上，这从一个层面体现了江南地区南北开发程度的差异。江南北部主要是太湖冲积平原，易于开发，且开发时间长，经济基础好，人口较为稠密；南部主要是丘陵山地，开发不易，且长期为越人所居，地广人稀，开发程度不高，因此城市分布的密度也就比较低。

由上可知，秦汉时期，江南地区郡县城市在空间上分布的主要特征是，总体较为稀疏，且呈现北集中、南分散的态势。

二、时间特征

秦汉时期全面推行郡县制，从而在全国范围构建起以都城为中心的郡县城市网络，在地方构建了以郡国为中心的区域性城市网络。就江南地区而言，从秦到东汉中期，除吴王刘濞时期外，总体上城市发展变化不大；东汉晚期，则进入了较快发展的新阶段。

吴王刘濞时期，江南地区城市发展的主要表现，就是出现了都会城市——吴。其特征是交通便利，商贸发达，商人及商品集中。"自京师东西南北，历山川、经郡国，诸殷富大都，无非街衢五通，商贾之所凑，万物之所殖者。"[1]作为地方性的商贸中心，经济都会与周边城市有更紧密的经济联系，

---

[1]　王利器：《盐铁论校注·力耕第二》，中华书局 1992 年版，第 29 页。

在区域经济发展中起先导作用。

东汉晚期，江南城市进入较快发展的轨道，主要表现在以下两方面：

一是从城市建设的发展来看，江南城市在秦和汉初主要是沿用和改建先秦旧城，而东汉晚期则新建了不少县城。

秦汉之际，各地郡县城曾经历了一场先毁坏后重建的过程。《史记·秦始皇本纪》载，秦始皇三十二年（前215），"坏城郭，决通堤防"，并刻碣石门曰："堕坏城郭，决通川防，夷去险阻。地势既定，黎庶无繇，天下咸抚。"《越绝书·外传记吴地传》亦载："秦始皇帝三十七年，坏诸侯郡县城。"究其原因，一方面是秦统一后，天下均为郡县，原先战国六国为战争防御而修筑的众多城防，已经失去防御意义；另一方面，也是为了防止原六国贵族或各地官员拥城自重，与中央对抗。而汉初，据《汉书·高帝纪》载，汉高祖六年（前201），"冬十月，令天下县邑城"，唐颜师古注云："县之与邑，皆令筑城。"这时汉中央政府的控制力和军事实力都较弱，在面对譬如北方匈奴、南方越人侵扰的时候，一定程度上必须依靠各地方自保，在这种情况下，地方郡县筑城就非常必要，"自此拉开了自西周宗法分封筑城以来的又一次城市建设高潮的帷幕"①。不过，就江南地区来说，秦汉之际主要还是沿用先秦时期的旧城，而原本作为吴、越国都的吴和山阴，则根据帝国新的等级秩序需要，缩小了既有的城市规模。及至东汉晚期，除了析出新县，需要新建县城之外，对于原来的一些老县城，也多进行重建或新建，如海盐县城和余杭县城等，均为新建。可以说，此期出现了江南地区历史上一次城市建设的小高潮。

二是从城市数量发展来看，秦朝到东汉前期，江南地区的城市数量一直保持较为稳定的态势，东汉晚期则呈现快速增长。

西汉一代，除汉武帝时期将原庐江国划入故鄣郡、并改称丹阳郡，控制东越和闽越地区后增设回浦和冶县，江南其他地区的郡县数量几乎没有增加。东汉建立后，在全国范围大量裁并郡县。《后汉书·光武帝纪》载，建武六年（30），裁并天下郡县，"并省四百余县，吏职减损，十置其一"。全国设县数量，由原来的1 587个，减少至1 100个左右。②不过，这也没有影响到江南地区，从下表所列《汉书》与《续汉书》所记载的江南地区设县数量来看

① 周长山：《汉代城市研究》第一章《汉代城市的发展概况》，人民出版社2001年版，第7页。
② 肖爱玲：《西汉城市地理研究》，陕西师范大学博士论文，2006年，第37页。

（表：两汉时期江南地区设县数量对比表），没有明显的变化。这说明从西汉到东汉中晚期以前，江南地区的城市保持较为稳定的状态，发展并不迅速。

到东汉晚期，江南地区设县数量得到比较快速的增长，新增永宁、安吉、原乡、长山、新安、吴宁、永县、丰安、遂昌、始宁等县。其中，会稽郡新增县12个，吴郡增县4个，丹阳郡增县12，去2，分一新郡（表：东汉晚期江南地区新设县情况表）。一批乡邑成为县城，政治等级提升，也推动了这些城市及其周边的开发与建设。这既是东汉以来江南地区经济发展逐渐加速的结果，也与孙氏集团在江东地区的崛起有着直接的关系。

两汉时期江南地区设县数量对比表

时　　代	丹阳郡	会稽郡北部（东汉吴郡）	会稽郡南部（东汉会稽）
西汉成帝元延绥和之交①（《汉书》）	17	26	
东汉顺帝永和五年前②（《续汉书》）	16	13	14
东汉灵帝、献帝时期	28	17	24

东汉晚期江南地区新设县情况表

属　郡	新设县名	增　设　情　况
会稽郡	长　山	汉献帝初平三年（192），分乌伤县南乡置。
	新　安	汉献帝初平三年（192），分太末县置。
	丰　安	汉献帝建安四年（199），孙氏置。
	吴　宁	汉献帝兴平二年（195），分诸暨县立置。
	始　宁	汉末，分上虞县南乡置。
	松　阳	汉献帝建安八年（203）置。
	建　安	
	汉　兴	汉献帝建安八年（203）前置。
	南　平	
	建　平	汉献帝建安十年（205）置。
	遂　昌	汉献帝建安二十三年（218）置。
	定　阳	汉献帝建安二十三年（218），孙氏分信安（即新安）县置。

① 参见周振鹤《西汉政区地理》关于"《汉书·地理志》的断代"，第22页。
② 李晓杰：《东汉政区地理》，"关于《续汉书》的断代"，第14页。

属　郡	新设县名	增　设　情　况
吴　郡	永　安	汉献帝初平四年（193），分乌程、余杭两县置。一说为孙吴所置。
	永　县	汉献帝兴平二年（191），太守许贡奏分乌程县置。
	临　水	汉献帝建安十六年（211），分余杭县置。
	海　昌	汉献建安二十四年（219）前设。
丹阳郡	安　吉	汉灵帝中平二年（185），分故鄣县南置安吉县，又分立原乡县。
	原　乡	
	始　安	汉献帝建安二年（197）前增设。
	安　吴	汉献帝建安初年，孙氏增设。
	永　平	汉献帝建安初年，孙氏增设。
	怀　安	汉末，孙权分宛陵县南增设。
	宁　国	
	广　德	汉末，分故鄣县置。
新都郡	始　新	汉献帝建安十三年（208），孙权遣威武中郎将贺齐讨丹阳黟、歙县贼，平定之，遂分歙置始新、新定、黎阳、休阳四县，合黟、歙凡六县，因立新都郡，理始新县，属扬州。
	新　定	
	黎　阳	
	休　阳	

秦汉时期江南地区城市发展的时空特征，反映出这一历史阶段江南开发、地方政治势力生长的基本趋势。秦汉中央政府对地方统治范围扩展、程度加深，地方政治势力择机崛起、壮大，都给予江南城市发展的强大动力。

对照中原地区城市在这一时期的发展历程，可以发现两者步调并不一致。中原城市随王朝兴而盛，随王朝乱而衰，而偏于一隅的江南城市，却在秦汉之初、东汉晚期，得到较快发展。当然，这时的发展水平仍不能高估。秦汉国家政治经济的重心始终都在中原；面对北方威胁，北边边郡的建设也更受重视。加之秦汉时期江南地区自然环境仍然较为恶劣，继续限制和阻碍了区域开发的更快发展。

余论　几点思考

通过对江南地区聚落、城邑和城市的起源、产生及早期发展过程进行考察和分析，笔者有如下几点思考。

其一，上古至秦汉时期江南地区聚落形态的发展，反映出该地区社会结构、政治形态等方面的演化历程。

从距今 9 000 年前的上山文化小黄山遗址，到距今 7 000 年左右的河姆渡和马家浜文化聚落，再到距今 5 000—4 000 年前后的良渚文化农业村落，江南地区先民们的生产方式由渔猎采集为主、水稻种植为辅，逐步发展为稻作农业占据社会经济的主要地位，也为良渚时期人口增长、文化繁荣、进入复杂化的等级社会奠定了基础。这一时期，江南地区的聚落总体上呈数量不断增长、分布密度加大之势，进而出现多个聚落群。到良渚文化时期，聚落规模更是发生急剧的两极分化，总面积 10 万平方米以上和 1 万平方米以下的聚落数目都有较大增长。[1]前者在良渚文化分布区内形成多个以一、二级聚落为中心的聚落群，而莫角山良渚古城，集大型礼制宗教性建筑、高等级祭坛、显贵墓地和城垣于一地，在良渚早中期成为无可争辩的最高等级聚落。聚落的等级分化，实质是社会人群等级分化的一种物化表现，而规模巨大的公共仪式建筑的出现，则意味着当地社会出现了居支配地位的权威力量。学者们推测此时的良渚社会开始进入酋邦时代，甚至是早期国家阶段。

从距今 3 700—3 100 年左右的良渚文化晚期开始，聚落数量下降，这一

---

[1]　王宁远：《遥远的村居——良渚文化的聚落和居住形态》第一章《良渚文化聚落的宏观考察》，浙江摄影出版社 2007 年版，第 14 页。

现象持续了 500 多年。马桥文化时期的环太湖流域，没有再出现类似良渚时期的大型中心聚落，精美的玉器、高台建筑、高等级墓葬等，也都难寻踪影。与中原夏商时期相对应，江南地区仅发现钱山漾马桥文化聚落、老鼠山好川文化聚落等少量聚落遗址，江阴佘城是迄今为止此期江南地区所发现的最大古城址。

直到春秋中期以降，江南地区的城邑才大量出现，这与吴、越两个地域国家形成的历程紧密联系。两国先后建立起以都城为中心、以城邑为二级统治据点、包括大量一般性聚落的城邑体系，其中都城的规划与建设、规模等，无一不体现了王权的至上权威、经济的发展和军事战争的需要。军事城邑、专业性城邑、封邑等功能性城邑的出现，也是吴、越两国军事力量发展、国家争霸图强的体现。这一时期出现的城邑，为后来包括秦汉时期在内的江南地区郡县城市的发展奠定了历史基础。

从春秋战国到秦汉，这一区域中原来作为全国性政治、经济、军事中心的都邑城市，下降成为地区性政治、经济、军事中心的郡县城市，较之春秋战国之际的吴国和越国时代，城市政治等级降低，规模减小。直到东汉晚期，江南地区进入又一次开发高潮，其郡县城市的数量也随之有较大幅度的增长。

其二，江南地区聚落形态的演进，也是该地区早期人类活动与自然环境相互作用的结果。

随着距今 4 500—4 300 年之间海平面的下降、沉积物堆积和古潟湖逐渐淤塞，江南地区的许多低地出露，形成水网平原或湖荡平原，崧泽—良渚文化时期的先民们从山地、孤丘逐步向平原扩散。他们尽可能选择高爽之处，除了在山脚、低丘、岗地选址外，同时创造了人工堆筑土墩以营建聚落的技术。他们将居宅、墓葬修筑在土墩之上，靠水的低地种植水稻、从事渔猎活动。随着人口的增长和血缘家族的扩大，台墩面积也在不断扩大，直至将原有多个台墩连成一体。尽管如此，土墩面积仍然有限，基层聚落（村落）规模不大，在平原上分布密集，形成水乡特有的村落分布形式。

面对密布的湖沼、水网等自然条件，江南地区的先民们与水相邻，以水为道，充分利用河沟、水道，在聚落生活中起到防卫、交通、排水、取水等多重功能。聚落中修筑起立柱架板的干栏式建筑和河埠头、小桥、护堤等设施。直至今日，我们还能在江南水乡看到类似的乡村景观。江南地区的城邑，诸如良渚文化时期的寺墩、春秋时期的淹城，均修筑封闭的多重环绕水道，起到城垣般的防御效果。修筑城墙的城邑，如良渚文化时期的莫角山、夏商时期的佘城、春秋战国时期的吴国和越国都城等，都在城墙内外挖设城壕，与自然水道相通，既设陆门，又设水门，成为江南古代城邑形制上的一大特色。

秦汉时期，江南地区许多基层聚落采用了"城郭里邑"的形态，这固然是受到中原居住形态的影响，也是该地区聚落经历过战国晚期统一战争和秦末战争后的自我保护防御手段，还与当地仍居住着未归化、且散居山林的南方诸越之民有一定关系。

其三，上古至秦汉时期江南地区城市的起源、产生和发展，经历了三个重要的历史阶段。

一是史前良渚文化时期，是城市的萌芽阶段。伴随社会复杂化进程发展，聚落等级发生严重分化。莫角山和寺墩良渚古城是这一地区最早的城邑，也体现出了高度的社会复杂化特征，成为同时期区域内最高等级聚落及地区礼制文化中心。之后可能由于气候变化、洪水、海侵等越来越严峻的环境压力，原始稻作农业产量减少，加上之前礼制宗教性建筑过度消耗大量的社会资源、权力系统又应对失当等等综合性因素①，良渚文化走向衰落，江南地区回归分散、小型、均等的社会形态。

二是春秋战国之际的吴国和越国兴盛期，产生了以吴、越都城为代表的城市。吴、越两国基于争霸图强的需要，修建了大量的军事性、专业性城邑，与都城共同形成政治统治、军事防御、经济控制的网络体系。同时，一些作为地方统治据点的城邑，也因此逐渐接近城市形态。

三是秦汉帝国时期，春秋战国时代的部分城邑成为这一时期江南地方的郡县城市。不过，尽管许多先秦城邑被沿用，但新建的郡县城市在规模、等级和功能上，都受到很大限制。

其四，先秦秦汉江南地区城市兴起和发展的动力，主要来自于政治权威力量。

从江南地区城市起源和产生、发展的历史过程来看，并不是"一年成聚，二年成邑，三年成都"的聚落自然成长的结果，而是权威力量动员公共资源设计、兴建和维护的产物。在良渚文化时期，聚落群、聚落中心的形成，与玉琮、玉钺、玉璧以及其上刻划的神人兽面像所代表的宗教、行政、军事权

---

① 陈杰：《良渚文明兴衰的生态史观》，《东南文化》2005 年第 5 期。

力有关。聚落内的高等级礼制宗教建筑、祭坛和墓地、划分"圣域"的城墙，无不彰显宗教礼制力量在社会动员方面的巨大能量。吴、越时期城市的出现和城邑体系的形成，则与两国的"国家化"进程紧密联系，这一进程受到当时各国国家形式发展的影响，当然还有战争的直接刺激。及至秦汉时期，伴随着郡县制度的全面推行和确立，郡县城市成为大一统体制下强化区域统治的产物。在这一时期，江南城市经历了两次较快的发展，分别是西汉初吴王国统治阶段和东汉后期均与地方政治势力的发展密切相关。前者处于汉初诸侯国政治经济都比较独立的特殊时期，吴王刘濞通过充分利用该地区丰富的矿业和盐业资源，抓住了中央政府对于民间私铸钱币政策摇摆的制度空档，"招致天下亡命者盗铸钱，煮海水为盐"①，迅速积累财富，吴成为重要的都会城市。②后者虽然承继了两汉时期持续稳定、经济得以持续自然增长的成果，但城市建设力度突然加大，城市数量迅速增加，更多地属于孙氏这一地方政治势力突起和壮大的产物。

其五，江南地区早期郡县城市的经济功能，也在择机生长。

以吴国和越国都城为代表的城市产生阶段，江南地区一直处于战争状态，政治与军事功能成为当时城市最为重要的职能，交通方面的便利未及发挥，城市还未充分呈现出类似北方齐鲁和中原地区临淄、定陶等商贸都市那种经济集聚功能。此后，作为春申君领地和吴王刘濞封地，江南的城市商业和经济功能一度得到明显的发展，但时间很短，随即就被更大的政治势力所遏止。因此，秦汉时期江南地区郡县城市的发展，总体而言处于缓慢演进状态，城市的设置基本上是出于统治的需要，城市规模受制于"首都—郡（国）城—县（侯、邑）城"的等级体制，城市功能也以区域性统治中心的政治功能为重心。但是，由于郡县城市选址对交通地理位置的重视，抑或是郡县城市本身所能提供更好的安全保障，随着区域经济的持续、自然成长，这些政治性城市的商品流通功能、交通辐射功能也就随之自然地逐渐加强，甚至得以初步强化，在两汉时期开始出现各类单一类型城市的雏形。

---

① 司马迁：《史记》卷一〇六《吴王濞列传》，中华书局1982年版，第2822页。

② 当时曾任吴王濞郎中的枚乘，甚至认为吴国已经比汉中央政府还要富裕："吴有诸侯之位，而实富于天子；有隐匿之名，而居过于中国。夫吴并二十四郡、十七诸侯，方输错出，运行数千里不绝于道，其珍怪不如东山之府。转粟东乡，陆行不绝，水行满河，不如海陵之仓。"见《汉书·贾邹枚路传》，中华书局1982年版，第2363页。

参考文献

一、历史文献

司马迁：《史记》，中华书局，1982年。

班固：《汉书》，中华书局，1982年。

范晔：《后汉书》，中华书局，1982年。

陈寿：《三国志》，中华书局，1982年。

《国语》，上海古籍出版社，1985年。

《战国策》，上海古籍出版社，1985年。

周生春：《吴越春秋辑校汇考》，上海古籍出版社，1997年。

《尚书》，《十三经注疏》整理本，北京大学出版社，1999年。

《左传》，《十三经注疏》整理本，北京大学出版社，1999年。

张觉：《吴越春秋校注》，岳麓书社，2006年。

周振鹤：《汉书地理志汇释》，安徽教育出版社，2006年。

陈桥驿：《水经注校证》，中华书局，2007年。

乐史：《太平寰宇记》，中华书局，2007年。

钱林书：《续汉书郡国志汇释》，安徽教育出版社，2007年。

张仲清：《越绝书译注》，人民出版社，2009年。

李步嘉：《越绝书校释》，中华书局，2013年。

二、考古资料

上海文物保护管理委员会：《崧泽》，文物出版社，1987年。

浙江省文物考古研究所：《浙江省文物考古研究所学刊》，长征出版社，

1997 年。

文物出版社编：《新中国考古五十年》，文物出版社，1999 年。

浙江省文物考古研究所：《河姆渡——新石器时代遗址考古发掘报告》，文物出版社，2003 年。

浙江文物考古研究所：《良渚遗址群考古报告之一——瑶山》，文物出版社，2005 年。

浙江文物考古研究所：《良渚遗址群考古报告之二——反山》，文物出版社，2005 年。

浙江文物考古研究所：《良渚遗址群考古报告之三——良渚遗址群》，文物出版社，2005 年。

浙江省文物考古研究所：《良渚遗址群考古报告之四——庙前》，文物出版社，2005 年。

湖南省文物考古研究所：《里耶发掘报告》，岳麓书社，2007 年。

南京博物院：《南京市北阴阳营第一、二次的发掘》，《考古学报》1958 年第 1 期。

梅福根：《江苏吴兴邱城遗址发掘简介》，《考古》1959 年第 9 期。

南京博物院：《苏州市和吴县新石器时代遗址调查》，《考古》1961 年第 3 期。

浙江省文物管理委员会：《浙江嘉兴马家浜新石器时代遗址的发掘》，《考古》1961 年第 7 期。

江苏省文物工作队：《江苏吴江梅堰新石器时代遗址》，《考古》1963 年第 6 期。

浙江省文物管理委员会：《河姆渡遗址第一期发掘报告》，《考古学报》1978 年第 1 期。

南京博物院：《江苏盱眙东阳汉墓》，《考古》1979 年第 5 期。

南京博物院：《江苏武进寺墩遗址的发掘》，《考古》1981 年第 3 期。

湖北省博物馆：《楚都纪南城的勘查与发掘》，《考古学报》1982 年第 3、4 期。

南京博物院：《1982 年江苏常州武进寺墩遗址的发掘》，《考古》1984 年第 2 期。

参考文献

南京博物院、泗洪县图书馆：《江苏泗洪重岗汉画象石墓》，《考古》1986年第7期。

天门博物馆：《天门县新石器时代遗址》，《江汉考古》1987年第4期。

福建省博物馆：《崇安城村汉城探掘简报》，《文物》1989年第11期。

上海市文物管理委员会：《青浦福泉山遗址崧泽文化遗存》，《考古学报》1990年第3期。

苏州博物馆、吴江县文物管理委员会：《江苏吴江龙南新石器时代村落遗址第一、二次发掘简报》，《文物》1990年第7期。

湖南省文物考古研究所等：《澧县城头山屈家岭文化城址调查与试掘》，《文物》1993年第12期。

石家河考古队：《湖北天门市邓家湾遗址1992年发掘简报》，《文物》1994年第4期。

连云港市博物馆：《江苏东海县尹湾汉墓群发掘简报》，《文物》1996年第8期。

苏州博物馆：《江苏苏州浒墅关真山大墓的发掘》，《文物》1996年第2期。

刘斌、蒋卫东、费国平：《浙江余杭汇观山良渚文化祭坛与墓地发掘简报》，《文物》1997年第7期。

荆州博物馆：《湖北荆州市阴湘城遗址东城墙发掘简报》，《考古》1997年第5期。

北京大学考古学系、浙江省文物考古研究所、日本上智大学联合考古队：《浙江桐乡普安桥遗址发掘简报》，《文物》1998年第4期。

荆州市博物馆、石首市博物馆、武汉大学历史系考古专业：《湖北石首市走马岭新石器时代遗址发掘简报》，《考古》1998年第4期。

荆州博物馆：《湖北公安鸡鸣城遗址的调查》，《文物》1998年第6期。

湖南文物考古研究所：《澧县城头山古城址1997—1998年度发掘简报》，《文物》1999年第6期。

苏州博物馆、吴江市文物管理委员会：《吴江梅堰龙南新石器时代村落遗址第三、四次发掘简报》，《东南文化》1999年第3期。

苏州博物馆、昆山市文物管理所：《江苏昆山绰墩遗址第二次发掘报告》，《东南文化》2000年第11期。

江苏花山遗址联合考古队：《江阴花山夏商文化遗址》，《东南文化》2001年第 9 期。

江苏佘城遗址联合考古队：《江阴佘城遗址试掘简报》，《东南文化》2001年第 9 期。

浙江省文物考古研究所、厦门大学历史系：《浙江余姚市鲻山遗址发掘简报》，《考古》2001 年第 10 期。

浙江省文物考古研究所、海盐县博物馆：《浙江海盐县龙潭港良渚文化墓地》，《考古》2001 年第 10 期。

浙江省文物考古研究所：《余杭莫角山遗址 1992—1993 年的发掘》，《文物》2001 年第 12 期。

上海博物馆考古研究部：《上海松江区广富林遗址 1999—2000 年发掘简报》，《考古》2002 年第 10 期。

浙江文物考古研究所：《浙江余杭钵衣山遗址发掘简报》，《文物》2002年第 10 期。

南京博物院考古研究所：《江苏宜兴市骆驼墩新石器时代遗址的发掘》，《考古》2003 年第 7 期。

江苏省三星村联合考古队：《江苏金坛三星村新石器时代遗址》，《文物》2004 年第 2 期。

浙江省文物考古研究所、嘉兴市博物馆：《浙江嘉兴吴家浜遗址发掘简报》，《文物》2005 年第 3 期。

浙江省文物考古研究所、平湖市博物馆：《浙江平湖市庄桥坟良渚文化遗址及墓地》，《考古》2005 年第 7 期。

浙江省文物考古研究所、桐乡市文物管理委员会：《浙江桐乡新地里遗址发掘简报》，《文物》2005 年第 11 期。

浙江省文物考古研究所、余姚市文物保护管理所、河姆渡遗址博物馆：《浙江余姚田螺山新石器时代遗址 2004 年发掘简报》，《文物》2007 年第 11 期。

浙江省文物考古研究所、温岭市文化广电新闻出版局：《浙江温岭市塘山西汉东瓯贵族墓》，《考古》2007 年第 11 期。

上海博物馆考古研究部：《上海松江区广富林遗址 2001—2005 年发掘简报》，《考古》2008 年第 8 期。

浙江省文物考古研究所：《杭州市余杭区良渚古城遗址 2006—2007 年的发掘》，《考古》2008 年第 7 期。

浙江省文物考古研究所、温岭市文化广电新闻出版局：《浙江温岭大溪古城遗址的调查与试掘》，《东南文化》2008 年第 2 期。

江苏省考古研究所、无锡市锡山区文物管理委员会：《江苏无锡鸿山邱承墩新石器时代遗址发掘简报》，《文物》2009 年第 11 期。

南京博物院、宜兴市文物管理委员会：《江苏宜兴骆驼墩遗址发掘报告》，《东南文化》2009 年第 5 期。

浙江省文物考古研究所、浦江博物馆：《浙江浦江县上山遗址发掘简报》，《考古》2009 年第 9 期。

南京博物院、张家港市文广局、张家港博物馆：《江苏张家港市东山村新石器时代遗址》，《考古》2010 年第 8 期。

三、今人论著

李剑农：《先秦两汉经济史稿》，三联书店，1957 年。

文物编辑委员会编：《文物考古工作三十年（1949—1979）》，文物出版社，1979 年。

梁方仲：《中国历代户口、田地、田赋统计》，上海人民出版社，1980 年。

童书业：《春秋左传研究》，上海人民出版社，1980 年。

陈正祥：《中国文化地理》，三联书店，1983 年。

陈桥驿主编：《浙江地理简志》，浙江人民出版社，1985 年。

俞伟超：《先秦两汉考古学论集》，文物出版社，1985 年。

葛剑雄：《西汉人口地理》，人民出版社，1986 年。

倪士毅：《浙江古代史》，浙江人民出版社，1987 年。

谭其骧：《长水集》，人民出版社，1987 年。

严钦尚、许世远：《长江三角洲现代沉积研究》，华东师范大学出版社，1987 年。

周振鹤：《西汉政区地理》，人民出版社，1987 年。

董楚平：《吴越文化新探》，浙江人民出版社，1988 年。

石泉：《古代荆楚地理新探》，武汉大学出版社，1988 年。

张鸿雁：《春秋战国城市经济发展史论》，辽宁大学出版社，1988 年。

曲英杰：《先秦都城复原研究》，黑龙江人民出版社，1991 年。

中国科学院《中国自然地理》编辑委员会编：《中国自然地理·历史自然地理》，科学出版社，1992 年。

刘俊文主编：《日本学者研究中国史论著选译》，中华书局，1993 年。

王迅：《东夷文化和淮夷文化研究》，北京大学出版社，1994 年。

周一星：《城市地理学》，商务印书馆，1995 年。

《东方文明之光——良渚文化发现 60 周年纪念文集》，海南国际新闻出版中心，1996 年。

方杰：《越国文化》，上海社会科学院出版社，1998 年。

董楚平、金永平：《中华文化通志》第二典《地域文化·吴越文化志》，上海人民出版社，1998 年。

林华东：《良渚文化研究》，浙江教育出版社，1998 年。

马正林：《中国历史城市地理》，山东教育出版社，1998 年。

王子今：《秦汉区域文化研究》，四川人民出版社，1998 年。

杨宽：《战国史》，上海人民出版社，1998 年。

李晓杰：《东汉政区地理》，山东教育出版社，1999 年。

黄今言主编：《秦汉江南经济述略》，江西人民出版社，1999 年。

吴春明：《中国东南土著民族历史与文化的考古学考察》，厦门大学出版社，1999 年。

浙江文物考古研究所编：《良渚文化研究——纪念良渚文化发现六十周年国际学术讨论会文集》，科学出版社，1999 年。

苏秉琦：《中国文明起源新探》，三联书店，2000 年。

许宏：《先秦城市考古学研究》，北京燕山出版社，2000 年。

严文明：《农业发生与文明起源》，科学出版社，2000 年。

周长山：《汉代城市研究》，人民出版社，2001 年。

高崇文、安田喜宪主编：《长江流域青铜文化研究》，科学出版社，2002 年。

陈淳：《考古学的理论与研究》，学林出版社，2003 年。

陈国灿、奚建华：《浙江古代城镇史》，安徽大学出版社，2003 年。

李恕豪：《扬雄〈方言〉与方言地理学研究》，巴蜀书社，2003 年。

马世之：《中国史前古城》，湖北教育出版社，2003 年。

参考文献

张驰：《长江中下游地区史前聚落研究》，文物出版社，2003 年。

周一星、陈彦光等编著：《城市与城市地理》，人民教育出版社，2003 年。

李孝聪：《中国区域历史地理》，北京大学出版社，2004 年。

曲英杰：《长江古城址》，湖北教育出版社，2004 年。

徐卫民：《秦汉历史地理研究》，三秦出版社，2004 年。

张江凯、魏峻：《新石器时代考古》，文物出版社，2004 年。

张之恒：《长江下游新石器时代文化》，湖北教育出版社，2004 年。

高蒙河：《长江下游考古地理》，复旦大学出版社，2005 年。

郭立新：《长江中游地区初期社会复杂化研究（4300B.C—2000B.C）》，上海古籍出版社，2005 年。

毛颖、张敏：《长江下游的徐舒和吴越》，湖北教育出版社，2005 年。

王铭铭：《西方人类学思潮十讲》，广西师范大学出版社，2005 年。

许智范、肖明华：《南方文化与百越滇越文明》，江苏教育出版社，2005 年。

严耕望：《严耕望史学论文选集》，中华书局，2006 年。

张继海：《汉代城市社会》，社会科学文献出版社，2006 年。

浙江省文物考古研究所编：《浙江省文物考古研究所学刊》第八辑《纪念良渚遗址发现 70 周年学术研讨会文集》，科学出版社，2006 年。

浙江省社会科学院国际良渚文化研究中心编：《良渚文化探秘》，人民出版社，2006 年。

曹锦炎：《吴越历史与考古论丛》，文物出版社，2007 年。

陈淳：《文明与早期国家探源——中外理论、方法与研究之比较》，上海世纪出版集团，2007 年。

李孝聪：《历史城市地理》，山东教育出版社，2007 年。

雷虹霁：《秦汉历史地理与文化分区研究》，中央民族大学出版社，2007 年。

王宁远：《遥远的村居——良渚文化的聚落和居住形态》，浙江摄影出版社，2007 年。

臧知非、沈华、高婷婷：《周秦汉魏吴地社会发展研究》，群言出版社，2007 年。

张之恒：《长江下游新石器时代文化》，湖北教育出版社，2007 年。

赵晔：《湮灭的古国故都——良渚遗址概论》，浙江摄影出版社，2007 年。

陈国灿：《浙江城镇发展史》，杭州出版社，2008 年。

刘恒武：《良渚文化综合研究》，科学出版社，2008 年。

田昌五、安作璋主编：《秦汉史》，人民出版社，2008 年。

郑建明：《环境、适应与社会复杂化——环太湖与宁绍地区史前文化演变》，上海世纪出版集团，2008 年。

浙江省文物考古研究所编：《浙江考古新纪元》，文物出版社，2009 年。

后晓荣：《秦代政区地理》，社会科学文献出版社，2009 年。

裴安平、张文绪：《史前稻作研究文集》，科学出版社，2009 年。

辛德勇：《秦汉政区与边界地理研究》，中华书局，2009 年。

吴汝祚、徐吉军：《良渚文化兴衰史》，社会科学文献出版社，2009 年。

陈国灿：《中国古代江南城市化研究》，人民出版社，2010 年。

林华东、季承人主编：《中国柯桥越国文化高峰论坛文集》，浙江人民出版社，2011 年。

〔美〕刘易斯·芒福德著，倪文彦、宋俊岭译：《城市发展史——起源、演变和前景》，中国建筑工业出版社，1989 年。

〔法〕阿尔贝·德芒戎著，葛以德译：《人文地理学问题》，商务印书馆，1993 年。

〔美〕施坚雅主编，叶光庭等译，陈桥驿校：《中华帝国晚期的城市》，中华书局，2000 年。

〔日〕五井直弘著，姜镇庆、李德龙译：《中国古代史论稿》，北京大学出版社，2001 年。

〔日〕中村圭尔、辛德勇主编：《中日古代城市研究》，中国社会科学出版社，2004 年。

〔日〕佐竹靖彦主编：《殷周秦汉史学的基本问题》，中华书局，2008 年。

唐兰：《宜侯夨簋考释》，《考古学报》1956 年第 4 期。

陈桥驿：《历史时期绍兴地区聚落的形成与发展》，《地理学报》1980 年第 1 期。

傅筑夫：《中国古代城市在国民经济中的地位和作用》，《中国经济史论丛》（上），三联书店，1980 年。

参考文献

李学勤：《从新出青铜器看长江下游文化的发展》，《文物》1980 年第 8 期。

陈桥驿：《古代于越研究》，《民族研究》1982 年第 1 期。

黄宣佩、孙维昌：《马桥类型文化分析》，《考古与文物》1983 年第 3 期。

吕锡生：《从句践世系窥探于越的立国》，《浙江师范学院学报》1983 年第 2 期。

黄锡之：《阖闾城址辨析及标注》，《苏州大学学报》1985 年第 2 期。

李学勤：《宜侯夨簋与吴国》，《文物》1985 年第 7 期。

吴奈夫：《先秦时代吴国都城的盛衰与变迁》，《苏州大学学报》1985 年第 4 期。

宋建：《马桥文化探源》，《东南文化》1988 年第 1 期。

杨剑虹：《秦汉江南的手工业生产》，《江西师范大学学报》1988 年第 3 期。

周国荣：《古吴族初探》，《民族研究》1988 年第 1 期。

陈桥驿：《越族的发展与流散》，《东南文化》1989 年第 6 期。

钱公麟：《春秋时代吴大城位置新考》，《东南文化》1989 年第 4、5 期合刊。

曲英杰：《吴城复原研究》，《东南文化》1989 年第 4、5 期合刊。

苏文：《从考古资料看两汉时代的江苏经济》，《东南文化》1989 年第 3 期。

张敏：《论点将台文化》，《东南文化》1989 年第 3 期。

林华东：《湖熟文化刍议》，《东南文化》1990 年第 5 期。

钱公麟：《论苏州城最早建于汉代》，《东南文化》1990 年第 4 期。

肖梦龙：《吴王王陵区初探》，《东南文化》1990 年第 4 期。

杨琮：《福建崇安汉代城址出土的建筑材料》，《文博》1990 年第 1 期。

陈元甫：《土墩墓与吴越文化》，《东南文化》1992 年第 6 期。

林华东：《苏州吴国都城探研》，《南方文物》1992 年第 2 期。

曲英杰：《越城复原研究》，《浙江学刊》1992 年第 4 期。

王炜常：《越国固陵城考辨》，《浙江学刊》1992 年第 4 期。

辛土成：《于越名称居地和越国疆域变迁考》，《浙江学刊》1992 年第 4 期。

段渝：《巴蜀古代城市的起源、结构和网络体系》，《历史研究》1993年第1期。

高松凡、杨纯渊：《关于我国早期城市起源的初步探讨》，《文物季刊》1993年第3期。

林华东：《越国固陵城再辨——兼与王炜常商榷》，《浙江学刊》1993年第3期。

赵冈：《从宏观角度看中国的城市史》，《历史研究》1993年第1期。

车广锦：《良渚文化古城古国研究》，《东南文化》1994年第5期。

封卫青：《福泉山考古遗址孢粉组合与先人活动环境分析》，《上海地质》1994年第1期。

宋俊岭：《城市的定义和本质》，《北京社会科学》1994年第4期。

王子今：《试论秦汉气候对江南经济文化发展的意义》，《学术月刊》1994年第9期。

张绪球：《屈家岭文化古城的发现和初步研究》，《考古》1994年第7期。

张燕飞：《汉代江南农业的发展》，《中国农史》1994年第4期。

杜在忠：《边线王龙山文化城堡试析——兼述我国早期国家的诞生、文化融合等有关问题》，《中原文物》1995年第2期。

范毓周：《江南地区的史前农业》，《中国农史》1995年第14卷第2期。

William Y.B.Chang、刘金陵：《11 000年以来太湖的形成与演变》，《古生物学报》1996年第2期。

王建等：《太湖16 000年来沉积环境的演变》，《古生物学报》1996年第2期。

曹兵武：《龙山时代的城与史前中国文化》，《中国史研究》1997年第3期。

严文明：《近年聚落考古的进展》，《考古与文物》1997年第12期。

谷建祥、林留根：《江南大型土墩墓形制之研究》，《东南文化》1998年第1期。

陈淳：《早期国家之黎明——兼谈良渚文化社会政治演化水平》，《东南文化》1999年第6期。

陈国灿：《"火耕水耨"新探——兼谈六朝以前江南地区的水稻耕作技术》，《中国农史》1999年第1期。

参考文献

陈中原、洪雪晴等：《太湖地区环境考古》，《地理学报》1997 年第 2 期。

钱耀鹏：《关于西山城址的特点和历史地位》，《文物》1999 年第 7 期。

宋建：《马桥文化的分区和类型》，《东南文化》1999 年第 6 期。

王福昌：《秦汉江南稻作农业的几个问题》，《古今农业》1999 年第 1 期。

杨楠：《商周时期江南地区土墩遗存的分区研究》，《考古学报》1999 年第 1 期。

刘庆柱：《中国古代都城考古学研究的几个问题》，《考古》2000 年第 7 期。

朔知：《良渚文化的初步分析》，《考古学报》2000 年第 4 期。

周鸣、郑祥民：《试析环境演变对史前人类文明发展的影响——以长江三角洲南部平原良渚古文化衰变为例》，《华东师范大学学报（自然科学版）》2000 年第 4 期。

钱耀鹏：《史前城址的自然环境因素分析》，《江汉考古》2001 年第 1 期。

范志军：《东汉江南经济发展探讨》，郑州大学硕士论文，2002 年。

宋建：《上海考古的世纪回顾与展望》，《考古》2002 年第 10 期。

孙国平：《宁绍地区史前文化遗址地理环境特征及相关问题探索》，《东南文化》2002 年第 3 期。

徐茂明：《江南的历史内涵与区域变迁》，《史林》2002 年第 3 期。

张立、刘树人：《浙江余杭瓶窑、良渚地区遗址的遥感地学分析》，《考古》2002 年第 2 期。

张玉兰、宋建、占炳全：《广富林遗址考古新发现及先人生活环境探析》，《同济大学学报》2002 年第 12 期。

赵晔：《良渚遗址群聚落形态的初步考察》，《东南文化》2002 年第 3 期。

邬岭、张照根：《试论春秋时期吴国都城的规划理念》，《规划师》2003 年第 6 期。

姚瑶、金怡：《从苏州春秋晚期聚落形态看灵岩大城址》，《苏州科技学院学报》2003 年第 4 期。

谢远云：《江汉平原江陵地区 9kaBP 以来的气候演化》，中国地质大学博士论文，2004 年。

丁金龙：《长江下游新石器时代水稻田与稻作农业的起源》，《东南文化》2004 年第 2 期。

段宏振：《中国古代早期城市化进程与最初的文明》，《华夏考古》2004年第1期。

冯小妮、高蒙河：《宁绍地区早期遗址群的量化分析》，《东南文化》2004年第6期。

莫慧旋：《太湖—杭州湾地区土墩石室墓及土墩墓分期研究》，《东方博物》2004年第4期。

申洪源、朱诚等：《太湖流域地貌与环境变迁对新石器文化传承的影响》，《地理科学》2004年第5期。

王心喜：《跨湖桥新石器时代文化遗存的考古学观察》，《文博》2004年第1期。

张光直：《中国古代早期城市化进程与最初的文明》，《华夏考古》2004年第1期。

张强、朱诚等：《长江三角洲7 000年来的环境变迁》，《地理学报》2004年第4期。

赵春青：《长江中游与黄河中游史前城址的比较》，《江汉考古》2004年第3期。

郑小炉：《从龙南遗址看良渚文化的住居和祭祀》，《东南文化》2004年第1期。

陈淳、郑建明：《稻作起源的考古学探索》，《复旦学报》2005年第4期。

陈杰：《良渚文明兴衰的生态史观》，《东南文化》2005年第5期。

陈晓鸣：《汉代江南城市与商业问题述论》，《中国社会经济史研究》2005年第4期。

高蒙河：《长江下游文明化初期的人地关系——多学科交叉的实践与探索》，《复旦学报（社科版）》2005年第2期。

张立、吴健平：《春秋时期吴国都城遗迹位置的遥感调查及预测》，《遥感学报》2005年第5期。

郑建明、陈淳：《马家浜文化研究的回顾与展望——纪念马家浜遗址发现45周年》，《东南文化》2005年第4期。

朱诚：《对长江流域新石器时代以来环境考古研究问题的思考》，《自然科学进展》2005年第2期。

朱乃诚：《中国史前稻作农业概论》，《农业考古》2005年第1期。

参考文献

肖爱玲：《西汉城市地理研究》，陕西师范大学博士论文，2006年。

陆雪梅、钱公麟：《春秋时代吴大城位置再考——灵岩古城与苏州城》，《东南文化》2006年第5期。

翟杨：《广富林遗址广富林文化的分期和年代》，《南方文物》2006年第4期。

秦岭、傅稻镰、Harvey E.：《河姆渡遗址的生计模式——兼谈稻作农业研究中的若干问题》，山东大学东方考古研究中心《东方考古（第三集）》，科学出版社，2006年。

王书敏：《史前太湖流域社会复杂化进程初步研究》，《东南文化》2006年第3期。

尤建新：《城市定义的发展》，《上海管理科学》2006年第3期。

曹峻：《太湖地区夏商时代考古发现与谱系研究综述》，《东南文化》2007年第5期。

曹志洪、杨林章、林先贵、胡正义等：《绰墩遗址新石器时期水稻田、古水稻土剖面、植硅体和炭化稻形态特征的研究》，《土壤学报》2007年第5期。

陈杰、陈中原、李春海：《上海松江区广富林遗址的环境分析》，《考古》2007年第7期。

裴安平：《史前聚落的群聚形态研究》，《考古》2007年第8期。

张立、吴健平：《浙江余杭瓶窑、良渚古城结构的遥感考古》，《文物》2007年第2期。

郑云飞、孙国平、陈旭高：《7 000年前考古遗址出土稻谷的小穗轴特征》，《科学通报》2007年第9期。

郭明建：《良渚文化的社会研究——论各小区和聚落间的关系》，山东大学硕士学位论文，2009年。

江苏省考古学会：《改革开放以来江苏考古的新成果与新理念》，《东南文化》2009年第1期。

张敏：《吴国都城初探》，《南方文物》2009年第2期。

朱建明：《浙北东苕溪流域的古代越国瓷业——兼谈早期越国都邑及青瓷的起源》，《南方文物》2009年第2期。

曹峻：《试谈马桥文化的泥红褐印纹陶》，《南方文物》2010年第1期。

丁金龙：《马家浜文化时期水田与稻作农业》，《嘉兴学院学报》2010年第5期。

焦天龙：《论马桥文化的起源》，《南方文物》2010年第1期。

潘艳：《长江三角洲与钱塘江流域距今10 000—6 000年的资源生产：植物考古与人类生态学研究》，复旦大学博士论文，2011年。

崔英杰：《中国史前水井的发现和研究》，《农业考古》2011年第4期。

〔日〕今井晃树著，姜宝莲、赵强译：《良渚文化的地域间关系》，《文博》2002年第1期。

后　记

　　从开始进行本课题的研究，已经过去好几年。迟迟不能交稿，固然有许多客观的原因，最根本的还是在于自己对这一地区、这段历史，有很多内容必须要好好地补课。先秦秦汉有限的史料，也让我时常感到苦恼。在一边搜集资料、一边梳理课题研究思路的过程中，我不时遇到"瓶颈"。比如春秋战国的吴、越，历史故事脍炙人口，但究其人群的源流关系，文化的来龙去脉，包括都城的具体位置，许多问题还值得深入研究。史前良渚文化令人惊叹，但对于古城和良渚社会性质的判定，学界意见纷纭，取舍抉择之间，也十分令人踌躇。其中有些问题与本课题直接相关，有些似乎有些距离，但我也不能不花气力去突破，就是感觉如果不经过自己的重新梳理和思考，就会绊在那里了，无法走下去。就这样，磕磕绊绊地，几年下来，对课题中的一些问题，也能有一点心得或意见，希望得到专家的批评和指正。

　　尽管如此，本书存在的不足也是显见的。例如在本书涉及的三个时段（史前、三代和秦汉）中，史前部分花费了大量的时间。这一段资料非常丰富，研究成果也非常多，从地质、地层、孢粉之类的古环境分析，到各地的考古发掘报告，以及关于史前社会演化的各种理论研究，虽然花了不少气力去吸收，也努力尝试做一些判断和取舍，但仍然感觉像是在"囫囵吞枣"，还不能很好地利用这些资料，最终呈现出来的，更多是对已有研究成果的一些整理罢了。后续时段的资料有限，尽力搜罗，但恐仍有遗漏。而自己在相关研究理论上储备不足，理论分析的能力还有待提高。因此，不少思考需要在今后的研究中继续深化。

　　我写作很慢，不仅是遇到"瓶颈"的时候需要反复思考，在好容易填满框架之后、也必须把初稿放一段时间从头再看，而这一看很可能就是另起炉灶。自己的文字又紧，还希望写得明白晓畅。这样反反复复，花费很长时间。现在呈现出来的样子，相信如果再给我一年半载，我还能再做好几次修改。这本书是《江南城镇通史》的第一本，我的压力很大，但我的拖拉，相信也带给主编不小的压力。

在这里，我要感谢主编陈国灿教授的宽容和多次点拨。

感谢华东师大历史系的牟发松、茅海建、陈江、章义和、孙竞昊、李磊、包诗卿、王进锋等老师长期以来对我的鼓励和鞭策。

感谢中国人民大学的曹刚华老师，正是当年的"新学术读书会"活动，让我逐渐明确了自己未来的研究方向。

感谢在不同的学术讨论会上分别给过我意见的王明达先生、王庆先生、张剑光老师，这些宝贵的意见使我受益匪浅。

感谢我的导师詹鄞鑫教授、谢维扬教授，他们一步步引我进入气象宏大的学术殿堂，展现给我的学术境界，"虽不能至，心向往之"，唯有继续孜孜不倦的努力，以谢师恩。

还要感谢我的家人对我的宽容和支持。

今年春节，母亲不幸辞世。哀痛无以言说。老人临终前对我还有很多希望，我必须打起精神来，好好生活，好好工作，告慰她的在天之灵。

黄爱梅于沪上

图书在版编目(CIP)数据

江南城镇通史.先秦秦汉卷/陈国灿主编;黄爱梅
著.—上海:上海人民出版社,2017
ISBN 978-7-208-14446-0

Ⅰ.①江…　Ⅱ.①陈…　②黄…　Ⅲ.①城镇-地方史-
华东地区-先秦时代-秦汉时代　Ⅳ.①K295

中国版本图书馆 CIP 数据核字(2017)第 071136 号

责任编辑　齐书深　张钰翰
封面设计　夏　芳

江南城镇通史(先秦秦汉卷)
陈国灿　主编
黄爱梅　著

出　　版　上海人民出版社
　　　　　(200001　上海福建中路 193 号)
发　　行　上海人民出版社发行中心
印　　刷　江阴金马印刷有限公司
开　　本　720×1000　1/16
印　　张　15.75
插　　页　2
字　　数　251,000
版　　次　2017 年 5 月第 1 版
印　　次　2018 年 3 月第 2 次印刷
ISBN 978-7-208-14446-0/K·2610
定　　价　49.00 元